野添憲治

マタギのむら

民俗の宝庫・阿《あ》仁《に》を歩く

社会評論社

挿画　宮腰喜久治
写真　野添　憲治

目次

阿仁《あに》のむら根子《ねっこ》だより

―― 阿仁のむら・根子だより　正 ――

―― 阿仁のむら・根子だより　続 ――

がっこにまんま
―食の変化―

マタギを生業《なりわい》にした人たち

マタギと野生動物たち

—昔話採集—

はじめに

本書の舞台になっている秋田県北秋田郡阿仁町《あにまち》は、二〇〇五年に鷹巣町《たかのすまち》、森吉町《もりよしまち》、阿仁町と合併して北秋田市となった。合併してからまだ日が浅いこともあって、旧阿仁町の知人に電話をして「北秋田市ですが……」と答えられてもピンとこない。知らない所へ電話をしているような気になったり、「おや、間違ったかな？」と思ったりする。「阿仁」の言葉が持っているなつかしさというか、遠く古代から聞こえてくるような響きが北秋田市にはない。町村合併で失ったものの大きさを改めて感ずる。失ったものは月日が深まっていけば、再び蘇るものだろうか。

本書に登場する沢山の人たちは、そのほとんどは遠くへ旅立っている。阿仁に行っても再び会うことはできない。会うことはできないがわたしには、昔会った場所に行って名前を呼ぶと昔よりも鮮明な顔であらわれ、わたしが話をすると相槌を打ってくれる。相槌は打ってくれるが、話はしてくれない。

本書を編みながら、もっと沢山の聞きたいことがあるのに、改めて気がつく。だが、再び聞き直せないことに、胸がきりきり痛むほど悔しさが込み上げてくる。しかし、その悔しさを胸の底に畳み込み、新しい語り手を求めて歩くよりないのだ。本書の中にいる彼たちはそんなわたしの背中を、「そら頑張って行け」と押してくれていると感じている。

本書の編集には、これまで以上に板垣誠一郎さんが力を入れてくれた。松田健二さんが発行に努力して下さったこととともにお礼を申し上げたい。

二〇一一年一月一〇日

野添憲治

またぎの家
阿仁根子

第1部

阿《あ》仁《に》のむら・根子《ねっこ》だより　正

住んでこそ見える現実

一九八五年五月下旬から、わたしは秋田県北秋田郡（現北秋田市）阿仁《あに》町根子《ねっこ》に住むことになった。借りた家には友人たちの車で荷物を運んだし、もう電話もつき、わたしが行くのを待っている。根子を囲んでいる山々にはまだ残雪が輝いているだろうが、里の木々は新緑にあふれていることだろう。

とはいっても、阿仁町に定住するのではなく、ひと月のうち約一〇日間くらいを根子で暮らすのである。あとは能代《のしろ》市にいるわけだが、長年にわたって考えてきたことを、地元の人たちの協力を得てようやく実現できることになった。今後は一〇日前後の阿仁町での生活のなかで、どれだけ阿仁の人たちの懐に入り、暮らしの息遣いが聞こえる場所に自分を置けるかだが、しかし、あまり性急に考えず、少なくとも五、六年は阿仁町で暮らしたいと思っている。

それにしても、阿仁町とわたしとの関係は深い。このたび、家を借りた根子へ最初に行ったのは、阿仁でも昔話の最高の語り手の一人といわれた村田スェ婆さんをたずねた時だから、一九六〇年ころではなかったろうか。持病のぜんそくにせき込みながらも、日の

冬の根子集落。真向かいが根烈岳。

あたる縁側で、詩情にあふれる昔話を語ってもらったのが、ついこの間のことのように思われる。しかし、そのスヱさんは一九六二年にこの世を去っているのだから、随分と長い歳月がたっているのに驚かされる。その後は、昔話の採集に、阿仁マタギや阿仁鉱山の調査などに、おそらく六〇回くらいは阿仁町に行っている。また、いまは亡き詩人の真壁仁《まかべじん》を厳冬の阿仁へ案内したり、これも故人になった瀬川拓男と一緒に阿仁を歩き、「阿仁物語を書きたい」と情熱的に語るのを聞いたりした。阿仁鉱山へ森崎和江さんを案内した時は、最後の坑《あな》も二日前から休山になったということで、最盛況期には鉱山の人口が一万人を超したとまでいわれたのが、川瀬の音や鳥の鳴き声が聞こえる坑口に立って、森崎さんとその盛衰を語ったこともあった。民話と文学の会の人たちと一緒に比立内《ひたちない》の松橋旅館に陣取り、探訪の日々をかさねたこともあった。

このように多くの仕事をさせてもらい、その思いも深い阿仁町だが、しかしわたしには、以前から疑問があった。阿仁そのものが大きな民俗の宝庫であり、わたしも含めてこの地を訪れた人はたいへんな数にのぼるだろう。だが、その大半は、数日の採訪や調査で帰り、次にまたべつの人たちがやって来るという例が多い。それはまたそれでいいのだが、発表された昔話や論文などを読むと、確かに採集された昔話は活字になり、論文も正しいものなのだが、その行間から阿仁の人たちの体のぬくもりや息遣いがほとんど伝わってこないのである。そのたびに、これはローラ採集（調査）の誤りからきているのではないかと思い続けてきたが、それだったら自分でまずローラ採集的なことをやめて、阿仁の人たちの息遣いが聞こえる場所に身を置きながら暮らして、同じ仕事をやってみたいと思っていたのが、ひと月に一〇日間前後は住むという形で、実現することになったのである。とはいっても、先人たちを超える仕事ができるなどという不遜な思いを持っているわけではないが、これまでやられてきた多くのことが誤りだと気がついたら、とりあえず自分だけでも直していくようにしたいと思い、阿仁に暮らすことになった。

もう一つは、日本の山村や漁村を歩くことを続けているわたしの目に、日本の農山漁村は急激な変貌をしていくだろうという予感が形となって見えだしてきたのである。数字の面から見ても、過疎地域指定を日本の全市町村の三分の一がうけており、出生より死亡の多い市町村が、そのうちの四〇%にあたっている。「過疎白書」にも、山村には第二の過疎がやってくると書かれているが、これは二一世紀のかかえる大きな問題の一つである。日本で唯一の人口減少県である秋田県のなかでも、阿仁町はもっとも激しくその波をあびている。最高時には一万一〇〇〇人もいた人口が、現在では五七六二人になり、しかも昨年の九月の時点で、高齢者率が一九・四八%になっているというように、町にとっても住民にとっても、大きな問題になっている。逆な言い方をすると、二一世紀の問題を、すでに阿仁町は背負い込んでいるのである。

だが、机の上でこの不吉な数字の推移を見ていただけでは、過疎の本当の実態は見えてこない。実態の見えていない人や組織がつくる過疎対策が、「対策」の役目を果たさなかったことは、これまでの数々の施策が如実に語っている。それだけに、阿仁に住みついて、民俗調査をしながら、一方では過疎の現実をその現場で感じ取って、わたしなりの素案を考えてみたいという夢も抱いている。

いろいろな思いはある。しかし、あまり肩ひじを張らないで、阿仁で暮らしてみるつもりでいる。

根子だより

一

能代市に住んでいながら、わざわざ生まれて育った場所のような山村である北秋田郡阿仁町（現北秋田市）根子に住みたいと思うのは、他人には少し奇異に見えるかもしれない。だが、わたしはかなり以前から、二〇年以上住んで地方の小都市の姿というのもだいたい判ってきたし、これからは川下よりも川上の問題が重要になってくるだろうと考えていたので、山村で実際に暮らしてみたいと思っていた。とはいっても、山村に定着するのではなく、ひと月のうち一〇日前後を住むという方法をとりたいと考えながら、どこで暮らそうかと県内の山村を探していた。

県内でいくつか候補地があったが、わたしはその中から阿仁町根子にしぼった。その理由はいくつかあるが、なんといっても根子はわたしが民俗調査をはじめた最初の地であり、その後もたびたび探訪に行き、身近な土地の一つであったからだった。なにせ、根子には一九六〇年に行ったのが最初であり、そののちもよく行っていたから、現在までの変遷もよく知っていた。もう一つは、根子だったら長年暮らしても、決して飽きのこない風景だと思ったからだ。住みついたからには少なくとも五、六年、もし根子の人たちが許してくれたら、一〇年くらいは続けて住みたいという、息の長い計画を立てていた。

まだ雪の深いことしのはじめころから、近藤町長をはじめ地元の知人に、根子に住みたいので家を探して欲しいと頼んだ。いささか突飛な感じのするわたしの計画を心よく受け入れていただき、家探しがはじまった。とくに、今回の計画ではじめて知った、根子のことだったらなんでも知っている主のような佐藤典司さんからはとくに骨折りをいただき、四月下旬にようやく根子のわたしの家が決まった。ひと月に一〇日前後住むとはいえ、ひとりの人間が生活するのだから、結構あれこれと必要な物があるのだ。女房にそれらの物を揃えてもらい、五月初旬の連休に友人たちの車で荷物を運んだ。

こうしていつでも住めるようになったものの、こんどは根子に住む日程がまとめて取れない。それでもなんとか工面して、五月中に四日だけ住んだ。午前中は部屋にこもって仕事をしているが、午後になるともう気持が落ち着かなくなり、カメラをリュックに入れて、畑や田んぼや山を歩きまわった。そして知ったのは、通りすぎる旅人の目には見えない、根子の生活の深さだった。

昔は根子川に添って遠廻りして行ったのに、いまは笑内《おかしない》集落から五七六・八メートルのトンネルをくぐると、もう根子に出る。そして根子側のトンネルの入口に立って、現在七十数戸の家が建っているのを見ると、こんな山奥でこれだけの人がよく暮らせるなと、誰しも思うだろう。わたしも根子に住む前には、そう思っていた。だが、根子に住んで、住民になったつもりで見ると、山のかげに、沢の奥に、木や森にかくれて見えない所に、次々と田んぼや畑があるのだった。そしてワラビを摘みに杉林に入ると、かつては田畑だった跡が、はっきりと大地に刻まれていた。確かに高冷地で沢水がかかり、雪消えが遅くて冬は早く来るという悪条件の中で、収穫が多かったとはいえないだろう。だが、根子の人たちが食べても余るほど、食糧は生産されたのである。

しかも、四方を深い山々に囲まれた根子は、自然条件はきびしかったろうが、資源の宝庫であった。落葉樹や針葉樹が深く茂る野山には、熊や鹿や羚羊《かもしか》たちのような鳥獣のゆたかなすみかであり、それがマタギという生業を生んだ。その野山にはまた、ブナの実や栗などが鈴成りしていた。川に遡河魚群《そかぎょ》があふれていたことは、根子小学校校庭に保存されている

「鮭石《さけいし》」と呼ばれる魚形文刻石が示している。そして地下には、無限の鉱床があった。

かつて根子は、奥羽の秘境という呼び方をされた時代があったし、いまでも少し意味は薄められても、そう思っている人がいる。しかし、わずか数日根子に住んで歩いてみただけでも、そのレッテルを貼り変えなければいけない面を、いくつも目にすることが出来た。いってみればわたしは根子の仮の住民にすぎないわけだが、その仮の住民の目に映った根子の風習や人びとの生き方などを「根子だより」として報告してみたい。

五月に根子に住んだある日、わたしは根子小学校に行った。校長は萩野啓治先生と書けば、かつて「奥羽文学」で活躍した一人であることを、思い出す人が多いだろう。わたしは初対面だったものの、仮住民の生き方などを教えていただいたが、その時に、六月一二日に根子小学校の全員が年中行事になっている根烈岳《ねれつだけ》（八三五メートル）に登ると聞き、一緒に連れて行ってもらうことにした。

根子集落を囲んでいる山々の中でも、根烈岳はもっとも高いだけではなく、根子のシンボルになっている山だった。老人クラブの名称も根烈の会になっているし、根烈橋というのもあり、根子小学校の校歌の一節にもうたわれている。また、佐藤典司さんから聞いた話では、この道はその昔、上小阿仁村《かみこあにむら》に抜け、さらに五城目《ごじょうめ》から八郎潟《はちろうがた》につながる交易の道でもあったという。これはいい機会だと、六月の根子生活は、根烈岳登山を中心にすることにした。

六月一〇日から根子生活に入ったものの、梅雨入りのせいで毎日が小雨か、どんよりと曇っていた。午後からの根子歩きも出来ない日々が続き、根烈岳登山の当日も暗いうちに起きて外に出たが、小雨だった。ダメかなと思ってまた寝たが、七時ころに雨があがり、わたしは急いで昼の弁当をつくった。根烈岳は中腹まで雲におおわれていたが、知り合いになった小学生たちが、次々と、「けんじちゃん、行こう！」と、声をかけてくれる。

児童館前を出発したのは午前八時三〇分。二四人の全校生徒に先生、それにPTAの方々に、「森吉タイムス」の美人記者・花田文子さんとわたしという付録がついた。平担な道は人並みに歩いたものの、登りにかかるといちばんのビリ。何度も「大丈夫ですか」と声をかけられ、小学一年生よりも心配をかけたことになる。途中で二度ばかり、彼らが休んでいる時に追いついたものの、すぐに出発するのでまた遅れた。でも一年生たちのリュックは、みな上級生が背負っているのに気付いた。あとで先生に聴くと、それぞれ自発的にやっているのだという。そうした普通の思いやりが、根子の子どもたちには残っているのだった。この話を聞いたとき、体は疲れているが、気持が洗われた感じになった。

根烈岳の頂上は竹におおわれて行けないというので、九合目あたりのブナ林の下で昼食。山のすぐ下で、上小阿仁村の作業員たちが下刈作業をしている声が聴こえる。蝉が鳴く新緑のブナの間からは、森吉《もりよし》山や根子集落、反対側からは遠くに日本海が見えるということだったが、曇ってダメだった。

昼食後に小雨となり、すぐ下山した。雨はまもなく止んだので、途中で山菜取りをした。小学生たちは山菜の王様であるソデコを取ってくるが、わたしは道端に敷かさるように生えているミズを取った。根烈岳のミズはいちばんうまいと言われながら――。全員が無事に下山。生徒たちが解散したあとは、PTAの役員たちのご苦労様の宴会。仮住民のわたしもこの時は一人前になって参加、汗を流したあとに飲むビールのうまさをたんのうした。PTAの佐藤克好会長宅、佐藤弘二さん宅などをまわり、わが山荘に帰ったのは夜半。翌朝、二日酔いで起きて外に出たら、借りている家の家主から、

「夕べは遅くまで電気がつかなかったから、迷ったのではないかと思ったスよ」と軽くとがめられてしまった。

仮の根子の住民であるわたし、ほんとに長く続くのかな――。

二

長かったうっとうしい梅雨が明けて、カッと太陽が照りつける雪国の短い夏になっても、わたしの七月の根子暮らしはなかなか実現しなかった。そうしているうちに、阿仁町の花田文子さんから、「生きとし生けるものすべてが競いつつ、命の賛歌を奏でております。山の樹々も、野の花も、森の虫たちも、短い夏を精いっぱい生きて、やがてほろんで

行くのでしょうか。大自然を背負っておりますと、そんな生命の営みがじかに肌に伝わって来るような気がいたします」という手紙が届くと、急いで用事を片づけて根子に向かったのは、七月も下旬になっていた。

二七日は能代駅から一番の電車に乗り、奥羽本線鷹巣駅で阿仁合《あにあい》線に乗り替え、笑内駅に下車したのはわたし一人だった。駅から根子トンネルに向けてゆるい坂道を登って行くが、わたしの足では根子まで四〇分はかかる。根子の人たちからは、「わしらの倍はかかるな」と不思議がられるが、途中でひと休みしたり、山菜とか草花を取ったりしていると、これくらいの時間はかかる。

だが、それにしても昔にくらべると、根子へ行く道は随分と近くなったし、便利にもなった。かつては萱草橋を渡ると、右へ急な坂の曲がり道を登り、通称「掘りキリ」（掘り割り）といわれる根子川に沿った道を、行ったものであった。一九四五年に地蔵岱《じぞうたい》の南端から、車の走れる道路が出来てから便利になったが、わたしがはじめて根子へ行った一九六〇年も、道幅はジープがようやく通れるほどの、狭い道であった。萱草でバスから降りて坂道を登り、掘りキリを通って根子に着くまでに、かなりの時間がかかったと思うが、どれくらいかかったかはもう覚えていない。それがいまでは、一九七五年に根子トンネルが開通してから、大型トラックも行けるし、時間も大幅に短縮された。道路一つを見ても、根子は少しずつだが、大きく変わってきていることが判る。

五七六・八メートルの根子トンネルの入り口に着くと、わたしはいつも、「さて、わたしはこれから根子の人になるのだ」と自分に言い聞かせてから、トンネルに入るのだった。

この日は三二度という酷暑で、ハンカチの汗をしぼりながらトンネルに入ると、急にひんやりとなった。うだるような暑さのなかを、坂道を登って来てトンネルに入ったために、トンネルのなかの涼しさは別世界のようだった。一〇〇メートルほど入ると、車がすれ違えるように広くなっていたので、わたしはリュックサックをおろして坐った。上からポタポタと落ちる水滴が、トンネルのなかでささやき合っているように響いていた。涼しいな、静かだなとしばらくぼんやりしていると、ふいに歌声がしたかと思うと、トンネル一杯に響きだしたのだった。

わたしはびっくりして立ち上がった。トンネルは中ほどが高くなっているので、根子側の入り口しか見えないのだ。すぐに、トンネルに入った女性が民謡をうたっているのだと判ったものの、その歌声が胸を押してくるように響くので、わたしはこれから、遠い知らない国へ行こうとしているのだという錯覚に、ふととらわれた。わたしはまた、リュックを背負うと、歩きだした。わたしの姿が見えると歌声は小さくなり、まもなく消えた。

途中ですれ違った女性は、四〇歳を少し超したくらいの人だったが、

「山菜取りに来たスか」

「はア……」と、彼女は軽い足どりで通り過ぎると、また小さな声で歌いはじめた。トン

ネルを抜けると、根子集落は真夏であった。暑さと一緒に蝉時雨《せみしぐれ》が迎えてくれた。

この根子トンネルの入り口が、わたしのいる部屋から、真正面の山の中腹に見える。夏のいまは、午後五時半ころになると仕事をやめ、ズック靴をはいて外に出る。その日によって山へ行ったり、川へ行ったり、田畑が密集しているところへ行ったりするが、だいたい一時間ほど歩きまわる。この時刻の気温はもっともよく、次第に暮れていく山や空を見ながら、うっとりしていることが多い。ときどきぼんやりと、自然がこんなに美しく見えてきたのは、死期が近づいているせいかなと思ったりする。

だが、それはわたしだけのことで、根子の人たちにとっては、この時刻は一日のうちでもっとも忙しいひと時である。日中はトンネルを抜けて働きにでていた根子の人たちが、このころになるといっせいに車やバスで帰り、そのまま田や畑へ働きにでるのだった。短い時間を、せっせと働くのだった。それなのに、あちこちとぶらぶらしているわたしの姿は、どうもヘンに見えるらしい。少し雨が降っている日でもわたしは歩いているが、これを「根子散策」とわたしは称しているが、知らないことや、はじめてのことに出くわすことが多く、ほんとに楽しい。

帰ると夕食の支度である。なんといっても、自分一人で食べるのをつくる時ほど、味気のないものはない。だいたい手抜きもこれ以上はないという食事をつくり、一人で急ぐように食べる。べつに急ぐこともないのだが、話し合いながら食べる楽しみがないから、どうしても急ぐものらしい。能代にいると、だいたいこの時間は、家で一杯やりはじめるか、会議に出ていくのに――。

食後はまた机に向かったり、横になったりしながら調べ物や本を読んだりしている。根子での暮らしのなかには、テレビもラジオも新聞も入れていないので、世の中がどう動いているか判らないという不安がほんの少しはあるものの、何かに追われているような気ぜわしさがまったくない。何か事件があれば、例えば能代商業が甲子園へ出場することになったというニュースは、夜の電話で女房から伝わるが、それも離れていると、「そうかい」といった気持で聞く。

一〇時半ころになると、また台所に行く。こんどは酒のおかずだから、一、二品だが念入りにつくり、一一時ころから酒飲みとなる。部屋の電灯をぜんぶ消して、窓は網戸もすべてひらき、涼しい風と、夏虫たちの鳴き声を部屋いっぱいに入れながら、ひとりで酒を楽しむ。この時間になると、朝の早い根子の人たちは、ほとんどが寝てしまっている。

わたしは窓越しに、根子トンネルを見る。緑が黒くなった山の中腹に、丸い薄赤いのが見える。トンネルのなかの灯が、入り口にもれて薄赤くなって見えるのだった。ときどき、薄赤い円がパッと明るくなると、ライトをつけた車が根子に入ってくるのだった。「根子の人口が、また一人増えたな」と、仮の根子の住民であるわたしはその度に喜びながら、盃をはこぶ。

でも、一二時前には寝てしまいますね。(ほんとかな。本当のことを言えよ)という声がしないわけでもないが、これはほんとにホントです。

三

ことしは七月下旬から猛暑が続き、わたしたち人間はいささかまいってしまったが、この暑さは水稲《すいとう》にとっては最高の良薬となり、作柄がぐんぐんと上昇した。農家の喜びは大きいが、不況で客足が減る一方の能代市の商店街などでも、「農家が豊作だと、ことしの秋は期待できるな」と、ささやく声が聞かれた。暗い話があまりにも多いだけに、明るい話題がでるのは嬉しいのだが、暑くて仕事もさっぱり捗《はかど》らないので、資料をごっそりリュックサックに入れて阿仁町根子に行ったのは、八月一一日であった。

わたしはことしの盆を根子で過ごそうと、早くから決めていた。その理由はいくつかあるが、一つは八月一四日の晩に根子小学校の体育館でおこなわれる「根子番楽《ばんがく》」を見たいと思っていたのが一つ。しかも、子どもたちにも本物の根子番楽を見せてやりたかった。また、年に一回だけだが、ずうっと家族登山をやってきたが、ことしの夏は森吉山に登ろうと相談していたので、これは根子にいた方が便利だった。そしてもう一つは、もっとも変化の激しい過疎地の夏を、この目で見ておきたかった。

ところが、能代にくらべて根子は涼しいだろうと思っていた期待が、根子に行ってまずみごとに裏切られたのだった。四方を山に囲まれ、すり鉢状の底の部分に民家や水田が集中している根子は、日中は風が少ないうえに、しかも湿気が多いので、大変な暑さになるのだった。根子は山奥にあるから涼しいだろうと、特殊な地形も考えずに勝手に思っていたのが、大きな間違いだった。

だが、夕方になって太陽が傾きはじめると、根子は急に涼しくなってくる。暗くなると秋のように涼しくなり、窓からはもうコオロギの寂しそうな鳴き声が入ってくるのだった。そして窓を明けていると、夜半には毛布だけではなく、薄い掛布団も必要になるほどの涼しさとなった。根子での夏の暮らしが短かったせいもあるが、熱帯夜などというのはひと晩も体験しなかった。そういう点では、日中も夜もうだるように暑い能代などとはくらべようもないほど過ごしやすかった。

また、日中は根子も確かに暑かった。だが、周囲は濃い緑にあふれ、蝉の鳴き声が四方から聞こえるし、川瀬の音も近くでしているというように、自然にかこまれていると、同じ暑さでもだいぶ違うのだった。能代でもそうだが、いま、都市部の大木は年ごとに伐《き》られて減り続けているし、道は舗装がどんどんすすんでいるので蝉が生まれないため、鳴き声もめっきり減っている。しかも、車などの騒音がひどいため、暑さがその他の自然と一緒になれないので、体が感ずる暑さがまったく違うのだった。自然がどんなに大切かということを、猛暑の夏を能代と根子で過ごして、しみじみと感じさせられた。

それだったら、暑い日中はぶらぶらして体を休め、夕方から仕事をはじめるといいのに、そこは凡夫の悲しさで、涼しくなると昼の脱水症状から抜けだそうと、根子で知り合った人たちとビール飲み会になるのだった。でも、ビールを飲みながら語られる話のなかに、普段は聞かれないさまざまな話題があって、結構楽しいのだが——。

だが、お盆に入った根子は、確かに普通の根子とは違っていた。いつもは三〇〇人弱が住んでいるのに、都市部で暮らしている息子や娘が孫を連れて帰ったり、出稼ぎに行っていた人がもどるので、人口は普段の三倍近くになるのだった。いつもは夜の一〇時ころになると静かになるのに夜遅くまで県外ナンバーの車が走り、いかにも都会っ子とわかる子どもたちが、道を往き来していた。久しぶりに出稼ぎ先から帰ったらしい親父さんが、わたしの顔をしげしげと見ながら、

「お前さんはどこの家の人だっけか?」と、不思議がっていた。

どの家の縁側も開け放され、夜遅くまで宴会が続いていた。いつもこんなに活気があればいいのになと、わたしはわたしで勝手なことを思っていた。

一二日の晩に、家族たち（妻と高三の長女と中三の二女）がやってきた。さかんに「涼しい」と言いながら、親子の夜を楽しんでいた。それでも、翌一三日は森吉山へ登ることになっていたので、早目に寝た。ところが、真夜中に大雨となった。雷が鳴り、稲妻が走

り、大量の雨がざっざっと降り出した。まもなく根子川が増水し、暗闇のなかで雷と雨と川の水の音だけが響き渡った。目を覚ました子どもたちが、恐がるほどの大雨となった。その大雨も、午前四時に起きた時は小降りになっていた。外に出ると、大雨に洗われた道も車もきれいになり、昨日までしおれていた畑の野菜が、生き生きとよみがえっていた。

その日は、途中まで車で送ってくれることになっていた山田博康さんが来ると、

「きょうの森吉山は雨だよ」というので、登山は中止になった。

一三日は、一日いっぱい小雨がパラついていた。でも、トンネルをくぐってくる県外ナンバーの車は、ますます多くなった。道幅の狭い根子は、どこに行っても車があふれていた。ときどき雨がきれると、子どもたちを連れて墓地に行ったり、川へ魚を取りに行ったりしたが、夕食の時に根子の人たちから貰った野菜を食べながら、さかんに、

「おいしいな。うまいな」と言っていた。

畑から取りたての野菜は、あまり野菜を好きでない子どもの舌も、魅了してしまうらしい。それを見て、

「よし、来年は根子で畑づくりをするぞ」と宣言したものだから、また家族たちにひやかされた。でも、ほんの少しでいいから、畑づくりもやりたいとは、根子に住むようになってから考えていた。畑づくりをするようになると、より深く根子の人たちの暮らしに入れるのではないかと思っていたからだった。

一四日は早朝から晴天だった。早目に起きて準備をして、山田博康さんの車に乗せてもらう。幸屋から林道を走り、キャンプ場をすぎて鍵ノ滝コースの分岐点が、林道の終点だった。ここで博康さんの車と別れて登りはじめたが、はじめは左側が秋田杉の植林地で、右側がブナ林だった。雪害で傷んでいる杉が多い。やがて登りになると、両側ともみごとなブナ林となったが、よく気をつけて見ると、登山道がついている尾根の両側だけを、わざとブナを残しているのだった。鳥海山《ちょうかいさん》などでも同じことをやっているが、いかにも最近の国有林のやり方らしくみみっちい。

水場からさらに登ると、次第にブナの木は小さくなり、灌木《かんぼく》帯になった。アオモリトドマツもあらわれ、もう山では夏も終わりだというのに、シラネアオイ、ツリガネツツジ、オオバキスミレと、登るにつれて咲き残りの花々の色彩が変わっていく。

やがて前岳に着く。アオモリトドマツの大平原の上に、森吉の主峰が見える。ピークで休みながら見ていると、見事な風景である。だが、ここから見る山麓は、ブナが皆伐されていて、痛々しいほどである。ヨーロッパの広葉樹林帯は、決してこんなに山が丸裸になるような伐り方をしないのになと、残念に思う。

ゆるい稜線を行くと、森吉山避難小屋に着く。立派な小屋だが、中に入った家族たちが、あきれ顔で出て来る。足の踏み場もない、というのは少し表現が大きいらしいが、大変な汚れ方だったと言う。「ここもそうかな」と思っていると、近くのやぶでウグイスがきれいな声で鳴いた。
主峰の向岳（一四五四・二メートル）に着く。天気もかなり崩れはじめているが、太平湖がにぶく光り、岩手山、秋田駒ヶ岳、太平山などが見える。途中で何度もタメ息をつきながら登ったが、こうして頂上に立って四方を見渡していると、そんな苦労もふっとんでしまう。ところが、頂上にたくさんの登山記念の標柱《ひょうちゅう》が建てられているのだった。よく見ると、小学校と山の会の標柱がいちばん多い。登った記念にという気持も判らないわけではないが、山の美観をそこねる標柱を、学校と山の会が多く建てているのを見ると、なんとも複雑な気持になった。こんな物はとりのぞいて、きれいな山頂にしたいものだと思いながら、昼食をとった。

同じようなことを、下山の時も目にした。森吉山に登ったからには、さまざまな伝説が残っている冠岩をぜひ見たいと思い、少し寄り道をして行ってみた。ところが、子どもたちも「あッ」と声をあげていたみごとな冠岩のそばに、碑が立っていた。その碑には、前知事の、どうほめても短歌とは言い難い短歌が刻まれていた。こんな歌を、人の目にさらして恥ずかしくないのだろうか。権力者の傲慢さと、その碑を建てるようにすすめたであろう人たちのみにくい心が、こんなに美しい山を毒しているのに腹がたった。家族たちは、こんな山にまで来て腹をたてなくともと言うが、どこに居ようと人間のみにくい行為には腹がたって仕方がない。おかげで、わたしの森吉山のイメージはめちゃめちゃになった。

栩木沢《とちのきざわ》に下山すると、夕空に無数のトンボが舞っていた。地元の青年の車で打当《うっとう》温泉へ送ってもらい、汗を流して根子に帰ると、四人の能代山の会の人たちが来ていて、部屋にはもう酒宴が準備されていた。さっそく「乾杯」が何度も叫ばれた。

その夜、根子小学校の体育館でおこなわれた「根子番楽」は、素晴しいものだった。

根子番楽のようす。

四

九月九日に阿仁合線笑内駅に下車すると、いつものようにリュックサックを背負って根子に向かった。長い根子トンネルを歩いて入り口を出たとたん、

「あッ根子は秋だ！」と、わたしは、小声でさけんだ。

リュックサックを地べたに置くと、深呼吸をしながら、二〇日ぶりに来た根子を見渡した。根子を囲んでいる山々は、夏の濃い緑から、いくらか黒ずんだ緑になっていた。山々は、まもなく訪れる紅葉の準備をしているのである。

目を下におろしていくと、田んぼは一面に黄金色にかがやき、実りの秋を知らせていた。畑のソバはあちこちで白い花を咲かせ、とくにその部分があざやかに目にとびこんできた。根子の家では、家の周りにたくさんの花を植えたり、道端に花を植えたりしているが、そのなかで秋の花が真っ盛りであった。とくに背丈の高いコスモスの花々が、いちだんと冴えて見えた。

また、秋の虫たちの鳴き声が、谷底から沸きあがるように聞こえてくる。耳をすましていると、蝉の鳴き声もまざっているが、真夏にくらべると弱々しい。虫たちも敏感に、秋を感じとっているのだった。

久しぶりに根子を見ながら、能代などよりも早く訪れている秋を見聴きしていると、ふいに根子川向かいの根子小学校の方から、「根子番楽」の太鼓の音が聴こえてきた。これまでは断片的にしか見ることの出来なかった「根子番楽」を、ことしのお盆に根子でたっぷり見させていただいたし、ときどき児童館で夜におこなわれる練習を見に行ったりしているので、わたしには馴染み深いものになっていた。根子小学校では、学習のなかに「根子番楽」の練習を取り入れているが、その学習がはじまったらしい。澄んだ秋の空気のなかを響いてくる太鼓の音も、心なしかピンと張っているようであった。

その夜に会った山田博康さんに、わたしはストーブに焚く薪を支度してくれるように頼んだ。わたしは冬もひと月に一週間くらいは根子に住むつもりでいるが、その時にはぜひとも薪ストーブで暖をとりたいと思っていた。いまごろ贅沢だと思われるかもしれないが、出来るだけ石油とは縁遠い生活を根子でしようと考えていたので、冬は薪ストーブにしようと計画していた。それが、根子にきて秋の訪れを知ったわたしは、心せくように薪のことが心配になり、さっそく博康さんに頼んだのだった。彼はすぐに引き受けてくれたので、その夜は安心も手伝って、酒の方はかなりすすんだ。

翌日は夜半から強い雨降りとなり、夜が明けてからは小降りとなった。寒さもまた、きびしくなった。まだ火を必要とするほどではないが、夜は掛け布団、昼は涼衣《すずみごろも》を着ていないと、しのげなくなった。根子は秋だけでなく、冬の来るのも早いらしい。

昼ごろ、知り合いから、「阿仁町薬草展示圃《てんじほ》」を見に行かないかと誘われた。雨が晴れたら行こうということだったので、気にしながら空を見ていたら、午後三時ころに晴れたので、さっそく連れて行ってもらった。

中村小学校の近くの高台に、「阿仁町薬草展示圃」はあった。一九八〇年に新農業構造改善事業として設置されたもので、総面積約四五〇〇平方メートルの展示圃のなかには東屋もあったりして、ちょっとした小公園になっていた。ここには約六〇種類の薬草木が栽培されているが、最近の薬草ブームのなかで、町内だけではなく、県外からも見学に訪れるということだった。

展示圃の維持管理は地元の老人クラブが委託されているというが、その中心になっているのが、阿仁町薬草栽培組合長の鈴木憲庸さん。もともとこれを立案したのも鈴木さんだが、はじめたころは栽培技術も未熟なうえに、ようやく生長した薬草木も価格が安定しなかったので、随分と苦労したらしい。だが、ことしの二月からは、これらを原料とした「又鬼《マタギ》健康茶」を発売し、町の特産品づくり運動ともあいまって、売れゆきも上々だとのことだった。

特産品をつくりあげるまでの鈴木さんの苦労もたいへんだったようだ。家におじゃましてお茶をいただいている時に聞いた話では、町内にもっと薬草木の栽培を普及させようと勉強会を開いたとき、一〇〇人以上の人が打当温泉の広間に集まった前で、

「どの家にも遊んでいる土地があるから、そこで薬草を栽培して、まず家の人たちで飲んで欲しい。それでもあまった物は、組合で買い取りますよ」と言ったというが、なるほど、特産品づくりの原点はここにあるのだなと、感心させられた。これまでは知らなかったが、阿仁町の各地で、さまざまな試みがなされているのである。勉強になった夕方であった。

その翌日は雨もあがり、いっそう冴えた秋の日となった。部屋のなかにいても、気持のいい日であった。〈根子の秋はいいな〉と思いながらも、机に向かっていた。野山を歩きたい思いをおさえながら――。

昼すぎに、阿仁町役場に来たばかりだという安達生恒さんから電話があった。安達さんなどといえばごしゃがれるほどの大農政学者だが、いつお会いしても、「先生」と呼ぶよりは「さん」と呼びたくなる人である。本人も「さん」と呼ばれると喜んでいる方だが、調査のために阿仁町に入っている一行を、指導と激励のためにやって来たのだった。夕方、宿泊する一六旅館で会うことにして、電話をきった。

安達さんは島根大教授というよりも、農政学者として有名だが、その野人ぶりもかなり知られている。島根大教授を定年になったあとは、他の大学に行くのを嫌って好きな農政学一筋に生きているが、おそらくこの人ほど、日本の農山村の現場に足を運んでいる人はいないだろう。最近は、『日本農業の選択』（有斐閣）や『飽食のなかの食糧危機』（ダイヤモンド社）などの新しい仕事を世に出している。

安達さんとは一緒に何度か仕事をしたが、仕事にたいしては実に厳しい。おかしな部分があると、底の底まで突いてくる。だが、いったん仕事を離れて酒宴になると、ほんとうに楽しく酒を飲むのである。一介の好好爺になって――。

その日も午後六時から飲みはじめ、こんどはわたしのいる根子に行こうということになったのが、九時であった。わたしを送ってくれた博康さんも安達さんの本をかなり読んでいるのを知っていたので、タクシー二台で彼の家に行った。夜中の訪問はさぞ迷惑だったと思うが、イヤな顔もしないで応対してくれた。酒から歌となり、外に出ては根子の夜の風景を楽しみ、帰ったのは一一時半ころだったという。わたしは時間を忘れるほど、酔っていた。

翌日は二日酔いでぶらぶらしていると、昼ごろに電話が鳴った。受話器をとると、「ぼくは帰るが、また東京か新潟で一杯やろうや」と、昨晩あんなに飲んだ気配はどこにもない張りのある、安達さんの声であった。いろいろと大先輩には頭が上がらないものだなと、またしきりに反省した。

一五日は根子の秋祭りだった。前日の夕方に、部落会長の佐藤国雄さんから、「よかったら祭りに参加しませんか」と、望んでも出来ないような連絡をいただいたが、ちょうど一五日は、和歌山県での雑誌の仕事が入っていた。残念だ、申し訳ないとしきりに思いながら、根子を後にした。

この祭りがすぎると、根子では稲刈りがはじまるということだった。

五

「きょうも雨か」

朝起きて窓のカーテンを引くたびに、毎日のようにわたしはがっかりした。ひくくたれた雨雲の空から、毎朝のように雨が降っているのだ。根子を囲んでいる山々は、雲や煙霧にかくれて見えない。これではきょうも山歩きはできないし、根子の人たちも稲の脱穀は無理だろうなと思うと、天気と同じように、わたしの心も曇るのだった。

一〇月の根子ぐらしは、九月三〇日の夜からはじまった。ところが、一〇月一日の朝から雨で、降っていない日でも、どんよりと曇っていた。日中は晴れることもあったが、こんな朝が六日の夕方に根子を去るまで続いた。

でも、わたしの場合は雨降りとか曇りでも、野山を歩けないという不満くらいであったが、根子の人たちにとっては大変なことだった。刈り取ってハサにかけてある稲を、脱穀できないのだった。田んぼのある道に添って立てられたハサに、黄金色の稲束がじゅうたんのようにかけられているのだが、連日の雨でそのままになっているのだ。雨の晴れ間に田んぼを歩きながら、わたしは見事な稲束のじゅうたんに見とれてしまうのだが、でも農民にとっては、ハサにかけた稲を脱穀できないという苛立ちと、秋の農作業がはかどらないというという苦しさがあった。その昔、農民であったわたしには、その気持がよくわかった。

だが、わたしは晴れ間を見つけては、山に行った。根子の秋は山の幸の季節でもあるからだった。根子を歩いていると、物置きの入り口などに、山から拾ってきたクルミが、皮ごと小山になっていた。果実やキノコなどが、豊富なのである。わたしもその幸にあやかりたいと、晴れたときに山へ入ったが、昔の山里くらしの時に身についた勘は、もう完全に鈍っていた。山のどの辺に行けばアケビがあり、どこに行くとキノコがあるはずだという勘が、まったく働かないのである。自分でいうのもヘンだが、山の幸に対しては、わりと勘のいい方であった。あの辺に行けばキノコがある、という勘をたよりに行くと、たいてい生えていた。それが二十数年におよぶ海辺の生活のなかで、消えているのだった。いささか寂しかった。

だが、山道を歩いているうちに、杉の木が密生していてほの暗い林のなかから、何か匂ってくるものがあった。わたしには、ピンとくるものがあった。あの林のなかには、秋の幸があることが……。杉林に登って行き、草や雑木をかきわけながら歩いているうちに出会ったのは、杉の切り株に生えているスギキノコだった。でも、数日前に取られていて、親指の爪よりも小さいのが、無数に取り残されていた。残念だと思いながらいくつかの切り株を探し歩いていると、ひと株だけ取り残されていて、白い花が咲いたようにスギキノコが生えていた。わたしは獲物を仕留めた狩人のように、しばらくそばに立ってニンマリとしていた。人間ていい気なもので、さきほどまで感じていた寂しさもふっとんでしまい、「俺の勘もなかなかのものだ」と思いながら、しゃがむと匂いの素晴しいスギキノコを丹念に取った。よし、来年はもっと早く来るぞと思いながら……。

その杉山からの帰りに、沢にアケビの葉がこんもりと茂っているブッシュがあったので、頭を突っ込んだとたんに、「あッ」と声をあげた。ある、ある、水色の大きなアケビが、無数（と、その時は思った）に下がっているのだった。さっそくブッシュのなかに入ると、口をあけているアケビのなかに、水色の果肉が見えた。取って果肉を口にすると、ぱッと甘みがひろがり、少年のころの味がよみがえった。なつかしい味だった。種をぱっと吐きとばしたあとで、アケビを取った。全部で一七個もあった。

袋に入れて帰ると、根子でもっとも山に詳しいといわれ、わたしもときどき、山菜や薬草やキノコなどをもらっている、わが家主の婆さんに見せた。

「ええアケビだこと。どこの山にあった？」と聞くのを、

「うん、あの辺で……」

と言葉をにごしながら、五個おいてわが家にもどった。〈教えてやるものか。あそこは俺

のアケビ山だ〉と、腹の底で思いながら。

その晩は果肉をとった果皮をゆがき、水にさらしておいた。翌日の夕方、根子の友人を珍味があるからと呼び、見ている前で、水にさらしておいた果皮を切って油炊めにした。彼は最初、アケビの皮ははじめて食べると少々気味悪がっていたが、食べるとおいしいと何度も箸をつけた。本当は三日くらい冷蔵庫に入れておき、味がなじんだころに食べるといいのだが、まだホロにがさが強い時もうまい。その晩は山の幸談議に花を咲かせながら、夜が更けるまで盃をかさねた。

九月に山田博康さんへ頼んでいた薪が、あす運ばれるという連絡を、三日の夕方に受けた。四分一棚という少ないものだが、それでも二つに切ってくることになっているので、かなりの量になるのだろうと、その晩はまだ見ぬ薪のことをあれこれ考えながら、なかなか寝つかれなかった。子どもみたいだと思われるかもしれないが、わたしにとっては二十数年ぶりの自分の薪だった。冬はストーブでよく燃えるように、割って積んでおかないといけないのだ。

翌朝は、いつもより早く目が覚めた。カーテンをあけると曇り空だったが、雨が降りそうな天気ではなく、まず安心した。すぐ朝食の支度をしながら、いつもは食後にやっている洗濯も同時にやった。根子のわが家には洗濯機がないので、タライで昔ながらに手でごしごしと洗っている。石けんを使っているが、結構よく垢が落ちる。一人暮らしだとそんなに枚数もないので、これで十分なのである。外に干してから朝食をとったのが、午前七時半。食後のお茶を飲みながら、ときどき窓をのぞくが、なかなか薪はやってこない。時計を見るとまだ八時前なので、こんなに早く来るわけがないと思い直し、食後の片付けをしたあと机にむかった。薪が届いたのは、九時ちょっと過ぎだった。小型トラックで運ばれてきた薪が、軒下の道のわきに、ゴトン、ゴトンとおろされた。わたしはさっそく着替え、大家からマサカリを借りてくると、薪割りにかかった。天気もときどき薄陽《うすび》がさすようになり、絶好の薪割り日和となった。薪はナラ、ブナ、白樺などとさまざまだったが、マサカリを振りおろすたびに、コカーンと響きのいい音をたてて、小気味よく割れる。久しぶりに味わう薪割りを楽しみながら、なんだか根子の住民の一人になったような気持になった。そばを通る人たちも、

「おや、薪割りだんスか」

「冬もいるんだスかい」

「ええ薪を支度したこと」などと、声をかけてくれる。

だが、その元気が続いたのも一時間くらいのもので、そのあとは額に汗が流れ、水を飲みにいく回数が多くなり、働くよりも休んでいる時間の方が多くなった。午後になると、それがいっそうひどくなり、夕方にソバ刈りから帰ってきた博康さんに手伝ってもらい、

暗くなってようやく終わった時は、ぐったりとなった。でも、高く積んだ薪の山を見ていると、なんとなく豊かな気持になった。また根子の人たちも、この男はいつ逃げだすんだろうと見ていた人もいたようだが、冬も住む支度をしているのを見て、わたしを見る目も少し改めたように思われた。

それにしても翌朝からの体の痛かったことといったらなかった。しかし、冬住まいの準備ができて、わたしの心は満足だった。

根子に行った時は、うるしの木々が紅く色づいていたが、帰るころになると、その他の木々も色をつけはじめていた。まもなく紅葉の季節を迎え、早い年だと一〇月下旬には霜がくるのである。

わたしの根子暮らしも、半年になった。

六

昨年の五月に阿仁町根子の「仮住民」になった時に地元の人たちから、「この男はほんとうに住むつもりなんだ」と知ってもらうために、四つのことだけはぜひ実行しようと考えていた。四つともそれほど難しいことではないのだが、口先で言うのではなく、実際に行動をもって示さないと、信用してくれないからだった。

その一つは、お盆に根子にいることであった。この時は家族四人で根子に行き、森吉山へ登ったりしながら過ごした。二つは、冬も根子で暮らすことだった。というのはわたしが住みだした夏のころに、「冬もいるつもりだスか。根子は雪が深いスよ」と言われ、そのたびに、「もちろん、冬も来るス」と答えていた。一〇月に住んだ時に、求めた薪を割りながら、根子の人たちに「冬も住みますよ」と知らせた。三つは、どんなに狭くともいいから畑をつくることだったが、もう畑を借りる約束をしているので、ことしの春は畑を耕している、野添という男の姿が見えるはずである。四つには、根子で正月を迎えることだった。

昨年は一二月に入ると早く仕事を終わって根子へ行けるように心がけながら、仕事をはじめていた。しかし、定職のないわたしのような者でも年末は忙しく、どうしても片付かない仕事はリュックサックに入れて、根子へ行ったのは一二月二九日であった。できたらお盆のように家族でと思っていたのだが、高三の娘は大学受験の補修があるので女房と家に残り、中三の娘は根子へ行っても勉強するという約束で、二人で年末から住みはじめた。

根子に着いてまずビックリしたのは、雪が少ないことだった。山田博康さんの話では、雪も早く降って雪おろしも一回はしたのに、二八日からの晴天で減ったということで、山々や田畑も土地のあらわれた部分が斑《まだら》になって見え、春先のような感じだった。三〇日も暖気となり、夕方から風雨になるという変わり方で、それでなくとも少ない雪が、どんどん減っていった。大晦日には凍って小雪がパラついたものの、元旦からはまた晴天となった。挨拶のはじめが、

「おだやかな年末だスねエ」

「過ごしやすい正月だスな」

であった。

だが、こうした天候の異変で、「こんな年は、後がこわいねエ。どかっと大雪になることが多いんだよ」と、心配する人たちもいた。家々の窓や入り口は、例年の大雪にそなえて、それこそ武士に鎧をつけたように頑丈に固めているものの、まだその役割をしていないのだった。いつもの年だと、雪にすっぽりと埋まっているのに、まだこんな状態だから、逆に心配なようだった。

しかし、雪は少ないものの、寒さは結構きびしかった。さっそく、秋に掃除をしておいた薪ストーブに火を入れたところ、煙が煙突から外に出ないで、部屋中にひろまった。あれこれやってみても、煙はますます濃くなり、娘はせきこんで外に出て行った。知人に電話をして来てもらったところ、彼は部屋に入ってストーブを見ると、ニヤッと笑って外に行った。なにをするんだろうと思っていると、風除けの煙突を取ってくると、わたしに見せた。なんとその煙突には、雀が巣を組んでいるのであった。取り出してみると、三つも

あった。これでは煙が外へ出ないわけである。夏ごろだったら、一日くらい火を焚かないでいると、もう雀が巣をかけるというが、さすがは根子だと感心した。

三〇日は、どこの家でもモチつきをしていた。しかし、昔のように臼でペッタン、ペッタンという家はなく、居間でモチつき器でついていた。風情がなくなったといえばそうだが、町場では菓子屋に頼むか、モチを買っている時代である。昔のモチつきを求めるのが、無理というものだろう。

根子の人たちは正月を迎えるのに、せわしそうに動いているが、こっちはべつにやることもないので、やり残した仕事をしていた。大晦日の夕方になり、二人でご馳走をつくろうかなと言い合っているところへ、根子の知人たちから次々とお手製の料理、モチ、酒などが届いた。もう料理をつくる必要もなくなり、午後七時ころから二人でことし最後の食事をとった。わたしはお酒を少しだけ飲む。まもなく大家から、テレビの紅白を見に来ないかと電話で誘われたが、わが家ではＮＨＫのなかでもっともバカらしいあの番組を見なくなってから一〇年以上にもなるので、

「せっかくだけど、うちでは見ませんので……」

と、大いに驚かれた。驚き方があまりにも大きいので、こんどはわたしの方が驚いた。

「えッ、あの紅白を見ねエの」

食卓を片付けてまた仕事。娘は雑誌をめくったり、ストーブに薪をくべたり、カーテン

をめくって外を見たりして、退屈そうであった。退屈さをどう処理するかも勉強の一つなので、声もかけずにそのままにしておいた。

一二時をすぎて元日になると、すぐに能代の家に電話を入れ、おめでとうを言う。それから二人は着替えると、家を出た。山神社へ、初詣でに行くためであった。もっとも正確に言うと、根子の人たちの初詣での様子を見に行ったのである。いくらか寒いが、雪は降っていない。一団となった家族たちが、賑やかに話をしながら行くのもあるし、もう帰る人もいた。神社には男たちが酒を持って行き、供えて拝んだあとは、木の盃で飲み交わしていた。知人たちから何杯かいただいたが、冷たい酒がキリキリとのどをうるおしておいしい。境内には一〇人くらいの人がいたが、お参りをするとすぐに帰っていた。いつもだと、夜の九時ころになると街灯だけになる根子の家々では、どこでも明るく灯がともっていた。もう少し雪があったらきれいなのになと思いながら、見続けていた。

家に帰って一杯やっていると、初詣で帰りの二人が寄ったので、四時ころまで飲んだ。朝、目が覚めるとまだ酔いが残っていた。一日も二日も、日中は仕事をし夕方になると知人宅に呼ばれて新年を祝った。お盆にくらべると、帰省している人が少なかった。

三日は、根子に昔からあったが、いまは消えた「朝鳥追《あさとりおい》」を復活させるというので、見に行く。午前九時に小高い山頂にある太平山の小さな祠の前に、子どもたちを含めて約三〇人ほどが集まった。七八歳になる佐藤佐吉さんの話では、「朝鳥追は根子がはじまった時からあったと、父たちから聞いてきたス。わたしが子どものころは盛んにやっておったが、わたしらがやるようになってから、やらなくなったスな」ということだった。昔は旧正月の一六日にやられていたが、昭和のはじめごろには消えたらしい。それを、番楽会の人たちが中心になって復活させることになったのだが、会長の渡部稲吉さんは、「なくなってから期間が長いもんで、忘れてしまっているのも多いども、昔の朝鳥追の唄を覚えている人がおったものだから、習ったわけだス。まあ、時期も昔とは違うが、何年かかけて本物にしていきたい」と言っていた。

一行は太平山の祠の前で太鼓、笛、鉦《かね》で祈りをしたあと、山を下って山神社に行き、それから根子の集落をまわった。どの家からも、年寄りや来客が出てくると、なつかしそうに眺めていた。なかには、祝儀を届けに来る人もいた。静かだった根子の正月は、この朝鳥追の時は賑わった。

もともとこの鳥追《とりおい》は、小正月の行事として全国にあったもので、とくに、東北地方に多く残っている。それは、新年の祝いの日に追っておかなければいけないほど、鳥の害があったからである。わたしの住む家の煙突に、雀が巣をいくつもつくっていたことでもわかるように、阿仁部のような山村では、とくに鳥の害が多かったのであろう。根子には残っていないが、いまもこの行事がおこなわれている比立内の鳥追唄は、

朝鳥ほいほい
よん（夜）鳥ほいほい
米食う虫と
アワ食う虫と
頭割って塩つけて
塩だらさぶちこんで
どっと流れー流れ

となっている。おそらく、根子の唄も似たものだったろうと思うが、この唄でみるかぎりは、米とアワの害敵となる鳥が、追われる対象になったようだ。苗代や植えたばかりの田を踏む鳥や鴨、収穫をあらす雀などだったろうと思うが、一つの行事を辿ることによって、昔の農山村の生活があざやかによみがえるのである。その意味でも、根子での朝鳥追の復活は意義の深いものだった。

わたしたち二人は四日の夕方、根子の年末と正月をはじめて堪能し、能代に帰った。この日はとうとうどしゃぶりの雨になっていた。

七

　雪が少なく、春先のような感じのする根子で正月を過ごしたわたしはちょっとがっかりして一月四日に能代市へ帰った。わたし自身も秋田と青森の県境である藤里町の山奥で生まれ、中学卒業後は豪雪地帯として知られる信越国境や北海道などへ出稼ぎに歩いて、雪の怖さと不便さはイヤというほどよく知っているのに、根子に雪が積もらないのでがっかりするとは、いい気なものである。それだけ、根子はわたしにとって、まだ生活の現場になっていないからなのだろうと、反省させられた。

　だが、一月中旬ごろからの連日の大雪は、例年は雪の少ない能代市でもかなりの積雪となった。心配になって根子の知人に電話を入れると、

「きのう、雪おろしをしておいたよ」

「早く来ないと、雪に埋もれてしまうね」

などと、冗談とも本当ともとれる声が、びんびんと聞こえてくるのだった。

　山間部の雪が深いのは知らされていたので、わたしもいささか心配になり、たまっている仕事をリュックサックに入れて背負い、笑内駅に着いたのが二月五日の夕方だった。夏はそれから根子まで歩いていたのに、冬はちょっと心配だったので、根子でいつも世話になっている山田博康さんに途中から電話を入れ、車で迎えにきてもらった。笑内駅前でも、さすが

に雪が深い。根子トンネルをくぐって根子に入った時はもう暗くなっていたが、道路の両側は高い雪の壁になっていて、景色も家もぜんぜん見えなかった。博康さんに、

「やっぱり、雪は深いな」

と言ったら、

「多いよ。この分じゃ、四八豪雪の時よりも、積もるんじゃないかな」

と答えながらも、あっさりしていた。

根子のわが家に着くと厳冬の影響がでていた。秋のうちに専門家に来てもらい、凍らないようにしてもらっていたのに、水道は断水になっていた。さっそく雪の中を、ポリバケツを下げて大家へもらい水に行った。その間に博康さんにはストーブの煙突の掃除をしてもらい、ようやく落ち着いたのが午後一〇時半ごろだった。それから二人で、薪ストーブが燃えて暖かい部屋で、久しぶりに杯をかたむけたのだった。

翌日からはそれほど激しくないが、雪は降り続いた。根子でも昔からの萱《かや》屋根はわずかで、ほとんどトタン屋根になっている。トタン屋根はある程度の雪が積もると、自然にざあーと落ちるようになっている。しかし、根子のように雪の深いところでは、すべり落ちる雪が多いうえに、落ちる勢いが強いので、そのままガラス窓や入り口の戸などを壊してしまうのだった。そのため、晩秋のうちに、太い棒丸太や頑丈な板で、窓をふさいでおいた。ところが、落ちた雪は高くなって軒をふさぐので、その雪を片付けるといっても、

シャベルで捨てることは出来ないので、スノーダンプなどで田んぼとか、川に運んで捨てるのであった。

でも、根子のような山村では、家の屋敷も広いし、雪をすてる所もあるのでいいが、同じ阿仁町でも阿仁合のような商店街になると、雪をおろせる人も少ないし、おろした雪をすてる場所も遠いため、自分でやれないのだった。人を頼んで雪をおろしてもらい、おろした雪を運びすてるのにトラックなどを頼むので、一回に六、七万円から一〇万円近くもかかるという。それをひと冬に四、五回もやると、大枚のカネが雪とともに消えていくのだった。そんな話を聴くたびに、雪国の生活は大変だなと思う。

根子でも、屋根に積もった雪はすべり落ちるとしても、ひさし、蔵、小屋、車庫などの雪は、人手でおろさないといけない。しかも、落ちた雪を片付けないといけないので早朝からどこの家でも、一人は雪に取り組んでいた。雪の降る根子を歩くと、そんな姿をどこでも見かける。近づいて声をかけると、

「一日やめてると、降ってくる雪に負けてしまうス」

「カゼで二日寝てたら、ほら、もうこのありさまで……」

と、屋根と区別のつかなくなった雪の山を指差して、タメ息をつくのだった。

真冬に降る根子の雪は、凍っているので軽いが、途中で日が照ったり、暖気が続いたりすると、次第に雪は収縮して重くなってくる。平均比重が〇・三だとすると、一メートル

積もると一平方メートル当たりの重量は三〇〇キログラムにもなる。三メートルも雪が積もると、一平方メートル当たりの重量は一トン近くにもなる。この重さになると、小屋とか車庫などは倒壊の危険にさらされるため、雪おろしに懸命になるのだった。

もう一つは積もった雪はこんなに重いものだから、扱うのが大変なのである。とくに、トタン屋根を音をさせて落下した雪は、締まっているので重い。一時間も雪と取っ組んでいると、もう全身が汗だくになってしまうのだった。しかも外気が寒いので、カゼをひく人が非常に多いのである。わが親友の博康さんも、わたしが根子に来た時は元気そのものだったのに、数日後にはカゼで寝ていた。その前の日に、シャツに鉢巻き姿で雪よけをしていたので、そばに行って立ち話をしたが、あるいはその時にカゼをまねいたのかなと思ったりして、気がとがめた。

根子に行って三日目、それも小雪のなかで暗くなりはじめたころだった。突然、屋根が大きな音をたてたかと思うと、家がゆれた。「あッ、とうとう落ちたな」と思い、音が止んでから窓をあけた。ストーブの熱で家が暖かくなったので、積もっていた屋根の雪が、すべり落ちたのだった。しかも、上の家から通っている道をふさぎ、山になっていた。いずれはと思っていたが、まさか暗くなってから落ちるとは思っていなかったものの、これだけは〝出物はれ物ところ構わず〟と同じに、どうしようもない。しかも、自分の屋根から落ちた雪が道をふさいだのを、そのままにしておくことは、雪国では許されないことだった。

さっそく大家に行くとスノーダンプを借り、ついでに大家さんにも手伝ってもらい、一時間ばかりかかって片付けた。久しぶりに雪の重さと、片付ける苦労を味わったものの、その晩は疲れて、早めに酒を飲んで寝た。翌朝、目が覚めると、手足や腰が痛んで大変だった。あとでそのことを博康さんに知らせたら、

「それはいい体験をしたな」

と、ニヤリと笑われた。

日中は夫婦で働きに出たりで、家で雪と取り組む人のいない家では、仕事から家に帰ると鉱夫たちがかむるような、ライトをつけたヘルメットをつけて雪おろしをしたり、雪よけをしていた。遠くから見ていると、なかなかロマンチックな風景だが、一日精いっぱい働いて家に帰ると、夕食もとらずに雪と取り組むのは、大変な労働であった。

土曜の八日は、朝から雲一つない晴天となった。窓をあけると、山々の木々に霜が凍りつき、木の花を咲かせていた。わたしはすぐ身仕度すると、カンジキをはいて山に入った。木の花は空気中の水蒸気が小枝に結氷するもので、短命なのである。太陽の光があたると、ピシッ、ピシッと音をさせてハラハラと散るのである。林のなかに入り、純白に咲く木の花を、青空をバックにして見ると、息がつまるほど美しい。

この日は午前中は晴天だったので、根子を歩いた。雪がすべり落ちない萱屋根の雪を、

四人ほどの女性たちが、上の方から渦巻きのようにして雪おろしをしていた。顔を知っている人もいたので、

「おーい、精がでるな」

と叫んだら、

「文化財の雪おろしは大変だじゃ」

という返事がかえってきた。根子ではもっとも古いこの家も、春には壊されて、トタン屋根になるということだった。

翌九日の日曜日は、雪が舞うように降る中で、どこの家でも、雪おろしや雪片付けをしていた。

こうして根子の人たちは冬の間、くる日もくる日も、雪と四つに取り組んで生活するのだ。

大正時代のマタギとマタギ犬

第2部

マタギを生業《なりわい》にした人たち

ある伝承者のこと

　マタギ部落として知られている阿仁町根子を、わたしが初めてたずねたのは、ある年の夏だった。当時、三一書房が企画していた底辺労働者の記録集に、マタギの生態も収録することになり、そのルポを書くのが目的だった。阿仁公民館に勤めながら長い間マタギを研究してこられた工藤由四郎さんに会って、予備知識を仕入れると、バスで大又《おおまた》川をのぼり、それから徒歩で峠を越えて行った。四方を高い山々に囲まれた集落の家の壁が、やけつくような日を浴びて白く光っていた。その年のうちに三回ほど根子を訪れて、どうにか仕事に決着をつけ、翌年の秋にルポが載った本を持って根子に行き、世話になった方々に贈った。

　そのとき、民話を一〇〇編以上はもっているというおばあさんのことを知らされて、わたしは驚いた。その前からわたしも県内の民話を採集していたが、すぐれた伝承者には会っていなかったし、それに一人で一〇〇話以上の民話を伝承している人は、日本ではもう皆無だろうといわれていたからだった。その人が村田ヤスさんだったのである。

　それから数カ月後に、テープレコーダーを背負ってヤスばあさんを訪れると、一人で孫の子守をしていた。わたしが来意を告げると、白髪の頭をふりながら「そうがい。だとも、わしの知っとるむがしこは、おもしろくないで」といって笑った。歩き方がすこしぎこちないのをのぞけば、八四歳という高齢を感じさせない、元気なおばあさんだった。だが、いざ話を始めると、ひどいぜんそくの発作が出て、息もとだえるようにせきこむのだった。発作がおさまって話を続けても三、四分もすればまたせきこむ始末だった。三編ほど話してもらうと、ヤスばあさんが不満そうな顔をするほど強引に、わたしは話をやめてもらった。そばで見ているのが、耐えられなかったからだった。

しかし、ヤスばあさんの話はすばらしいものだった。話の内容もおもしろかったが、民話のふんいきをじゅうぶん出して語ることばのナマリとアクセントのみごとな調和は、一種の語り部的存在だった。ヤスばあさんの話がすすむにつれて、笑い、こわがり、悲しむことが、自分でもびっくりするほど素直にできた。当時、さまざまなことに裏切られて心がねじけていたわたしには、すぐれた伝承者を見つけたぞという以上に、素直になれたことがうれしかった。その日は、遠い少年の日のような心のたかぶりを感じて、峠を越えて帰った。それから三回ほど、ヤスばあさんを訪問して話を聴かせてもらったが、民話採集はわたしの場合、どうしても片手間仕事になり、数カ月に一回くらいしか行けなかった。

昨年の夏、國學院大學の学生たちが採集旅行でたずねてきたのでヤスばあさんを紹介した。ところが、数日後にはその学生たちから、ヤスばあさんの死を知らせるたよりがとどいた。その知らせをうけたわたしは、肉親の死に直面したときのような、大きな衝撃をうけた。

昨年の一〇月からわらび座の機関誌「わらび」に、わたしの採集した民話の連載を始め、最初に、ヤスさんの話をとりあげた。まもなくヤスさんの話は終わるので、そしたら、雑誌を持って根子に行こうと考えている。それにしても、一〇〇編以上も伝承されている中から、わずか九編より採集できなかったのが残念でたまらない。

阿仁の民俗と民情

昔話の採集や民俗調査、それにマタギや阿仁前田小作争議の聞き取りなどで、阿仁地域を歩きはじめてから、もう二〇年近い歳月がたっている。数えたことはないが、その間におそらく一〇〇回くらいは、足を運んだのではないだろうか。それだけに阿仁地域だったら、ほとんどの集落に足を踏み入れているので、阿仁の人より阿仁のことはよく知っていると自負している。あきもせずに二〇年近くも阿仁地域を歩き続けたのは、それだけ魅力のある土地だし、また歴史や文化遺産の宝庫だからである。土地の人たちがなにげなく生活している場に、宝物がごろごろと散在しているのが阿仁地域だ。行くたびにその宝物にふれ、またノートやテープ、あるいはカメラに収録しているが、おかげでわたしのところも、阿仁地域の宝庫になってきた。そのなかから一九七八年、『阿仁昔話集』（岩崎美術社）としてまとめたが、二〇年近くも通い続けてやっと一冊にしたのだから、どう考えても決して効率のいい仕事ぶりではない。でも、この類の仕事は、だいたいこんなものだと思っているので、わたしはべつに不満に思っていない。

阿仁地域は、民俗の宝庫だが、その貴重な民俗を伝え、支えてきた阿仁の人たちを、わたしは好きでたまらない。わたしの方が勝手に昔話の採集とか、マタギの聞き取りに訪れても、イヤな顔をして対応する人はまずほとんどいない。時間がない時には、さも自分が悪い人でもあるような態度でていねいに断るのだが、こうしたことは、よその地域ではあまりないことである。そのため断られても、ぜんぜん悪い気がしないだけではなく、人にはこうして接しなければいけないのだなと、痛感させられてしまう。

また、採集や聞き取りに訪れると、いかにももったいぶって、なかなか話をしてくれない人が、よその地域には多い。そんな人にかぎって、そうたいした内容のあるものを持っていない人が多いのだが、阿仁地域にはそんな人がほとんどいないのも、わたしは嬉しい。こんなことを話しても、なんにもならないのになという顔でしゃべってくれる人の話ほど、貴重だしおもしろい。また、学問的な面でも大切なことが多い。

わたしが二〇年近くも阿仁地域を歩いているのは、なんといっても歴史や民俗の宝庫だからだが、でもその宝物を伝え、あるいは内蔵している人たちとの触れ合いが冷たいものだったらおそらくこんなには行かなかったことだろう。阿仁地域にある宝物にはもちろん魅力を持っているが、いつも接する人たちとの触れ合いが暖かいから、長年にわたって歩き続けたのではなかろうか。

実は、こんなわたしの考えをある人に言ったら、「阿仁の人は人っこがいいからな」と、そのことがいかにも悪いことでもあるような言い方をしたので、わたしは腹がたった。これは人っこ（人。人柄）がいいのではなく、人間だったら誰でも持っていなければいけないことなのである。ところが、いまは多くの人たちがそのことを失ってしまい、人と人との関係も乾いたものになってしまっている。さらに悪いことは、そのことが当然だという考えが広まっていることだが、こんなに不幸なことってあるだろうか。人っこがいいということを、もっと本通りにだして、根源的に考えなければいけない時代に来ているとわたしは思っている。どうしてより人間的であることが、悪いことなのだろうか。阿仁の人たちに接していると、このことを痛いほどに感じさせられる。そういう点でもわたしは阿仁から学ばされることが多かった。

でも、二〇年近い阿仁通いを続けていても、手がけているのはほんの一部分にすぎない。それだけにこれからも、わたしは阿仁歩きを続けたいと思っているし通い続けることだろう。そして、阿仁地域から宝物を発掘してくるだけではなく人間の生き方についても教えてもらいたいと思っている。阿仁の人たちの生き方や暮らしのなかから――。

阿仁地域は、いまではわたしにとって、心のふるさとのようになっている。

秋田と関係深い民話研究家　瀬川拓男さんのこと

一一月二三日の朝、いつものように食卓に座りながら朝刊を広げていたわたしの目は、三面の下に載っている記事にくぎづけになった。そこには瀬川拓男さんの死亡記事が載っているのであった。あまりにも突然だったので、「そんなバカな」と思いながらわたしはあわてて他紙を広げたが、そこにも同じ記事が載っていた。人の死はいつも突然にやってくるものだが、瀬川さんの死もまったくの突然のことであり、わたしはしばらく茫然としていた。

瀬川さんの仕事は民話に関するものだけでも膨大だが、その民話の仕事の中で秋田とのかかわりが非常に大きい。未来社版の『日本の民話』は、瀬川さんが未来社に持ち込んだ企画だといわれるが、そのシリーズの中で出版された松谷みよ子さんとの共著『秋田の民話』は、はじめて秋田の民話を全県的な視点でまとめた労作である。この本はいまでもよく売れていると聴くが、この本で秋田の民話に目を開かされた人は多い。

最近の仕事として、角川書店版『日本の民話』がある。このシリーズにも秋田の民話が多く収録されているが、この出版が民話ブームをつくりあげるきっかけとなった。

もう一つの仕事は、雑誌「民話」の創刊である。かつて未来社で発行した「民話」が廃刊になってから、民話の雑誌は採算がとれないというのが、一種のタブーのようになっていた。ところが、瀬川さんが主宰している民話と文学の会に集まっている若い研究者たちと協力して季刊で発行し、亡くなる直前に第五号が出たばかりであった。部数も発行ごとに伸び、新しい民話運動の一つの中心に広がりつつある。

わたしが瀬川さんと最初に会ったのは、ごく最近である。一九七三年に県教育委員会の委託調査で、阿仁地方の昔話を福田稔さん（米内沢高校）と一緒に採集に歩いていた時に、ちょうど阿仁町にやはり採集の仕事で来ていた瀬川さんと一緒になり、行動をともにした時であった。瀬川さんはその年の秋にも阿仁町に来ると、一六旅館を宿にして一週間ほど採集の仕事をしたが、その時にも二日ほど一緒に歩いた。

阿仁地方は日本でも数少ない昔話の宝庫の一つだと、瀬川さんはいつも言っていた。瀬川さんは阿仁町だけですでに一〇〇話以上の昔話を採集しているが、年が明けるとすぐにまた阿仁地方に来て、これまでほとんど採集者の手が伸びていない小又川流域を一緒に歩く計画をたてていた。その予定を書いた手紙が、三日ほど前にわたしの手元にとどいた矢先の死であった。

瀬川さんと親しくなってからは、上京するとたいてい電話で連絡をとり、時間があると会っていた。会っていたというよりも、飲んでいた。モスクワ映画祭審査員でもある瀬川さんは、これまでに十数回もソ連（当時）に行っているということで、はじめは日本酒ののれんをくぐるのだが、次の店からはソ連の酒を飲ませるところだけをまわった。瀬川さんもわたし以上にハシゴ酒が好きで、ある晩などは二人で十数軒もハシゴをかけたことがあった。それでも酒にはくずれないほど、強い人であった。

最近は瀬川さんに会うと、「来年あたりから、新しい民話文学といったのに手をつけたい。一緒にやろう」とよく言っていた。また、雑誌「民話」でも阿仁特集をやりたいと何度も言っていたし、来年からは単行本の出版も手がけることになっていた。こうしたさまざまな計画を持ちながら、それを果たせないままに亡くなっていっただけに、どんなに残念だろうと思われてならない。しかし、民話と文学の会には大島広志さんのように若い研究者がいっぱいいるので、瀬川さんの遺志も引き継がれ、育てられていくことであろう。

瀬川さんの民話採集は、話者を求めて虫食いのように方々を飛び歩くのではなく、ここと決めた地域には時間をかけて、徹底的に採集をつづけた。阿仁地方もその一つであったが、その態度には多くのことを学ばされた。瀬川さんはきびしい面を持っている半面に、非常に心持の繊細な人であった。それにしても、四六歳での死というのは、あまりにも若すぎる。残念でならない。

金沢マタギ　伊藤謙之助さんの話

秋田は青森県と並んで、マタギ集落の多い所である。『狩猟習俗調査報告書』（県教育委員会）の中にも、マタギ集落として一二の村落が報告されている。

マタギ集落として名高い北秋田郡阿仁町根子の場合もそうで、マタギは狩りを生業とする人びとを意味していたが、すでにその形態はまったく消滅している。そのため、マタギ集落であることはわかっていても、くわしい調査がされていない。規模もわからないままになっているマタギ集落もある。山本郡藤里町金沢も、そうしたマタギ集落の一つである。

藤里町金沢に民話の採集に行った時、金沢でいちばんの年寄りという伊藤謙之助さん（一八八四年生まれ）の所に行った。彼の記憶力はすぐれ、雑談のついでに「おれは金沢マタギの最後の一人だ」という話が出た。金沢マタギの生存者はいないと思っていただけに、これには驚いた。その後、伊藤さんの所を二度ほど訪れ、金沢マタギのくわしい聞き書きをとった。

金沢は、藤里町の本村から七キロほど山奥だ。伊藤さんは、尋常二年で学校を終えると山仕事に出た。その時から火なわ銃をかついで山に行き、ウサギやヤマドリなどを撃った。本格的にマタギを始めたのは、日露戦争に補充兵として出征し、一九〇七年に帰ってからだ。

金沢には古くから、カモ助マタギとキモイリマタギの二組があった（二組とも正確な書き方が不明）。伊藤さんがマタギになった時にも、この二組があったというが、どの組も六、七人だったという。

キモイリマタギは、北秋《ほくしゅう》の綴子《つづれこ》マタギから伝わったものだというし、カモ助マタギは、金沢のカモ助という人が親方なので、こう呼ばれた。二組のマタギたちは、金沢の人のほかに、さらに山奥の真名子、横倉、水無の人たちであったが、日光派なのか高野派なのかは不明だ。

伊藤さんは一九〇七年に、同じ金沢に親方のいるカモ助組にはいった。マタギに山へはいる時の服装は、最初のころはカモシカや牛の頭とか足の皮で作った皮タビをはいてモモヒキをつけ、その上にガマであんだハバキをつけた。上に着るのは、犬とかカモシカの皮であった。こうした服装をすると寒中の猛ふぶきの時でも、寒くないという。

いったん山にはいると、一週間から一〇日くらいは下山しなかった。伊藤さんたちがひんぱんに行った山は、藤琴《ふじこと》川の奥の白石、黒石、時には釣瓶落《つるべおとし》峠を越えて、青森の山にも行った。他には粕毛《かすげ》川の奥と、北秋の早口《はやぐち》の奥にも、金沢マタギ専用の小屋があり、それに泊まりがけで山を歩いた。二組のマタギが同じ山にはいらないように、別々の山に行ったが、ときどき阿仁の根子マタギたちが金沢の奥に来ることもあった。

山にはいる時には、米と味噌に鍋などを背負った。おかずは、大根づけや寒干し大根などを持った。なくなると、乾燥したまま木に残っているキノコや、ウサギなどを食べたという。それもない時は、味噌だけがはいっている鏡汁を食べ、一日に雪の中を十何里も歩いたそうである。

マタギの狩りの作法は、厳重なことで知られている。伊藤さんがマタギ生活をしたころは、そうしたきびしい規制はなくなっていた。しかし、山にはいる時は、産火は堅くきらわれ、死火は歓迎されたという。また、森吉山から取ってきたモロビを必ず持って歩き、夢見が悪いとそれをたいて身を清めた。山ことばで伊藤さんが知っているのは、草の実(米)、ワカ(水)、イタズ(クマ)、ワカモグリ(魚)など十数語であった。

伊藤さんがはいったカモ助マタギは、大正末期になると仲間が次々といなくなり、新しい人がはいらないので、昭和にはいるとすぐに解散した。伊藤さんも解散と同時にマタギをやめた。

その後、金沢は火事の多い所なので類焼してしまい、マタギ道具はなくなった。マタギ生活をした人も伊藤さんだけになってしまい、金沢マタギを伝えるのは、伊藤さんの記憶だけになっている。

伝説の巨人　万事万三郎のこと

秋田に伝承されている伝説は、他県にくらべるとわりにこじんまりしたものが多いが、中には数編のスケールの大きい伝説がある。田沢湖の主である辰子姫（または田鶴《たず》ともいう）をめぐる南祖坊と八郎太郎のかっとうは北欧フィンランドの有名な「カレワラ」に似た北方民族の雄大さを伝えているし、太平山の三吉さんがまきおこす数々の奇行や、阿仁町と藤里町をまたにかけた平之と与作の話には、長い冬にとじこめられる雪国の人の、奔放な夢が息づいている。また政子姫と若者の悲恋を伝える錦木塚伝説や、八幡平村に伝わるダンブリ長者と吉祥姫の物語などは、ギリシャ神話に見られる叙事詩の片鱗を思わせるものがある。こうした伝説の中で、わたしがもっとも興味をいだいているのが、マタギの祖先である万事万三郎《ばんじばんざぶろう》である。伝説はすべてナゾにつつまれているものだが、この万事万三郎ほどナゾにかこまれたものも少ないし、最近いろいろな資料が刊行されて、いっそう伝説としての深さとおもしろさの間口をひろげている。

北秋田郡阿仁町の大又川の周辺に散在する、マタギ集落の研究が本格的にはじめられたのは、大正になってからだった。柳田国男の「神を助けた話」や「後狩詞記」などが発表され、やがて高橋文太郎の『秋田マタギ資料』や、武藤鉄城の『秋田マタギについて』（民族学第五巻）などが相ついで発表された。それから現在まで発表されたマタギ研究の数はおびただしく、わたしが入手しているものだけでも二〇編近くある。これらの研究を総合してみると、阿仁マタギの元祖だという万事万三郎の伝説は次のようになる。どの伝説もマタギのシカリ（頭領）が所持している「山立根本之巻」（現在でも阿仁町の老マタギたちがたいせつに所持している）からでたものだが、巻き物によって多少の相違があるため、研究者によっては話に若干の違いがある。

清和天皇（在位八五八〜八七六）のとき、下野国日光山のふもとに万事万三郎という弓の名手が住んでいた。ちょうどそのころ、日光権現と上野国赤木明神とが何度も戦っていたが、赤木明神は巨大なムカデになって現われるので、日光権現はいつも負けていた。そこで権現は、万三郎の助力を得ようと、ある日猟に出た万三郎の前に白シカと化して現われた。万三郎は珍しいシカだとこれを追って山中深く入り、日光権現の御堂の前まで行くと、シカは権現になって現われ、

「じつはおまえをここまでひっぱってきたのはほかでもない。じぶんは赤木明神と戦っていつも負けてばかりいる。おまえは弓の名人だから、ひとつ明神の大ムカデを射殺してほしい。もしおまえが勝ったら、日本国中の山々岳々は、おまえの望みのままに山立ちさせる」

と約束した。万三郎はこの願いをうけいれ、赤木明神と戦ってその両眼を射たので、明神

は退散した。そして約束どおり、日本国中のどの山でも狩りができるという許しをもらった。万三郎の伝説的な足跡はその後、宮城、山形と続き最後に秋田にはいっている。立石寺の記録の中には「羽後の荒瀬（現在の阿仁町）に行った」とあるが、戻ったとは書かれてないし、大館市十二所にある老犬神社は、万三郎の子孫定六という人の猟犬がこの神社の由緒をなしている。とにかくこの巨人の足跡は、阿仁町で消えさっているのである。

この巨人には統一された名まえがないのもおもしろい。昨年出版された本の中だけでも、戸川幸夫『マタギ』（光文社）では万事万三郎。武田静澄『日本伝説の旅（上）』（社会思想研究会）では磐司万三郎。秋山健二郎、森秀人編『恐るべき労働1』（三一書房）では万治万三郎と、それぞれまちまちである。この他にも磐次磐三郎、磐司磐三郎などと書かれているものもあるし、立石寺や旧仙台領に伝わる口碑によると、磐司と万三郎の兄弟ということになっている。とにかくナゾにつつまれたままの巨人である。

阿仁マタギは、多くの人たちの研究でしだいにその全容をあらわしているが、まだ不明な点が実に多い。わたしが万事万三郎に興味をひかれたのは、いかにも伝説中の人物らしいスケールの大きさと、この人物をたぐればマタギの発生が鮮明になるのではないかという点である。たとえば、神と動物と人間が一つの仲間であるような伝説の断片や、マタギ習俗の中には、トーテム集団のにおいがあるし、山形から宮城をへて秋田とつながる万三郎の足どりは、現在から約千百年前の流通のナゾもひそめている。

またこの伝説も、日本の歴史の一定の発展段階の中での、民衆の生活状態を反映しているわけで、そこにはその時代を生きた人たちの観察や、知恵や希望や絶望などをひそめているはずである。現在の観念からみればこの伝説は不合理や非合理さを多分に含んでいるとしても、万事万三郎の伝説は現在でも民衆の心の中で生き続けている。ということは、千数百年前の人たちの知恵や希望や絶望が、わたしたちとは無縁ではないということではないだろうか。

クマ撃ちの名人〝仙人〟高関辰五郎の一生

「腕のええマタギでも、一生のうちに撃《ぶ》てるクマの数は、そんなに多いものではねェ。おれが知ってる中で、仙人といわれた高関辰五郎だけは別格であったどもな」と語るのは、現役は退いているものの、阿仁マタギの最長老といわれる村田佐吉さん（八七）である。

阿仁町根子に生まれ、一六歳でマタギの仲間入りしてから約七〇年間も狩猟をつづけた村田さんだが、この間に撃ったクマは一人では六頭、仲間と撃ったのが六〇数頭だという。ところがマタギの名人の辰五郎仙人は、一人で撃ったクマが一〇六頭、仲間と撃ったのが五〇〇頭を超えるというから、大変な数である。おそらく、いまも人びとに語り伝えられている数々のマタギのなかでも、最高の名人であろう。

一八歳で青森県岩崎村大間越に住みつき、大正末期から昭和初期にかけて白神岳を狩り場にし、一五〇センチほどの小柄な体で獣のように白神山地を走った辰五郎は、晩年には阿仁マタギたちから仙人と呼ばれた。マタギを希望する多くの若者たちが、弟子入りを懇願したというが、マタギになれる気骨のある人以外は弟子にしなかった。また、腕のいいマタギとしか一緒に狩りをしなかった。佐吉さんは数少ない仲間の一人で、六年ほど一緒に白神山地を歩いたという。しかし、今は仲間の多くがこの世を去っていることもあって、辰五郎は名人とか仙人と呼ばれる人にふさわしく、阿仁町でも岩崎村でも、かなり伝説的なマタギになっている。

辰五郎は一八九〇年に阿仁町菅生に生まれた。父の鶴松もマタギであるとともに、木材を伐採する山師でもあった。伝えられている話では、成人した辰五郎は福島県の会津の山へ伐採の仕事に行ったが、だまされてカネをなくしたので、父が働きに行っている大間越《おおまごし》（青森県）に行き、一緒に働いた。

ところが、マタギになった辰五郎は、獲物の多い白神山地に目をつけ、大間越に住みついたのではないかといわれている。辰五郎は津梅川のそばに小さな小屋を建てて住んでいたが、ことしの春にその場所を訪れた甥でマタギの高関義隆さんは、「津梅川は昔はきれいだったというから飲料水にもできたろうし、獲物を処理するときには水がいっぱいあったから、マタギの住む場所としては最高」だと語っている。

白神岳を狩り場にした辰五郎のマタギ生活は一八歳からはじまるのだが、「クマぶつは度胸一つだ」を信念にしただけに、クマを引きつけて人を襲うために立ち上がったとき、急所に銃口を当てて撃ったという。その度胸のよさには、一緒に狩りをした佐吉さんもたまげたというが、それでいながら体にかすり傷一つ負わなかった。

辰五郎は多くの獲物をとったが、クマもカモシカも山からの授かりものだと、一生思いつづけたマタギだった。ある年、穴にこもっているクマを撃ったところ、そばに生まれたばかりの小さな子グマがいた。辰五郎は子グマをふところにいれて帰ると、母乳をもらいながら育てて弘前公園に寄贈したが、それが弘前公園の名物となった。弘前公園に行ったときに、そのクマを見た人も多いだろう。

その辰五郎も一九五八年の秋に脳卒中で倒れ、美しく紅葉した白神山地を見ながら、岩崎村役場の車で生家に送られた。そして一年半ほど寝たあと、一九六〇年一月二五日にこの世を去った。七五歳であった。

辰五郎は「女房がかわいそうだから」と、生涯独身で通したことになっていた。ところが、西口正司さん（岩崎村教委）の調査で、土地の娘が産んだ辰五郎の一人娘が大間越にいることがわかった。母はとうの昔にこの世を去っているが、その一人娘の菊地ハルさん（五四）が、一九八七年二月下旬に阿仁町幸屋渡の義隆さん宅を訪れ、はじめて肉親たちと涙の対面をしたあと、亡父の墓参りをした。ハルさんが涙ながらに拝んでいると、急に冬の雨が降りだした。肉親の一人が、「辰五郎爺さまの涙だべよ。なんぼ喜んでいるんだか……」と言った。肉親のつながりの深さを思い知らされた一瞬であった。

阿仁マタギと戊辰戦争　佐藤松五郎の墓が語るもの

戊辰の年の一八六八年に政府軍と旧幕軍との間で起こった戊辰戦争は、県内にもさまざまな影響を及ぼしたが、今年は一二〇年目に当たる。新しい研究や資料の発掘などを踏まえながら、秋田市で今月、殉難者慰霊祭や史料展、シンポジウムなどが開催された。非常に意義深いことである。

また、(一九八八年)一〇月五日の秋田魁新報夕刊でも報道していたが、仙北《せんぼく》郡中仙町長《なが》戸呂《とろ》では、戊辰戦争の時に奥羽列藩同盟軍の戦死者が葬られ、「賊墓」と呼んでこれまでは地元の人もあまり近づかなかった。ところが、墓のある場所が土地改良事業区域内に当たっているため、旧幕軍側の戦死者も見直そうと、地区の住民の有志が浄財を出し合い、共同墓地に墓を移転して墓石を建立し、慰霊祭を行ったという明るいニュースもあった。

ところで、マタギの里として全国的に知られている北秋田郡阿仁町根子にも、いまでは地元の人からも忘れかけられているが、戊辰戦争で犠牲になった人がいた。

秋田内陸線の笑内駅に下車し、ゆっくりと道を上り、一九七五年に開通した根子トンネルを抜けると、根子集落が前方に広がっている。遠くに根烈《ねれつ》岳（八三五メートル）があって、いかにもマタギの里と呼ばれるにふさわしい風景である。その眺めの素晴らしい根子トンネルの入り口近くに、根子集落の共同墓地がある。その共同墓地の中に、「官軍　秋田藩佐藤松五郎墓　羽後国片山村於戦死」と、「官軍秋藩　佐藤松五郎墓　大正五年十一月建之」と彫られた、二基の墓石が立っている。小さいが、立派な墓である。この墓の主の佐藤松五郎が、戊辰戦争の犠牲者なのである。

マタギが生業として盛んだったころ、根子には七之丞組、善兵衛組、伊之助組という三つの集団があって、それぞれ狩猟をしていたが、組頭の家号が組の名前になっていた。秋田藩ではこれとは別に、「新組鉄砲方」と名付けた特別部隊を組織し、七之丞組の組頭を長に命じたという。その年代はよく分かっていないが、根子に残っている古文書の中に、一八六三年に藩の役人が村々の役人にあてた覚書で、「新組鉄砲方長、秋田郡阿仁根子村の七之丞が藩命で村を通る時は食事を提供しなさい」とあるのを見ると、新組はそのころに結成され、藩士に近い待遇を受けていたことが分かる。幕末には秋田藩の経済は破綻しており、しかも時代は急変の動きをみせていただけに、山岳を仕事の場にしているだけに体力は鍛えられ、鉄砲の名手が多いうえに、シカリ（頭領）の命令一つで団体行動をとれるマタギは、いざという時には戦力として使うにはもってこいの存在であった。藩の目のつけどころも、なかなかのものであった。なお、マタギといえば世間からは一目おかれていたが、殺傷を業とするため疎まれてきた面もあっただけに、藩から受けた待遇には満足したことだろう。そうしたマタギたちの心理を、藩では巧みに利用した面もあった。

一八六八年八月九日に南部軍は十二所口から攻めてきたが、応戦の間もなく敗退を重ね、大館《おおだて》城も落城した。さらに南部軍は荷上場《にあげば》（山本郡二ッ井町）まで攻撃し、秋田勢は危機に直面した。

こうした戦況の中で、新組にいつ出兵が求められたかは不明だが、根子から一一人をはじめ、比立内や打当などから総勢八七人が参加したという。出兵したマタギたちは、火縄銃を一発撃っては地面に伏すと、他のマタギがさっと立ちあがって撃ち、伏すと弾を詰めた隣のマタギが起きあがって撃つという射撃法を考え出し、次々に敵兵を撃ち倒したと伝わっている。総督府参謀副役で長州隊長の桂太郎は「秋田の鈍兵」と評したほど秋田方の戦いぶりは劣悪だったようだが、その中にあって新組はかなりの活躍をしたとみてもいいだろう。この時に佐藤松五郎も、新組の一人として出兵した。

松五郎の子孫が根子に現存している。かつてはマタギのシカリもやった佐藤富久栄さん（六〇）で、根子集落の集落長をしている。富久栄さんの話によると、先祖の四代目仁助には娘と息子の二人の子どもがあり、松五郎が長男で五代目だったという。松五郎が新組の一人として出兵した時は、まだ一四歳の若さで、父は早死していた。そのため母親は一人息子の出兵を非常に心配したという。富久栄さんは佐藤家の一〇代目に当たるが、そのことは子どものころから聞かされたそうで、

「戦いが激しくなると、砲声が根子までとどいたそうで、残された根子の人たちは山を越えて、上小阿仁村の小倉へ逃げて行ったそうです。その小倉にいる母親のところへ、九月の一二日に松五郎が負傷したと使いの者が知らせに来たそうです。そうしたら母親は、負傷したというのは、死んだのだろうと言ったら、使いの者がいま戦いは勝っているからそうではないと言っても、死んだに違いないと泣き悔やんだそうです。その翌日に、戸板にのせられた松五郎の死体が、根子に運ばれてきたそうです」と言う。

松五郎はわらじばきで参加していたが、一二日にケヤキの大木に身を隠していた時に、近くに大砲の弾が落ちて、その破片が足に当たり、そこから毒が入り、一命を落としたのだという。佐藤家はもちろんのことだが、村全体も悲しみに包まれたことだろう。

ただ、この時に姉は阿仁の水無に嫁いで子どもが一人いた。しかし、松五郎の死で家系が絶えるため、姉を家に連れ戻し、婿をとって家を継いだという。

また、藩から戊辰戦争が終わってから、戦功をたたえたいので久保田まで来るようにと、新組に通知があった。佐藤文右ェ門が新組を代表して行ったが、正装の羽織と袴を藩で用意しており、それを身につけて藩主に目通りしたという。その時に火縄銃が松五郎の家に戦功

をたたえて渡されたが、父富松の時代に施設に寄贈したといわれ、今は家にない。

松五郎の墓は、新組が一基、藩で一基を建てたというが、藩が建てたのは土に埋まり、新組で建てたのは風化し、土に埋まった部分だけが残っている。現存する二基は、手前にある年号の膨んだのが佐藤家で建てたもので、その奥にあるのが、五〇回忌の時に県で建てたものだそうだ。墓石を見ても知らされるように、若くして戊辰戦争で散った松五郎は、後々まで大切にされてきたらしい。

一〇月初旬、根子に行った時に松五郎の墓にお参りをした。アキアカネが無数に飛び交っていたが、地下で松五郎は何を考えているのだろうかと思いながら、戦争が人びとに与えた悲しみを感じさせられた。

秋山郷の秋田マタギ　上信越の秘境探訪から

上信越高原国立公園の苗場山（二一四八メートル）と鳥甲山（二〇三九メートル）にはさまれた深い谷間を流れる中津川上流の、切明《きりあけ》から穴藤《けっとう》にわたる約三〇キロの渓谷のなかに、一二の小さな集落がひっそりとたたずんでいる。これが秋山郷である。下流の穴藤から大赤沢までが新潟県に属しているので通称「越後秋山」といわれ、上流の小赤沢から切明までが長野県に属するため、「信州秋山」と呼ばれているが、現在でも日本では有数の秘境として知られている。

秋山郷《あきやまごう》は平家の落人の集落と称しているが、冬の積雪量は四メートルを越す豪雪地帯なので、一二月から五月までの半年は交通機関が途絶し、陸の孤島になってしまう。しかも交通事情が悪いうえに、周囲には二〇〇〇メートルを越す山が六つもそびえている文字どおりの僻地である。秋山郷は、信越本線の豊野駅と上越線の越後川口駅を結ぶ、飯山線の越後外丸駅（現・津南駅）からだと約三〇キロ、森宮野原駅からだと約三五キロの奥地にある。このように人里遠く離れた秋山郷はまた、昔から飢饉・凶作・冷害・風雪害の代名詞でもあった。しかも秋山郷の標高は最も低い逆巻《さかさまき》で五四〇メートル、いちばん高い切明は九〇〇メートルという高冷地帯であるため、米作の普及は遅かった。信州秋山で稲作りがはじまったのは明治以降というが、米食が普及したのは一九三九年の米の配給制度が出来てからだった。そのため秋山郷の人たちの生活基盤は、焼畑農業に支えられた林産、狩猟などの山の民の世界であったが、この狩猟と秋田マタギとが深くかかわりあっているのである。

わたしは一九五二年の冬、この秋山郷の人たちが戦後に入植した五宝木《ごほうぎ》開拓地に、伐採の出稼ぎに行ったことがあった。その時にも秋山郷を歩いて秋田マタギの話を聴いたが、当時はあまり気にもとめていなかった。その後、『北越雪譜《ほくえつせっぷ》』の筆者として有名な鈴木牧之が、一八二八年にこの秋山郷に入った時の紀行文『秋山紀行』を読んでいるうちに、秋田マタギのことがかなり詳しく書かれているのに驚いた。マタギについては自分なりに興味を持って調べるようになったわたしは、もう一度この秋山郷を訪ねたいと思いながらも、行くことが出来ずにいた。

ところが先日、某出版社の仕事で再び五宝木開拓地を訪ねる機会に恵まれたので、残りの数日を秋山郷に残り、秋田マタギを中心に調べてみた。しかし、すでにマタギ作法を伝えている古老は少なく、また資料の発掘も十分されていなかったが、その時に知り得たことを、若干報告してみたい。

その中でもとくに興味があるのは、鈴木牧之の『秋山紀行』である。鈴木は秋山郷に入って、秋山マタギの郷左衛門を頭とした四人仲間の小屋に泊まり、同じ仲間の雷蔵に案内されて秋山郷を歩いている。その間に実に詳しくマタギのことを記録しているが、ここでは詳細な内容の紹介は省く。ただ、信濃教育会出版部刊の『秋山紀行』の補注の部で、マタギに関してこう書いている。

「秋山へは古くから猟師がはいっていた。これは元享元年十月二十四日付市河盛房譲状に〝さいもく（材木）とり、れうし（猟師）などいわんに、わすらいをいたすへからす〟とあることからもわかる。この文書にみえる猟師が秋田のマタギであったかどうかわからないが、秋田の猟師たちは古くからはいっていたようである。現在秋山にマタギの作法が伝えられている。これは秋田の猟師の一人上杉長之助という人が、この土地の婦人といっしょになって住みついたためである」

そして、一九〇八年に秋山郷を訪れた長塚節《たかし》が伊藤左千夫にあてた手紙の中に、「昨日途次大赤沢といふ所に、秋山第一の熊捕の名人長右衛門をおとづれ申候。彼れ今年七十七、正月より中風にて半身不随意相成居候。六十四の時に熊のために手足をくひ折られ候程の傷を受け爾来其業を廃したる由なれど、十三歳より六十四歳まで凡そ百頭は突とめるならむと申し候。顔長くして鼻高く白髪を蓄へたる所立派の老人に候」とある長右衛門は、その一族だとしている。また、小赤沢の山田文五郎はその子孫であるとも書かれている。

だが、今回の旅行で入手した民俗資料緊急調査報告書『秋山郷』（新潟教育委員会・一九七一年）には、秋山郷の「熊狩の祖を秋田県秋田郡阿仁長畑村の忠太郎とする。秋田では殿様のトリカ（取箇。年貢）が強いので冬も遊んでおられず、大赤沢へ狩猟に来ておるうちに、藤ノ木ヤウチ（同族組）から妻を得て、ついに住みついた。ところが、その国元にも妻があり、一子・松之助も、親の跡をタダシ（尋ね）て来、これまた石沢ヤウチとして、一家をたてるに至った。村中の衆がセッショウニンともいわれ、一～二部落単位で組をつくり、親方ができておるが、その系譜は次のようだ。

大赤沢　松之助―長右衛門―藤ノ木万五郎―藤ノ木重烈
上赤沢　（松之助血縁）山田文五郎―山田長治
上ノ原

上結原
逆　巻　山田作蔵―吉野義徳
として、鈴木牧之の紀行文とでは、たいぶ違っている。
また、秋山郷では猟師のことをセッシュニン（殺生人）、セッショウニン、カリョド（狩人）というが、秋田のようにマタギとは言わない。ただ、ここで詳しく書けないのが残念だが、作法などは阿仁マタギと共通している部分がかなり多かった。というよりは、違っている部分が少なかった。
もう一つおもしろかったのは、大赤沢の藤ノ木兵吉家に所蔵されている「山立根本ノ巻」を見ることが出来たことだった。巻物は折本立て（一四八×六センチ）のもので、奥書には「羽州秋田郡阿仁長畑村　品上杉松之助」と記されてあった。松之助というのは、秋山郷の熊狩の祖だという忠太郎の子である。
この巻物に関しては、さまざまな話が残っていたが、この巻物を持っていた秋田の猟師は山で殺されたものの、巻物だけはナカヤ（藤ノ木兵吉）に残ったのだという。もう一説には、この巻物の最初の持ち主は秋田の猟師の長吉で、その足ヌギバ（猟師がその地方で頼みとする家）がナカヤだったが、ある年に赤湯（新潟県）に猟に出て熊に崖から落とされた。その時に、「長吉ア死んでもよいが、熊を逃がしたのは残念」と言って息を引きとったという。そのため巻物は藤ノ木家に残されたというのであった。いかにも勇壮な秋田マタギの最後らしい話である。

そのほかにも多くの話や資料を得ることができた。秋田県内でのマタギの調査や研究もかなり進んでいる。だが、この秋山郷だけではなく、秋田マタギたちは加賀の白山とか吉野連山方面にまで足を延ばしており、その行動範囲は非常に広い。そうした土地との関連の中で調べながら、マタギたちのもたらした生業や芸能、あるいは文化の伝承などを確かめていくことの大事さを、今回の秋山郷行きで痛切に知らされた。

阿仁の積石墳墓

阿仁の深く厚い自然の中に身を置くと、ゆっくり本でも読んでいたいな、川瀬の音を聴いてのんびりしたいな、と思うこともある。でも、阿仁に入ると、わたしの血の奥深いところにひそんでいる古代が呼び出されるような感じになり、家からでて阿仁の集落を歩き、人びとと語り、けものみちを辿っている。その中で、最近もっとも注目しながら調べたことの一つに、積石墳墓がある。

阿仁の積石墳墓には早くから興味を持っていたが、鹿角《かづの》市大湯《おおゆ》の環状列石群（ストーンサークル）が縄文時代の墳墓という見方がほぼ固まったころから、再び注目をはじめたのだった。阿仁町の萱草集落から奥の集落（旧大阿仁村の地域）の墓地には、数多くの積石墳墓が見られるが、このことに注目した人は、これまでほとんどいなかった。

普通、仏教徒の家の墓は、まだ土葬だったころは、戒名の刻まれた墓石の下かわきに、死んだ人は葬られた。火葬に統一された現在は、納骨室に葬られている。阿仁町でも現在はほとんどそのようになっているが、新しいのでは一九六〇年ごろまでは、墓地に屍を埋めた上に、いずれも一個の重さが二〇～三〇キロの川の石が背負い上げられ、だいたい円形に積み上げて墓石にしていた。よく見ると、中心部にはもっとも重くて大きい平らな石が置かれている。戒名などが刻まれた石はなく、多いのは川石を三段とか四段に積んでいるので、大変な労力を必要としたことだろう。墓の区域を示すために石を並べたり、幼児が埋められた後とか、まだ墓の建っていない屍の上へ、印に石が置かれているのはたまに見かけるが、明らかに積石墳墓とわかる埋葬は、阿仁町の萱草から上流に見られるだけである。

積石墳墓のある集落へ行くたびに、古老たちに聴くのだが、

「悪者（といっても人間ではない）が墓に来て屍を掘って盗むのを防ぐためらしい」

「オオカミが来て、墓を荒らしてしまうから」

と言うだけで、はっきりしていない。昔からやってきたから、わたしたちもやったのだと言う人が多い。また、積石墳墓のある集落は、かつてマタギ集落だったところに多い。かつてのマタギのシカリ（頭領）は、

「わだしらは生き物を殺して生きてきたもんだから、死ぬとその殺した生き物に墓を荒らされ、仇を討たれるので、こうするのだ。」と語っていた。確かにマタギとも関係ありそうだが、これだけでは納得が出来ない。

積石墳墓とか積石塚をみると、大陸では高句麗の時代におこなわれた埋葬様式だという。古い時代は積石墳墓で、新しくなると土葬になったようだ。日本では長野県と山梨県に積石墳墓とか積石塚が多いそうだが、朝鮮系の文化が定着している所にあるという。それだったら日本海側にもっと沢山あってよさそうだが、他には見えなくて阿仁町の奥地にだけ残っている。萱草《かやくさ》から下流の阿仁部には、この風習が見られない。

北海道のアイヌの埋葬方法にも積石墳墓の様式が見られるというから、アイヌとの関係も無視出来ない。マタギとアイヌと共通性は多いし、アイヌ語地名は阿仁部にも多く残されている。アイヌ文化は奥羽山脈の中の各地に深く根をおろしているが、その中でもとくに日本海側に濃く見られることも無関係ではないのだろう。同時にまた、縄文時代のストーンサークルともつながりがありそうに思える。

かつては秘境といわれ、いまは山村と呼ばれる地域に、孤立したように残っている積石墳墓という個性あふれた埋葬型態は、もう少し丹念に調べていくと、普遍的な広い文化層と共通しているように思えてならない。阿仁町根子に住むたびに一度は積石墳墓を訪れ、そんな思いをますます強くしている。

マタギとは何か

日本は国土が狭いうえに、山林原野なども比較的早くから開発が進められたことや、諸外国と違って大型の野獣があまり生存していないこともあって、狩猟が独立した生業として成立する条件には、あまり恵まれていなかった。したがって日本の狩猟は小狩猟であり、その多くは個人猟が主体であって、遊猟か、あるいは農・山村民の季節的な副業として、兼ねおこなわれてきたものが大半であった。こうした環境に置かれていただけに、日本では狩猟を専業とする狩人の数が、もともと非常に少なかった。

しかし、こうした日本の狩猟の中にあって、かなり規模の大きな共同狩猟をおこない、しかも特殊な狩猟儀礼を持った専業的な狩人団が、最近まで上越国境から北の一帯にかけて存在していた。「マタギ」である。これらの地方の山岳部には、こうした狩猟者たちの一団が定住した集落がいくつも見られる。かつてはかれらも居村でいくらか農耕作業もやったが、主業はあくまでも集団的な狩猟であった。農耕作業は女性たちにまかせ、狩猟期の冬と春には山岳を歩いて狩猟に専念した。また、夏と秋の狩猟の少ない期間には、熊の胆《い》や薬草などを原料として製造した。薬物の行商に出る人も少なくなかった。

だが、人口の急速な増加と、耕地が狭く貧しい農民たちの山や森への進出、鉄砲の大幅な普及などによって、山野の野獣が激減してくると同時に、マタギで生計を営む人たちも減少していった。また、狩人と里人との接触が深まってくるにつれて、次第に狩猟民の農民化がもたらされていったし、また野獣の減少によって捕獲する獲物が少なくなり、主業の狩猟では生計を維持していけなくなるにつれて、狩猟から農業への比重が強まっていった。

こうして狩猟民の農民化が進むにつれて、次第に狩猟は副業化していったが、現在では山村に定住はしているものの、そのほとんどが農民化しており、冬と春の一期間だけ狩猟に従うという生活形態をとっている。近年までこうした生活をつづけてきたところとして、三面《みおもて》（新潟県岩船郡朝日村）、根子（秋田県北秋田郡阿仁町）、檜枝岐《ひのえまた》（福島県南会津郡檜枝岐村）などの集落が、一般にひろく知られていた。

こうした狩猟者の中でも、東北地方（とくに秋田・青森の両県）で大狩猟を主とする生業をしてきた人たちのことをマタギと呼び、その人たちが居住するところをマタギ集落といっていたが、このマタギという意味からしていまだに明確にされていない。新潟県地方では「マタギ」を人間に対する山詞《やまことば》として用いているが、自分たち狩人のことをマタギとは言わない。

また、アイヌ語で狩りを意味する「マタタ」という言葉があるが、四国地方では狩人を「マトギ」と呼んでいるため、アイヌ語説もとれない。また、狩人が山岳を跋渉《ばっしょう》する時に、下の部分が股になっている杖を持ち歩くので、股木からマタギになったのではないかという説もあるが、いまだに定説はない。

菅江真澄《すがえますみ》はマタギに関して多くのことを書き残しているが、「筆のまにまに」（一八一一年）の中では、「マタギ」は「マタハギ」からきたのではないかとしている。「マタ」というのはマンダの木の皮で、これを剥いで布を織ったり、縄をなったり、蓑をつくったりしたが、これを業とする山賤（やまがつ・やましず）が狩りもしたために、出羽、陸奥の狩人をマタギと呼ぶようになったと推定している。

また、古くはマタギのことを「やまだち（山立・山達）」とも言った。これについては、良民を苦しめる悪党のことを一般に鬼と言ったが、やまだちはこの狂暴な鬼をも退治するだけの腕前を持っているので、その鬼よりも強いために又鬼《またおに》と名づけたという説も伝わっているが、マタギという語源は、古く狩人を意味したやまだちと関係があるらしいと考えられている。

　マタギには、日光派と高野派と呼ばれる二つの流派がある。日光派のマタギは「山達根本之巻」を、また高野派のマタギは「山達由来之古文」という巻物をそれぞれ所持している。しかし、この二流派はかならずしも区別が明確ではないし、両者の伝承にも混交がみられ、それぞれ多少の違いはあるものの、同じ源から発しているとされている。だがこの巻物は、内容的には史実にはほど遠いものだが、かつてはマタギたちの精神的な支えになっていた伝書なので、次に簡単に要約しておく。なお、マタギの流儀は、小玉流、青葉流、重野流の三流があり、本書で扱っている根子マタギは重野流に属していることを付記しておきたい。

「山達根本之巻」（日光派）

　清和天皇の時代に、日光山の麓に万事万三郎（磐次磐三郎）という弓の名人がいて、日光権現に助力して赤木明神との合戦に勝った。日光権現は喜んで京都に上って内裏《だいり》に言上したが、その功によって内裏の御朱印を与えられ、今後は日本のどこの山へ行ってもよいと「山立」が許された上に、「伊佐志大明神」として祭られた。山立の祖先はこれであるため、どこの山岳に行っても狩猟は御免になっているほか、山で獣を食うことも許されている。産と死の火を忌むのも、この祖神にたいしてのことである。

「山達由来之吏」（高野派）

　これは高野山開基にちなむもので、三人の狩人が高野山へ狩りにでかけて空海上人と出会う。空海上人は生類を殺して業とするのは罪深いことだから、すぐに止めるように言ったが、狩人は猟をしなければ生活ができないと言い張った。そこで上人は、三人のうち一人が自分の弟子になって一生つかえるならば、生きていくための最少の猟を許し、獅子引導の経文を授けると言ったので、三人は承諾した。これは高野山の旧記にある。丹生明神（狩場明神）の縁起によっている。

前にも書いたように、これらの伝書は史実には遠いものであり、正統史家がこれに一顧すら与えないのも無理はないし、郷土史家たちがなんとかして正史に合わせようと解釈に苦心しても、その位置さえ得られないのも当然であろう。だが、この伝書をマタギという特殊な生業を生きた人たちを背景にして考えるならば、そこにはまた違った歴史的な意義を見い出してくることができる。

狩猟の起源説話や狩猟民の山の信仰については、柳田国男が『後狩詞記』『神を助けた話』『山の人生』などで早くからすぐれた業績を残している。その中でも『後狩詞記』では、日光派と高野派のほかに、第三の「椎葉型」と呼ばれる流を紹介しており、これらについては『神を助けた話』で詳細な考証がされているので、ここでは詳しい紹介をはぶく。

ただ、一例だけをあげてみると、荒唐無稽とも見えるこうした伝承を、わが国の民間伝承の一つである山の神と対比しながら考えると、まったく違った様相を見せてくる。秋田のマタギたちは、万治、磐司、あるいは磐次磐三郎などと呼んでいるが、これは磐神、すなわち岩の神の信仰に由来するものと考えられ、峠や山頂などの巨石を通じて山の神を祭ったことを反映しているのではないかと、柳田国男は推定している。

もともと山の神は生殖生産に深くかかわり合っているのに対して、狩人、炭焼き、杣夫、木地屋などの信仰する山の神は、山に棲む獣類や樹木を支配する神としての機能が強く意識され祭りなどもかなり特殊化されているが、これはマタギという生業とも深くかかわり合っている。というのは、近代的な登山がはじまる以前の山岳は、山の神が支配する神聖な世界であり、山の神の許してくれる一定の期間だけに限って、特定の作法に従ってのみ入山が許されていた。山へ自由に出入りができるのは、行法を修める修験者だけであった。山開き、女人禁制、あるいは山中でのさまざまな禁忌伝承が残っていることは、そのことを物語っている。一般の人たちが山入りする場合には、修験者たちの指導の中でおこなわれていた。

狩人たちが山の神との特殊な関係を強調し、しかも狩猟の自由が保障され、殺生肉食を特免されていると説く由縁も、また修験者と参与している形跡が見られるのも、こうした背景を考えると十分に理解することができる。

それに、狩人の仕事の場は、人の住まない山岳地帯であり、しかも仕事の期間が冬から春にかけての気象条件の悪い時でもあるため、常に危険を背負っているといっても過言ではない。

出猟前には厳しく禁忌を守り、入山した後の山小屋でも厳しい作法と禁忌とで自己規制をおこない、山言葉という特殊な言葉を用いたのも、実は長い期間にわたって男だけの集団生活を維持していくための規律であり、知恵だったのでもある。こうした面は他の職人の世界にも見られることだが、こう見てくると荒唐無稽のように見える狩人たちの伝承も、その裏では山村生活やその歴史と、深くかかわりあっていることがわかる。

しかも狩人の伝書は、山界の支配者である山の神から与えられた特殊な特権を社会的に認めさせようとしているが、これは山岳地帯になると大名の領国支配がさほど明確ではなかったとしても、他領他国への移動が制限されていた時代とも関係してくる。他領他国への移動は制限されていたが、しかし狩人たちの行動範囲は非常に広く、秋田の根子マタギの場合を見ても、県内の山々はもちろんのこと、東北の山々をはじめ、遠く越後の八海山、越中の立山、信州と越中境の白山、信州と飛騨境の乗鞍岳、穂高山、加賀の白山、さらには吉野連山にまでも足を伸ばしていたことが、古老たちによって語られている。

『北越雪譜』の著者として有名な鈴木牧之が、一八二六年に秘境として知られていた信越国境の秋山郷に入った時の紀行文『秋山紀行』の中にも、秋田の猟師雷蔵のことやマタギのことなどが詳しく書かれている。この秋山郷にも早くから秋田マタギが入っていたといわれ、秋山郷にもマタギの作法が伝えられている。これは秋田の猟師の上杉長之助が、この土地の女性と結婚して住みついたためだというが、筆者も二〇年ほど前にこの秋山郷を訪ねた時に、古老たちから秋田マタギのことを聞かされた経験があり、またその子孫にも会っている。

他領他国への移動が制限されていた時代に、しかもマタギたちの行動範囲がひろかっただけに、自由に山岳を狩猟して歩ける理由を、いつも確保していなければならなかった。そのため、狩人の祖先が山の神に助力した特権として与えられた「日本国中山々岳々、不浅知行、下置、無不行所山立御免也」の恩恵に、その子孫である狩人たちも浴しているという伝書は、狩人たちにとっては旅行手形のような意味を持っていたようである。そして同時に、無人の山岳地帯で狩猟生活をつづける狩人たちの心に、このことが誇りと張りを持たせる役目も荷なっていたのである。

このように見てきてもわかるように、日本的な風土の中では狩猟業が一般化することが少なく、しかもその大半が遊猟や個人猟が主体であった。こうした中で、東北地方のマタギはかなり特異な存在であり、その習俗は狩猟の古い形態を示している貴重なものだが、現在はそのマタギの衰退とともに、その古い形態が狩人からも、マタギ集落からも失われてきているのはきわめて残念なことであり、さらに入念な記録の作成と保持が望まれている。

最後のマタギ集落だった根子

わたしの住む根子は、三月に入っても、真冬のように雪が降る。古老たちは、「彼岸までは冬なんだよ」というが、彼岸をすぎてもどかっと雪が降って、五回目か六回目の屋根の雪おろしをする年もあるという。軒下に吊るした寒暖計は、朝方にマイナス一五度くらいになることもあった。こんな日の朝は、ストーブの煙突からあがる薪の煙も、上へまっすぐに上がらないで、横になびくことが多い。

しかし、三月下旬ごろの雪は、たいてい夜に降って朝方にはからっと晴れる日が多い。まだ朝日がでる前に、身を固めて外にでると、根子を囲んでいる山々のなかでもっとも高い、根烈岳の麓へと急ぐ。

集落がおわると道がないので、カンジキを履く。根子川べりに咲く、真っ白の木花が美しい。ちょうどそのころに朝日がさすと、まばゆいばかりに木花が輝く。林のなかに入ると、ビシッ、ビシッと、小さな音がときどきする。小枝についた氷片が、木から離れる時の音だが、何かをささやき合っているような気がする。

林のなかの白いじゅうたんの上に、山の動物たちが残した足跡を見るのも、こんな朝の楽しみの一つである。ゆっくり歩いた野ウサギの大きな足跡、小心者のキツネらしく小走りした足跡、何かに追われたらしいヤマドリの足跡、雪穴からでてすぐにまたかくれた野ネズミの足跡など、動物たちの夜から朝方にかけての生き方を残している。

動物たちはどこかで、林に入ってきたわたしを見ているかもしれないが、厚い雪の下を流れる水の音のほかは、物音一つしない静かさだった。

だが、もともと根子は阿仁マタギの中心地だったし、四方を山に囲まれ、森林の茂ったいくつもの沢がその奥に深く入り込んでいたため、動物たちのゆたかなすみかであった。

七八歳の佐藤佐吉さんは、

「ウサギは二〇年くらい前までは、おもしろいほどおったものだスな。いまは禁止になってるども、針ガネのワナをかけると、食べきれないほど獲れたものだスよ。家のすぐ裏の山でだよ。朝起きて雪かきしてると、犬がウサギをくわえて、引っぱってくることもあったス」

「どうやって食べるとおいしいの」

「焼いでも食ったが、味噌煮がいちばんよ。大根きざんで入れてねェ。まあ、キツネも獲ったし、ヤマドリもえであったたし、昔なんか、肉を買って食うってことはながったス」

と、なつかしそうに言う。

それがいまでは、根子でも山奥に入らないと、ウサギやキツネの足跡さえ見られなくなった。佐藤さんでさえ、ここ一〇年近くウサギの肉を食べていないほど、動物が減っているのだった。その原因を佐藤さんは、

「昔は山畑をうんとつくったもんだが、いまはやめて、杉を植えてまったものスな。だから、夏も冬も、エサがなくなったからでないスかね。ヤマドリなんかも、獲りすぎたんではないかねエ」と、寂しそうであった。

根子は三面《みおもて》（新潟県岩船郡朝日村）や檜枝岐《ひのえまた》（福島県南会津郡檜枝岐村）とともに、最後までマタギ集落として残った一つであった。最盛期のころは、根子だけで四〇人近くもいたマタギたちは、正月がすぎるとそれぞれ組をつくって、北は青森県、南は信越国境の苗場山麓や奈良県の吉野の山まで、猟に出かけたのだ。

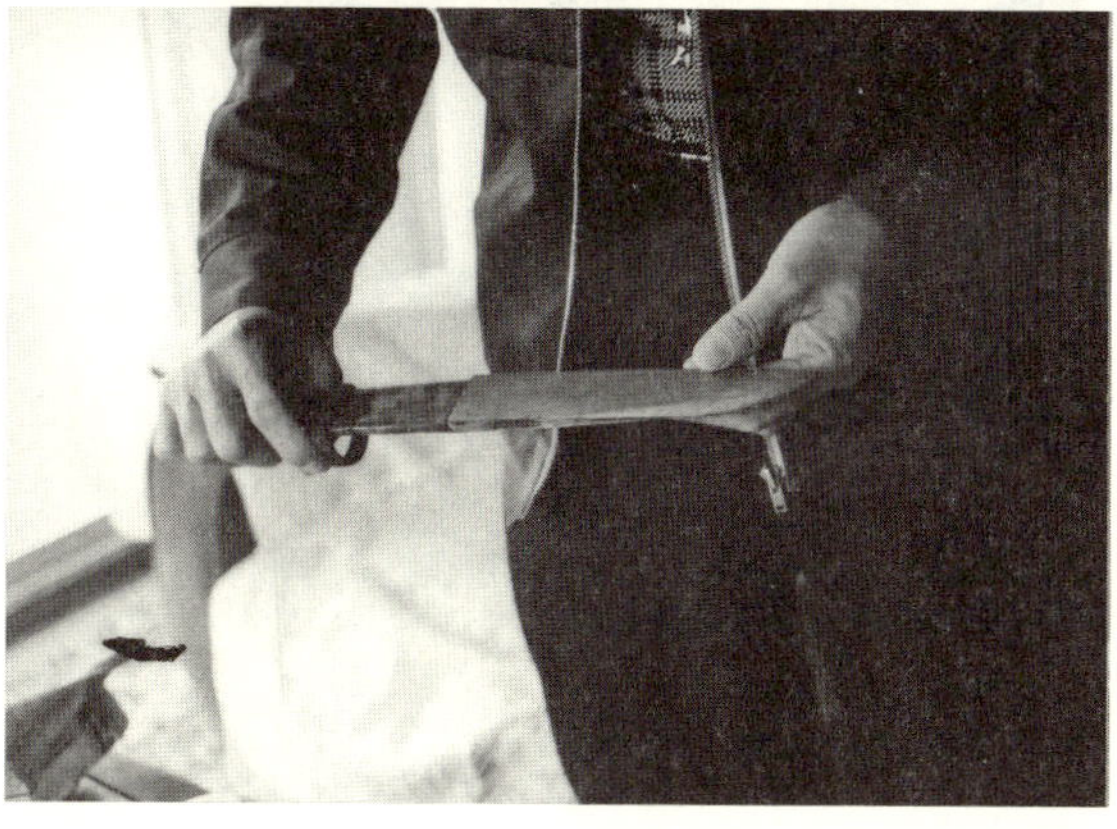

マタギが使った銃に小刀。

根子の最後のマタギとして、八三歳までマタギ生活をしたという村田佐吉翁は、

「わたしらがマタギに歩いた時は、長い時で四〇日とか五〇日も家を離れだスな。ここら辺の山に行っても、一週間とか一〇日くらいは、山にいて熊獲りをしたものだス」と言っているが、藩政時代からそうした生活をしたものであった。

マタギたちの狙う獲物はもちろん熊であったが、季節によって違っていた。それは熊の生態によったが、熊は晩秋になると冬眠の準備のために餌をあさり、冬に入ると木とか岩の穴に入って冬眠した。

熊が冬眠している時におこなうのを、寒マタギといった。期間は一〜二月であったが、穴に入っている熊を獲った。春彼岸のころになると、冬眠していた熊も目覚めて野山を歩くようになるが、この時の熊狩りを、春山とか早春マタギといった。さらに熊が仔を生んで育て、その仔を一人立ちさせる子放しのころ、時期的には山いちごがうれる時におこなうのを、晩秋マタギといった。

旅マタギをした時は、肉などはその土地で売ったり、食糧と代えたりしたが、血、内臓、骨などはすべて持ち帰り、薬をつくった。熊の胆《い》と呼ばれる胆のうは、いまでも金の値段と同じだが、藩政時代には毎年のように一定の量を、藩の御製薬所が買いあげた。

根子では六軒ほどが家伝の薬をつくり、農作業や狩のない時に、マタギたちが売薬の行商に歩いた。藩政時代は肝煎から許可書を、明治以降は役場から行商許可書をもらって売薬に歩いたが、その範囲は全国にわたったという。敗戦後は薬剤師の資格がないと薬をつくれなくなったので、それぞれの家伝の手法を持ち寄って秋田県製薬会社をつくり、そこ

で製造した薬を売るようになった。

いまでも根子には六人の売薬人がいて、会社でつくった薬を仕入れると、盆前と正月前の二回、県外へ長期間、売薬に歩いている（一九八六年執筆時）。

マタギは熊などの獲物が多かった時に、山村の人たちの副業としておこなわれていた。獲った熊は肉、毛皮、薬として売ったり、サル、ウサギ、ヤマドリなどは自家用の食糧であった。

しかし、だんだん獲物が少なくなると同時に、旅マタギのような生活も許されなくなり、さらに高度経済成長に入ると、山村に住んでいても、現金を必要とするようになった。家電なども家に入り、生活改善が進められるなかで家の新築や改築も始まった。それらの代金は、とても農業や狩猟では賄うことができなくなった。

根子というよりも、阿仁町のような山村の人たちは、少ない田畑の仕事は女や年寄りにまかせ、日帰りの工場勤めをしたり、出稼ぎに行って現金を稼ぐようになった。

こうした自然の変化と、社会の変貌のなかでは、マタギのような生業が成り立たなくなった。マタギは次々と姿を消していき、いまでは狩猟免許をとっても獲物が少ないため、まるまる赤字になるという時代なので、根子でも銃を持っている人さえ少なくなった。

それと同時に動物たちも、いまでは山奥に入らないと、その姿も見られないほどに減ってしまった。人間と共存ができなくなったのと、動物が繁殖し成長することができないような環境になったからだった。そして根子のような山村の子どもたちにも、野ウサギを見たことのない人が多くなってきた。

マタギの語り①

クマは山のめぐみ
マタギ・村田佐吉さんの話

――わたしの生まれた秋田県阿仁町（現北秋田市）根子は、大むかしから山の猟師マタギがたくさんおった村でな。父も腕のいいマタギで、シカリ（集団で狩りをするときの総領のことで、もっとも上手なマタギがなった）をしておったそうだ。わたしがまだ子どものときに、福島県の磐梯山《ばんだいさん》へ仲間と狩りにいき、そのまま行方不明になって、家さ帰ってこなかったのだと。だからわたしの母は、苦労して子どもを育てたもんだから、「マタギにだけは、なるなや」と、よく言っておった。が、やっぱり父の血をひいているんだね。わたしは、子どものときから狩りが大好きで、家にある鉄砲を持っては山にいき、小鳥を撃ってたものな。母に見つかると、うんとしかられたが、好きなことはやめられないね。とうとうマタギになって、人生の大半を山でくらしてしまった。でも後悔はしとらんよ。

命がけの仕事

いまは根子に八〇けんくらいしか家がないが、わたしが子どものときは一三〇けんもあって、小学校は平屋だったね。年がきたので小学校にはいったが、家が貧乏なもんだから三年でやめると、学校の用務員にさせてもらったのだス。そのおかげで読み書きとか、そろばんをいくらか覚えることができて、ありがたいことでした。

阿仁は山奥なもんだから、むかしは米も一〇アールから二俵（一二〇キロ）くらいしかとれなかったね。焼き畑ではダイズとかソバなどをつくっておったが、食うだけがやっとでね。でも、まわりの野山からは、山菜とかキノコがいくらでもとれたし、川には魚がうんとおったたし、奥山にはクマなどの生き物がいっぱいおった。そうした山からあたえられたもので、先祖たちはきびしい自然のなかを生きてきたんですな。雪が降ると仕事がないもんだから、出かせぎにいく人も多いものでしたよ。

わたしも一六歳の冬、山形県の月山のふもとにある鉱山に、大人の後をついて働きにいったのが、はじめての出かせぎだったね。

阿仁よりも雪は深いが、カモシカがうんとおったし、春にはクマがそっちにもいる、こっちにもいるというくらいおってな。阿仁からいったなかには猟師がおったもんだから、この獲物を見てだまっているわけがねえ。地元の猟師から許しをもらって、マタギをやったわけだね。そのときにわたしも、勢子《せこ》（獲物を追う役）で仲間に入れてもらったのが、マタギをはじめた最初でな。

わたしが仲間にはいったころは、マタギはちゃんとした職業であったスよ。マタギをして飯を食うのだから、そりゃもう真剣だわな。仕事の場所は山の中だし、いちばんお金になるクマは猛獣だから、もう命がけだスよ。クマに食われたり、山でこごえ死んだマタギを何人も知っているもんだから、はじめたときだけでなく、いまもこわいですな。山でもクマでも同じだが、よく知ってくるほど、注意しないといけねえ。もう少しで死んじまったろうなってことが、マタギ生活の中で十数回もあったもんだから、いまになって思い出しても、「あのときはあぶなかったな」と、手のひらに汗がわきますな。夢でうなされることもあるすよ。

わたしらの狩りは遊びじゃないから、マタ

ギにいく前からきびしい決まりがあって、それを守ったもんだ。一歩まちがえば死につながる仕事だから、こうやって気がゆるむのをいましめたわけだすな。若いころはマタギのおきてが守れなくて、シカリにどなられたうえに、水ごりをとったものだス。寒中に山ん中でまっ裸になり、水を頭からかぶる水ごりのときだば、体さ何千本の針がささるみたいに痛かったスな。

身を清めて山へ

むかしもいまもそうだが、狩猟期間は二つに分けられておったものだス。一二～二月の厳冬期はウサギ、テン、タヌキ、ムササビ、カモシカ、ヤマドリなどを撃ったもので、寒マタギといって、数人で山にはいったスな。四～五月は冬眠から覚めたクマをとる春マタギで、このときは五人くらいから、多いときには四〇人くらいになることもあったね。

寒マタギをするときは、秋のうちに山さ行くと、水が近くにあって、なだれのおきない場所をえらんで、狩り小屋をつくっておくのだス。ササを刈って屋根をふいた、そまつなものであったどもね。米とかみそは秋のうちに運んで、ネズミに食われんように、かんにつめて天じょうからつるしておいたものだス。

マタギは重労働だが、そのわりには多く食べなかったものだスよ。体が太ってたり、腹いっぱいに食ったりすれば、動きがにぶくなって狩りができないんだね。腹が減れば、いりマメとか干しもちを歩きながらかじったスな。狩りにいくときは小さいにぎり飯を三、四個背負ったが、全部を食べないで、狩り小屋にもどるまで、一個は残しておいたもんだ。

雪が積もってから、シカリが山にはいる日を決めると、いっしょにいく人たちは、一週間前から行動をつつしんだもんだス。出発の日は夜明け前に起きると、家のいろりの火に塩を入れ、火打ち石を打って身を清めてから、勢ぞろいして山にいく。地元の山で狩りをするときは、三日、五日、七日、九日、一二日と山にはいる日に区切りがあって、五日山とか、一二日山とかいったわけだスな。

狩り小屋にはいると、シカリの命令には絶対に従ったもんでしたよ。そうしないと、鉄砲を持った男だけの生活は、守っていけないのだス。

寒マタギでお金になるのは毛皮なものだから、なるたけ値の高いけものを撃ったもんだス。わたしがさかんに津軽の山さ行ってた一九一六年ごろで、ムササビの毛皮が一枚五円でした。キツネとかカモシカだと、その五倍から七倍もしたスな。学校の校長さんの月給が七〇円とか八〇円というときでしたから、獲物があるときはマタギもいい商売でしたよ。

カモシカを追う

寒マタギのときに、わたしらがねらったのはカモシカでした。日本ではクマにつぐ大型の獲物だからスな。肉はうまいし、毛皮は高いし、角は針にといったぐあいに使われたもんだから、ひと冬にカモシカを何頭とるかで、収入も大きくちがったものでした。

カモシカは寒立《かんだ》ちというて、雪が積もるころになると、風は強くふきつけるが、雪のつかない崖に立っているんだす。わたしらに鉄砲ぶ（撃）たれたり、追われたりしたもんだから、少しでも人のにおいが風にのってくると、さっとにげていくわけです。寒立ちしながら、警戒しているのだスな。わたしらもそれはよく知ってるもんだから、北風のときは南側から、南風のときは北側から近づいて撃ったものだス。

カモシカは足が速いものだから、足に鉄砲のたまが当たっても、三本足で深い雪の中を、どんどん走っていくものな。あるときなんか、三本足のカモシカを、二日かがりで追ったことがあったスな。こんなときは暗くなる前に、なだれの心配のない峰に雪のあなをほり、細い丸太を切ってくるとイカダ状にしいて土をかぶせ、その上で火をたくのだス。たき火がないと死んじゃうので、ひと晩ねむらないで火を消さないようにしたもんです。つぎの日は、夜が明けるとまた足あとを追ったが、夕方に津軽の人の炭焼き小屋についたら、カモシカもつかれてしまって便所の屋根さ立ってる。そこを、コナガエ（イタヤの木でつくった一メートルほどの雪ベラ）でたたいてとったス。その晩は炭焼き小屋さ泊めてもらったが、二日も追われたカモシカは、やせてしまい、肉もぼさぼさして、ぜんぜんうまぐながったスな。

狩り小屋に泊まるときは、かわるがわる火の番をするが、着たまま横になるもんだから、夜中は体が冷えてねむられるものでないス。

はじめてのクマ撃ち

寒マタギもおもしろいが、マタギはなんといっても春のクマ狩りが最高だな。マタギにはいろんなしきたりがあるども、みんなクマを中心につくられているのをみても、むかしからクマ狩りがいちばんだったのだスな。むかしは一人前のマタギになるのには、三年から四年かかるといったものだが、わたしは二〇歳のときにはじめてクマを撃ったども、あのときのことはいまも忘れられないな。二〇歳になるまでは、もっぱらクマを追う勢子をやって苦労したもんだから、いくら狩りが好きでも、やんだく(嫌に)なったことが何度もあったスね。んだども、勢子をやったのが後になって、役にたったたスな。クマのくせとか、山の様子とか、狩りのやり方とかを、体で覚えることができたからね。

二〇歳の年は、春の巻き狩り(まわりを人でとり巻いてから獲物を追いつめる狩り)のときにシカリから、「おまえもそろそろ一人前になれ」と言われ、マッパ(鉄砲を撃つ役)にまわしてくれたものな。

地元の山で巻き狩りをしたとき、初日は一頭も出なかったな。二日目にクマが出たので追いつめたが、撃ちそこなってにがしてしまった。その日は野宿し、つぎの日は朝から、みんなはなればなれになって、逃げたクマをさがしたのだス。わたしも一人で四時間ばかり山を歩いていたら、一〇〇メートルばかり先を、クマが逃げていくのが見えたんだ。急な山を汗流したり鼻水流したりして走り、先回りして立ち木に体をよせていたら、クマが峰に登ってきたのだス。わたしもクマも撃つのははじめてなもんだから、心臓がドキドキしてねえ。村田銃はたまが一発しかはいってないから、撃ちそこなったらこっちの命があぶないのだス。先輩のマタギたちがやってるように、クマをできるだけ近寄らせてからと思ってたら、目の前にきたクマが「アーン」と立ち上がった。あわてたあばら三枚を(胸の横を)ねらってドンと撃ったら、クマがたおれてわたしの体にぶつかってきたんだア。やられたとおもったら、クマは足もとで横になっている。そこで、

「ショウブ、ショウブ、ショウブ」

と、クマを仕留めたときの三回の勝負声をさけんだら、あまり緊張していたもんで、気がすうっとゆるんで目がまわり、ひっくり返っ

てしまったのだス。

銃声と勝負声を聞いて、みんなが集まってきたところ、目方が二四〇キロもある大物でした。目を覚ましたらシカリが、「よく仕留めた。おまえだば（なら）、ええマタギになれる」と言ってくれた。

あのときはうれしかったな。

壮大な巻き狩り

クマには地グマと渡りグマとがあって、地グマは一定のなわばりの中を歩いてるが、渡りグマはえさを求めて、奥羽山脈から出羽丘陵を歩いているスな。だいたい地グマがよく肥えて、毛皮も胆もいいのが多いね。どのクマも、冬至前後にあなへこもって冬眠し、山の雪がとけてくる春の土用（四月二〇日ごろ）になると、あなから出てくる。だから、四月中旬から五月中旬が春グマ狩りの最盛期だスな。シカリを中心に組をつくって、自分たちの持ち山さ、クマ撃ちに出かけるわけだス。

春のクマ狩りは、クマを包囲して沢から追いあげていく、巻き狩りがもっとも多いスな。猟場にいくと、シカリはクマの頭数とか地形とかを考えて、マタギの力量によってマッパと勢子に分け、配置につけるのだスよ。シカリは全体がよく見える斜面に立って指揮をとる。巻き狩りの範囲は地形にもよるが、三〇〇～四〇〇ヘクタールの広い面積をやるので、一回に二～三時間はかかるス。みんなが配置につくと、一列にならんだ勢子がシカリの合図で、

「オーイ、ホイッ」

「オー、ホリャ」

とさけびながら、ときには「バーン、バーン」と空砲を撃ったりしてクマを峰に追いあげていくわけだス。

シカリはクマの動きを見ながら、

「〇〇はもっと前さ出てさけべー」

「××は声を大きくしろ」

と、勢子を指揮し、いよいよクマが尾根に近づくと、

「〇〇の方さいったどー。それ、ぶ（撃）でえ」と号令し、待ちかまえていたマッパが「ズドン」とやるわけだス。

　鉄砲のたまが当たると、クマは「アーン」とさけんで命中したところを口でかむ。体はグルッとまるくなるもんだから、急な山だと沢までころがり落ちていくスな。クマの急所は頭、月の輪、あばら三枚だが、たおれたクマに止めだまといって、もう一発ぶったものだす。

　クマを仕留めると、むかしは山に感謝する儀式をやったもんだ。まず、クマの頭を北にし、シカリが塩をふって唱え言葉をよむ。ケボケ（解剖）すると、心臓、左の首肉、肝臓の肉をクロモジのくしにさし、たき火であぶってから山神様に供えるのだス。クマは山からさずかった〝山のめぐみ〟で、またこのつぎも授けてくださいというのったわけだス。そのあとで、獲物は全員が同じに分けるが、これをマタギ分配といったもんだス。シカリもはじめていった勢子も、みんな同じに分けたものだスよ。

　わたしはいま八七歳になるが、一六歳で勢子になり、マッパになったのが二〇歳のときで、それから一〇年ばかりしてシカリになったが、年をとって集団でマタギをしなくなってからは、ずうっと一人マタギをやってきたス。このあいだに、自分一人でとったクマは六頭、仲間ととったのは七〇頭くらいかな。にがしたクマも多いスよ。

　二年前に目を悪くしてから、子どもたちにあぶないから山さ行くなといわれ、耳も遠く

なってきたし、銃を警察に返してマタギをやめたス。数えてみれば、かれこれ七〇年近くもマタギをやっておったことになるスな。長いようでもあるが、あっという間だったような気もするな。でもね、むかしはあんなにいた動物も、いまはほんとにいなくなったし、ほんもののマタギがいなくなっていくのも、この仕事で飯を食ってきたわたしにすれば、さびしいことだねえ。

マタギの語り②

根子に生きる佐藤佐吉さんの話

よく売れた薬

――わたしは一九〇八年生まれで、根子の男では四番目に長生きしているス。一番の人は九二歳、二番目が村田さん、わたしより三歳多いのが佐藤さんという人で、その次がわたしだスな。女の人はまだまだ居るどもねェ。たまげたもんだス。よぐまあこれだけ長生きしたものだと思うスな。

根子の小学校を終わると、阿仁合の高等科に行ったんだス。根子から阿仁合までは一〇キロばかりあるども、朝の五時に起きると、母親のつくってくれた焼き飯を食べながら歩いて行ったものだスよ。夏はえがったども冬は雪が深くて、大変であったスな。根子から阿仁合の高等科に入る人は少なく、わたしの時は四人であったども、たいていの年は二人くらいであったスよ。

一五歳の春に高等科を終わり、ひと夏自分の家の田畑で働き、秋から薬売りに赤いたのだス。根子集落には昔から薬屋が五、六軒あってね、家伝の薬をつくっておったものだスよ。漢方薬の血の薬が多かったスな。サフランとかフシ人参などをお湯で飲むのだが、原料もつくり方も、その家によってさまざまであったス。同じ根子でも、富治さんの家、勝さんの家、実さんの家、清治さんの家、二岐の家とあったども、みんな違っておったものだスものね。あとは胃腸薬、馬のねらい薬、カゼ薬、気付け薬などをつくり、売りに歩いたスな。

　ところがだスな、敗戦後になると薬剤師の資格を持っていないとつくったり売ったり出来なくなったのだス。だからってわたしらがすぐ薬剤師の資格を取れる訳ではないし、これは困ったことになったと思っていたら、いままで家伝として持っている人が資金を出し合って秋田県製薬会社をつくり、そこで薬をつくり、新しい薬も入れたわけだス。秋田市にありますが、その会社から仕入れて売りに歩くようになったのだス。

　化学薬品は効くども副作用がでるが、熊の胆《い》と呼ばれる胆のうは副作用がないのだス。それでいて二日酔とか、胃が悪いとか、腹痛みにはよく効くんだスよ。看護婦とか病院の院長夫人たちが、とくに熊の胆は欲しがるスな。医師に、

「熊の胆は食当たり、食い当たり、飲み当たり、水当たり、二日酔いにはほんとによく効くス」と言えば、

「薬屋さん、もうやめでけれ。うちの人はもっと飲むから……」とよく言われるス。

　今晩は酒を多く飲まさる日だなという時は、熊の胆を飲んで行くと、いつもの倍飲んでも体は大丈夫だスよ。わたしらもびっくりするだけ、よく効くんだス。高いものだども、安いものだスよ。えま（今）は一匁（三・七五グラム）が八〇〇〇円から一〇、〇〇〇円ぐらいしているス。

　根子にはいまも、七人の薬売人がいるス。

山田富治、佐藤国雄、それにわたしなどだが、売薬証明証を毎年県に申請し、貰う訳だス。薬をうんとさばける人は儲けるが、さばけない人は儲けられないようだスな。

売薬には盆前に一回、正月前に一回行くが、ことしも一二月のはじめに行って、一〇日ばかり歩いて来たス。わたしは一五歳の時から売薬に歩いたので、もう六〇年以上も歩いているス。あと何年歩けるかわからないが、元気なうちは歩こうと思っているス。阿仁町から離れてよその空気を吸ってくるのは、気分的にもええことだスよ。行く先は、その人によってだいたい決まっているスよ。あんだのいる能代方面には、中村の人たちが行っているスね。

いまは足跡も見えなくなったが、わたしが子どものころは、うさぎが沢山おったものだス。鉄砲でも獲ったが、ワナと落どしを、どこの家でも近くの山でやったスな。三人とか四人が組んで、遠くの山に出かけて行ったものだス。ワナと落どしをかけたあとは、三日とか四日に一日はまわったが、まあ三晩くらい置いておくと、三匹くらいは獲ったスよ。

そのころは山畑をつくったが、穀物類はうさぎたちにかなり食べられたものだス。いまはその畑に、みんな杉の木を植えてしまい、山畑をつくらなくなったからうさぎの食べ物がなくなったのだスよ。それになんぼでも獲ったものだが、いまではうさぎの足跡も見えなくなったのだス。うさぎがうんと獲れた時は、食べきれないくらい獲ったのだスものな。皮なんかは捨てて、干さなかったス。ウサギは味噌汁がいちばんうまいスな。大根をきざんで入れると、ええ味であったスよ。醤油味はあまりうまくながったスな。

キズは荒瀬の孫沢ではたまに獲れだが、根

子の山では獲れながったね。ヤマドリは獲れであったども ねエ。キツネもたまに獲れであったス。マミ（穴熊）も相当いで、獲って食べたものだス。テンもいであったスな。カモシカもいであったが、そんなに多くはいなかったスな。スズメは食べなかったスね。ハトは二、三羽獲ると、モチをついでハドモチを食べたものだが、これはうまがったスね。そのハトもいまでは、あまり見られなぐなったものな。

熊はそのころより、いま多くなったスな。宮城とか福島でも獲れるが、熊が獲れると電話がくるんだスよ。そうすると、撃ったままで買って来るのだス。クマを獲ってもやり方が下手だからあまりカネにできないので、安く買ってきたものだスな。そのままで一貫が一万八〇〇〇円くらいだが、向こうではずっと安かったスね。皮は儲けになるが、一枚が二〇万円が相場だスな。

嫁取りは三日もかける

わたしは小さい時から物好きで、なんにでもはまってきたものだスな。祝い事とか葬式事にも、ほとんどかかわってきたものだス。いまでも誰かが亡くなったりすると、「佐吉の爺さんどこ頼んでこい」と言われているので、そのたびに行っているス。

いまはどこの祝儀も、料理屋とかホテルでやるども、それぞれ自分自分の家でやった当時だとはア、引っぱられぱなしだったものだス。座配人もやったし、メンバ（料理をつくる指示をする人）もやらされだス。このあたりでは、どの座配人も謡をやったものだスものな。

その謡をどうして覚えたかといえば、わたしの家はマタギの薬売りを三代もやってきて、主に宮城県の方さ歩いたものだス。そのほかに、岩手県内の南の方なども歩いだスな。向こうの方では、正月にやる舞台の稽古を、若い人たちが冬になるとやってあったス。宮城県はだいたい喜多流が盛んであったスな。それを見ながら、わたしもやりたいものだなと思っていたのだス。

毎年宿を世話になってる家に行って、

「俺も一緒に謡を覚えたいもんだが、覚えられねものだべがァ」ど聞いたら、

その家の親父が、

「それだったら俺の方で若い者どを集めで稽古をしてるが、その先生がえるんて話してみるがら、俺らの家に一週間も泊まって覚えでいげェ」ど言われだのだス。

「んだとも、一週間やそごらで覚えるにええべがい」ど聞いたら、

「上手下手はべつにして、文句だけなら覚えにええんでねがァ」

ど言われ、一週間泊まって、毎日先生の家さ行った訳だス。

それでなんとが覚えてきて、座配《ざはい》人をやるようになったのだスな。この根子には七五軒ばかりあるども、ほとんどの家に行っているス。時にはほかの集落にも引っぱられて行ったス。

根子に嫁を貰ってくるとすれば、嫁の方で送ってくるのは両親、それに伯父とか叔母（もちろん逆の場合もあるス）、兄弟が来ることもあるス。それから荷っこ背負い、嫁の世話をする人（嫁に親しい人）など、多い時だと七人から一〇人ぐらい来たものだスよ。夕方に来たものだが、遅くなって暗くなれば、提灯をつけて迎えに行ったものだス。その当時は、嫁を連れて来た人は全部泊まったわけだスな。

だいたい午後の五時から六時ごろに着き、結婚式に一時間ぐらいかげ、それから飲むものだから、だいたい夜が明ける前まで飲んで

おったス。次の日はこんど帰る時までにお膳をつくり、昼ごろから酒飲みにはいり、午後三時ころには帰ったものだスな。三日目は親戚や手伝いの人たちが飲むので、嫁取りといえば三日は飲んだものだス。

家でやった時の祝儀の料理だが、頭付き（普通はキンキン一匹）、サシミ、酢の物、煮付け、揚げ物の五品のほかに、カスベ、タコなどがついたものだス。吸い物は二回でるが、一回目は肉（ニワトリとかカモ）、二回目は魚だども、この時にはイカも付いたものだスな。七〜八品が普通で、ほかに魚のある時は、一〜二品多くなったものだス。キンキンは赤くて、頭も大きいものだから、めでたい魚だからとたいてい使ったスな。

メンバのいちばん大切な仕事は、一日目が五〇人、二日目が四〇人、三日目が三〇人だとすれば、全部で一二〇人とか一三〇人とかになるスべ。買ってきた魚を焼いだり、煮だりするのは誰にでもできるが、サシミとか吸い物になると、何人にどれだけの魚があればいいのかというのが、メンバの腕の見せどころであったスな。魚が余るとよけいなカネを多くかけたことになるが、どこの家の親も、なるべく少なくかけるようにするからスな。ところが、足りないとまだ困る訳スだよ。メンバというのは、料理人の頭のことなのだス。魚買いにも行くし、なんの魚をいくら、どの魚をいくらと買ったものだスよ。主に能代から大館、阿仁合の魚屋にも注文して、持ってきて貰ったりしたス。戦争前の酒は、ほとんどドブロクであったわけだス。昔は祝儀といえば、よくまあ飲み食いしたものだスな。

そういえば、昔はみんな旧暦でやっておったが、正月は大正月と小正月と呼んだものでしたスな。大正月は年越しと元日から三日にかけてで、小正月は一五日から二〇日までであったス。大正月は男の正月、小正月は女の正月といったものだスよ。

門松は昭和のはじめまで、どこの家でも立てておったが、敗戦後になったとたんに生活簡素化という運動があって、大半の家で廃止してしまったス。そのほかの正月行事も、この運動で消えてしまったのがあるス。わたしなんかからすると、いだましいごとをしたなと思うスな。

わたしらは大正月に、門松を迎えてくるといって、山から松を取ってきたものだス。主に黒松を立てたが、柳（川柳、ねこ柳、大葉柳といろいろあるが、どれでもよかった）を立てる家もあったス。山に松を取りに行くのは、二日に行く家もあれば、五日に行く家もあったス。なして変わっているのかは、知らないスな。取ってくると軒下に立てておき、一四日の晩に門へ立てたものだス。どこの家でもこの日に、門松を立てだスな。までな家では、窓という窓に全部立てだス。そのほかに、雪の中に稲ワラとか豆がらを立てたり、ヌカを家から持ってくると、雪の上にまいだりする家もあったスな。山さ門松を迎えに行った時に、ナラの木の長さ五・六尺ぐらいの棒を取ってくると、四尺ぐらいに切って、しめなわで吊したものだス。ちょうどキウリが成った形になったが、これを門松のわきに立てたスな。スス掃きをしたぼんぼりも、同じ所に並べて立てたものだス。

わたしらが子どものころは、女の正月といわれる小正月の方が盛大であったスよ。一六日は「地獄もあぐ」といったが、「朝鳥追《あさとりおい》」もこの日にやったス。「朝鳥追」は昔から根子にあったと聞いているスな。わたしが子どものころから大人になりかけのころは盛大にやっておったども、わたしらがやるようになってから、だんだんすたれ気味になってきたス。大正の末ごろにはあまりやらなくなり、昭和にはいってからなくなったス。比立内ではいまでもやってると聞いてるども、一六日の朝は「朝鳥追」で賑やかなものだったスよ。

朝鳥ほいほい
よん（夜）鳥ほいほい
米食ぅ虫と栗食ぅ虫と
頭割って塩つけて
塩だわさぶち込んで
どっと流れー
流れー

太鼓に笛、ホラ貝の鳴るあとをついて歩き、こう唄ったものだス。なんのためにやったかといえば、神様を拝み、五穀豊穣を願ったものだと聞いているス。悪病とか、悪い鳥を追いだしてやろうとしたんだそうだスな。どこの家からも若い男の人が、一人はでてあったス。山神様にお参りし、観音様の所に行き、太平山に登って参拝したものだス。それが終わると、根子の家の方に降りてきて廻ったスな。渡部正先生の下に水が湧く所があって、昔は大量の水が湧きでていたんだスよ。さんじっこの水といえば、根子一の冷たい、ええ水であったのだス。

そごまで来ると、水ごおり取りがはじまるんだス。誰がどうするかといえば、去年の正月からことしの正月までの間に嫁を貰った婿たちが、身を清めるためにとらされるのだスな。着物をぬいでふんどす一枚になると、湧いてくる水はかけられるし、わきで見ている若者たちは雪をかけたが、これが本当の根子の「朝追い」であったのだス。男は誰でも一回はやられるのだが、もうそんなこともなくなったスよ。おとなしい小正月になってしまったスな。

それから根子の観音様は一七番なので、一七日には観音様をやったものだス。観音様に行く人は重箱をつくり、酒と一緒に持って行くとお参りをし、酒飲みをしたものだス。それを見に子どもたちが集まると、重箱の料理を貰っては喜んで食べたものだスな。賑やかなものだったスよ。

観音様には獅子頭が二つあるので、行った人は全員がそれを使い、かぶって騒いだものだスよ。それがらこんだ、

「あした円舞いやるスベ」

と決まると、一八日の朝に飯を食べて宿に集まると、円舞いをしながら根子中を歩いたものだス。円舞いをしてもらった家では、モチと少しのカネをだしてくれるので、それを宿に持ち帰ると酒飲みをしたものだス。これが円舞いであったが、これも早くなくなったスな。

敗戦後に年祝いをやるようになったとき、それではカネがかかるので円舞いをして払ってもらうべということになり、またはじまったのだス。観音様に大きいのぼりがあるのは、円舞いをした人たちが家を廻って貰ったカネでつくったものなんだスよ。大きいものだから、建てるのが大変なんだスよ。

小正月も二二日に門松を下げて、終わりとなったスな。厄年の人がいる家は、三〇日まで立てておったものだス。いまは小正月といっても、なんにもなくなってしまったスよ。

根子では、年始にも歩いたものだスよ。どこの家にも嫁や婿がはいっているので、実家にのし袋に「ご年始」と書いていくらかカネをいれ、届けたものだス。本家にも届けたスな。嫁や婿が行くこともあるが、子どもたちが行くことが多かったスな。子どもが来ると、

「ご苦労さん」といくらかのカネをやったが、これも四、五年前に、「面倒だからやめるベス」と婦人会で決めで、やめてしまったス。

　お盆の三日間（一三日・一四日・一五日）にも、実家の仏壇に線香を立てに歩いたものだが、これも廃止になってしまったス。廃止、廃止ってみんなやめていくが、そのぶん根子の暮らしは寂しくなってきたど思うスな。

マタギの語り③

最後のシカリ
鈴木松治さんの話

　白神《しらかみ》山地を考える能代の会は、市民レベルで白神山地や、青秋林道の問題などを考えていこうと一九八七年一二月一七日に結成された会で、その勉強会の一つとして、五月二一日の夜、能代市文化会館で「森の話っこ―ブナの恵みと動物たち―」という集会を開いた。最初に青森県側の櫛石山《くしいしやま》で、三年がかりで撮影したクマゲラの生態を写したビデオを二〇分にわたって観賞した。そのあと、阿仁マタギの最後のシカリといわれる鈴木松治さん（北秋田郡阿仁町（現北秋田市）打当字上八岱九）から、わたしが話を聴くという形で、五〇年にわたるマタギの生活や、クマを含めた山の動物たちの話を聴いた。当日は約一〇〇人の市民が、話を聴きに集まった。

　また、松治さんは、阿仁町からの委託で、二八頭の仔グマを飼育しているが、当日はわたしども強い希望を引き受けていただき、二頭をオリのまま能代市に運んでくれた。会がはじまる前に、二頭の仔グマはオリから文化会館前の芝生に出したが、走ったり、子どもにじゃれたりして、集まった人たちの人気をさそい、大変な賑やかさになるという一場面もあった。

仔グマの話

野添　皆さん、こんにちわ。きょうは松治さんが二頭の可愛いい仔グマを連れて来てくれました。松治さんはいま、阿仁町で造ることになっているクマ牧場にいれる予定の二八頭の仔グマを飼育をしていますが、そんな訳で、近くで捕獲される仔グマは、ほとんど松治さんのところへ集まることになっているそうです。きょうはその中から生まれて三カ月という仔グマを二頭連れて来てもらったわけですが、松治さん、あの二頭は、雌ですか雄ですか？

鈴木　二頭とも雄だス。鷹巣町《たかのす》（北秋田市）で捕らえられたもので、兄弟だス。

野添　兄弟だというのは、双子だということですか。

鈴木　そうだス。

野添　さきほど、その二頭の仔グマを、文化会館の前でオリから出してもらいましたが、子どもたちが抱っこしたり、一緒に駆けたりということで、大変な人気でしたね。わたしも抱いてみましたが、なかなか可愛いかったです。でも、食べるとまだ肉がやわらかいものだから、おいしくないそうです。阿仁町の方でも、能代に持って行ったら食べられるんじゃないかと心配するので、わたしたちの会では、そんなことはしませんと借用書をいれたんですが。無事終わってよかったと思います。よかったスな。松治さん。

鈴木　ええ（笑）。

野添　生後三カ月のクマは、人に噛みついたりしないものですか。

鈴木　まだ、まだ。ことしの秋までは大丈夫だス。

野添　口に手をやると、人間の子どもと同じに、しゃぶるんですね。アメ玉なんかやっても、なめるものですか。
鈴木　ええ、上手になめるスよ。クマは甘いものほど好きだスから……。
野添　へえ、それも人間の子どもと同じですね。生後三カ月といえば、何を食べさせているものですか。

鈴木松治さんとの対談のようす。

鈴木　わたしの所で飼っているクマには、いまは赤ちゃん用のミルクと、一〇日くらい前からは、パンくずを砂糖水にひたして、食べさせているス。
野添　それだけで大きくなるものですか。
鈴木　いや、あと一カ月ぐらいたったら、こんどは何んでも食べさせるス。だんだんと、馴らしていかないといけないものだスからスな……。
野添　ミルク飲んだり、パン食べたりして、人間の赤ちゃんと同じですね。でも、野生の場合は、山にミルクもパンもないわけですから、何を食べているものですか。
鈴木　やっぱり、木の若芽なんか食べていると思うス。
野添　あとは母グマのおっぱいを飲んだりして……。

鈴木　ええ、野生の場合だとまだ、親グマは仔グマが外に出ようとすると、引っぱって穴の中にいれようとしてる時だスな。

野添　家から外に出ようとする子どもを、家の中にいれようとする人間みたいにですか……。

鈴木　ええ、そうだスな。

野添　ところで、松治さんの所で飼育している二八頭の仔グマも、冬眠をするものですか。オリの中で……。

鈴木　ええ、そりゃしますよ。野生のクマと同じだス。ただ、二八頭のうちの一頭だけは、真冬になっても冬眠しないで、オリの中をぐるぐるまわっていたのだス。食べ物はいっさいやらなかったども、春になって冬眠したクマとくらべてみたら、目方もそんなに違ってないわけだス。動けばそれだけ体重が減るはずなんだスが、そうでなんいだスな。クマってのは、不思議な動物だスよ。

野添　ヘェ、それは誠に不思議ですよねエ。

鈴木　わだしはこれまで、約五〇頭ばかりのクマを飼ったとも、それぞれクセがあって、同じクマはいないスな。仔グマの時はそれほどでないども、大っきくなればべつべつのクマになってくるス。

野添　クマの病気は、どんなものがありますか。

鈴木　クマはあんまり病気はしないようだスな。ただ、わたしが飼っていたクマが、昨年の夏にバッタリ死んだわけだス。役場に電話して、鷹巣町の屠殺場に運んで解剖したら、胃潰瘍でしたスな。

野添　昨年は野生のクマにも、胃潰瘍《いかいよう》のクマがいたそうですね。その他にはどうですか。

鈴木　寒さにはまったくこたえませんが、暑さにはめっぽう弱いスな。夏はオリで死んだようにしているので、二時間も井戸水をかけたら、元気になってピンピンでしたスな。上から下まで、厚い毛皮を着てるものだスからスねエ。

一四歳でマタギの仲間に

野添　ところで、松治さんはいま何歳ですか。

鈴木　六八歳だス。

野添　といいますと、一九二〇年生まれですが、会場の皆さん、年相応に見えますか——。わたしはそばで見ていると、随分と若く見えます。松治さんは酒をぜんぜん飲まないそうですが、山に生きる人としてはめずらしいことです。松治さんの家は、阿仁町の奥にある打当《うっとう》温泉のすぐ近くでしたね。

鈴木　ええ、そばだスな。

野添　古くて大きな家ですが、松治さんの家は代々、マタギをやってきた家系なんですか？

鈴木　ええ、わだしで五代目だスな。

野添　それじゃ親も孫爺さんも、またその前の前の爺さんも、猟をやりながら田畑づくりをしたり、山菜とかキノコを取ったりして暮らして来たんですね。

鈴木　そうだスな。先祖の人が福島県の会津の山さ猟に行った時に書いた、山の見取図も残っているス。詳しいもので、次に行く人のために書いたものだスべねエ。

野添　昔のマタギは、だいぶ遠くまで猟に行ったのですね。あとは何か、先祖のマタギが遺した物がありますか。

鈴木　古い村《む》田《ら》銃《たじゅう》があるス。鉄でつくっていて、鉄床には黒檀を使ってるめずらしいもんで、何十年使ったものだか、かなり減ってるスな。村田銃が盛んに出はじめた時は、〇〇屋とか××屋って、つくった所の名が入ってるが、うちのはだれだれ製だものスな。個人でつくった、めずらしい村田銃なんだス。これだけはなくしたくないもんだと、いままで持ってるが、いつまでもかくしておれなくて警察に話したら、銃として持ってないで、早く廃銃にしろって言われているものだから、展示館に置くのも、火縄銃はいいが村田銃はダメだと言うんだア。廃銃にすれば潰されてしまうから、そうなれば村田銃がなくなり、鉄砲の歴史に穴があくことになる訳だス。銃口に鉛をつめてもダメだというし、木でそっくりなのをつくってもダメと言うだス。「イタズ」という映画をつくる時は、銃口に鉛をつめた村田銃を持って来ているのに、わたしの場合だけがダメだというのは、何んとも釈然としないスな。

野添　ほとんどにそれはおかしいですね。ところで、松治さんは打当に生まれて、学校はどうしたものですか。

鈴木　学校は、昔の尋常小学校に入り、終わると高等科というのがあったでしょう。その高等科に入り、二年で卒業したわけだス。

野添　高等科の二年といえば、いまの中学校の二年生ということになりますね。

鈴木　ええ。高等科二年を卒業した春から、わたしの村の一流のマタギの方の後について、山さ行ったもんだス。村田銃を背負ってスな。いまになって思えば、やる人もやったものだし、行く人もよく行ったもんだスよ。

野添　いまの中学校の三年生の時から、マタギの弟子について山に行った訳ですね。それも大人のマタギたちにまざって――。その年ごろで、よく山を歩けたものですね。

鈴木　いや、かえって身軽なものだから、大人たちよりもよく歩けたものだス。べつに歩くことには、苦労を感じなかったスよ。

野添　子どもの時から野山を歩いてたから、体力はあった訳ですね。クマ狩りの時なんかは、昔は集団で山に行ったものでしょう。

鈴木　集団で歩いたり、また二人くらいで何日も山を歩いたりて、さまざまだったスな。

野添　なるほどねエ。でも、最初のころはいちばん年が下でしょうから、よく走り使いはさせられたものでしょう。

鈴木　そうそう。まあ、皆なによぐ使われて、いちばん苦労な所へとばかりまわされだス。これはわだしだけでなく、一流のマタギたちも仲間に入った時は、皆な同じようにさせられだものだスよ。

野添　マタギたちの話を聞いていると、みんなそのようですね。ところで、いちばん苦労な所といえば、どんなとこですか？

鈴木　クマの巻き狩りの時の勢子《せこ》なんかよくやらされただス。

野添　勢子というと、クマを峯に追い上げていく役目でしょう。

鈴木　そうそう。

野添　その勢子の役は、そんなに難儀な役なんですか。

鈴木　苦労する役なんだス。勢子はクマ狩りの中では、いちばん難儀なんだスよ。山のどんな所でも歩かないといけないし、山を横切って歩いたりするがらスな。よっぽど体力がないと、一人前の勢子の役はやれないスよ。

野添　なるほどねエ。若い人ほど苦労させて、一人前のマタギに育てようとした訳ですね。昔はマタギだけでなく、ほかの仕事の場合もそうでしたから、べつにいじめられているという気持にはならなかったでしょう。

鈴木　そんなこと、ぜんぜん思わなかったスよ。マタギのこともよく知らないものだから、言われたとおりに動いていたわけだス。でも、いまになって思えば、マタギの一流の人たちは、口では何も教えないで、あれをやれ、これをやれと命令するだけで、困ったことも何十回とあったが、だから自分で考えてやっていく訳で、その方が身につくのが早いのだス。いい教え方をされたものだなと、思っているスよ。

野添　いまはそういう教え方は、なかなか通用しませんけどねエ。でも、何かを身につけるには、そうした厳しさがなければいけないと思うんですが、それがなくなっているというのは、残念だなと思いますね。

二〇〇キロのクマを獲る

野添　クマは昔ですと、阿仁部にはかなり多くいたものなんでしょう。

鈴木　そうでスな。クマの数からすると、いまも昔も、たいした変わりはないと思うスよ。ただ、わだしらみたいにしょっちゅう山に入ってる者から見れば、昔より増えてるように思うスな。

野添　クマの頭数がですか？

鈴木　ええ。何故そうかというと、わだしらがマタギになった時は、家を出ては山に何泊もして歩いたものだス。ブナ台から仙北郡に入り、湯の森から鳩の湯に行き、それから八幡平を歩き、鹿角の領域に入って、こんどは横田に来て、森吉山の裏側をまわって帰るという歩き方をよくしたもんだが、その期間はだいたい一〇日間くらいだったスな。その間にクマの足跡を何頭くらい見るかといえば、せいぜい四、五頭であったスよ。

野添　四、五頭ねエ。

鈴木　そうだス。それからすればいまだと、四、五頭のクマの足跡を見るんであったら、そんなに苦労をしなくたってええものな。

野添　なるほどねエ。一昨年ですよね。クマが随分と里に出てきて、大騒ぎしましたのは。わたしも根子（阿仁町）にいる時に、日中にもクマを見ましたものね。根子小学校の下の川のそばに大きな栗の木があって、そこにクマが来ているんですものな。夜中に家の庭先のトモウモロコシが食われたり、朝に起きると玄関前にクマの糞があったりしてねエ。わたしなんかは、クマに間違われるから夕方は歩くなと注意されたものですが、ことしはクマの出没が少ないのではないですか。

鈴木　いや、獲った頭数は少ないのですが、結構クマを見たり、撃っても当たらなくて逃がしたりしているから、いることはいるのだスよ。ただ、獲れたのは、ほんとに少なかったものな。

野添　逃げるのが早くなったのかな。ところで、最近の松治さんの狩場は、どのあたりが中心ですか。

鈴木　いまは、比立内と打当に区分されているが、わたしは打当を中心に、安の滝あたりを歩いているス。

野添　それではもう、山泊まりするということはないですね。

鈴木　朝早く家を出て日帰りだス。

野添　戦争前の若かった時は、県外にも出たものですか。

鈴木　行く人もいたが、わだしはさっきも言ったような道順で、県内ばかり歩いておったのだス。それでも長い時は、一〇日前後も帰らなかったがらスな。

野添　その一〇日くらいの山行きで、多く撃った時は、どれくらいの獲物があったものなんですか。

鈴木　そんだスな。これまでいろんなことがあったども、五頭のクマを獲っこともあるス。一回だけでしたどもねエ。

野添　ほう、五頭とはたいしたものですね。どれくらいの大きさのクマですか。わたし（八〇キロ）より大きいですか（笑）。

鈴木　まあ、普通のクマは八〇キロくらいだから、だいたい同じくらいだスね。

野添　なるほど。わたしは人間の世界にいると太ってる方ですが、クマの世界にいくと、ごく普通の体型になるわけですねェ。

鈴木　そうだスべな（笑）。

野添　それじゃ、普通でないクマは、どれくらいの大きさなんですか。

鈴木　これは少し大きいなといえば、一二〇キロから一三〇キロだスな。昔は一三〇キロくらいのクマはたまに獲れたもんであったが、いまは一〇〇キロ以上のクマが獲れることって、そうなくなったス。みんな小さくなって、八〇キロのクマを獲れば、ええ方だスな。

野添　それじゃ、クマはだんだんと小型化しているわけですか。

鈴木　そうなんだスな。

野添　どうしてそうなっているんでしょうね。

鈴木　まあ、年をとったクマがいなくなったということだスな。

野添　そうしますと、山にいるクマはみんな若くなっている訳ですね。人間と逆ですね。山村では年寄りが多くなって、若い人が少なくなっているのになあ。それじゃクマに聴けば、山村の活性化について、何か教えてくれるかもわかりませんですねェ。

鈴木　そうだかもしれないスな（笑）。

野添　ところで、松治さんがこれまで獲ったクマで大きいのは？

鈴木　昔は大っきいのがおったスよ。戦前のことだったども、ある時、十数メートルもある急な崖の穴に、クマが入っているのを見つけたのだス。崖を伝ってようやくそこまで下りて行けば、クマがぬうっと顔を出してくるので、逃げないとダメなのだスな。そんなことを何回もやったが、どうにもならないのだスよ。それでこんだ（今度は）家に帰り、長いロープを木に結んで崖に吊し、村田銃にタマをつめて片手に持つ、ロープを腰に巻いて、片方の手でロープをゆるめて、少しずつ下りて行ったのだス。ところがそれ、穴の上からだと穴の中が見えねから、穴の下からでないと撃てないのだスよ。その穴はまだ、雪で半分も埋まっているのだものねエ。クマに吠えられながらやっと穴の下に行き、穴から顔を出したクマに鉄砲をぴったりつけて撃ったば、ごろんごろんと下にころがって行ったのだス。これが大っきいクマで、二〇〇キロは超していたんだア。阿仁でもこんなに大っきいクマは撃ったことがねエって、話題になったものだス。最近もそんなクマを三人で撃ったとも、警察署長だの町長だのに肉やってから三人で分けたら、肉が一人で七貫目もあったス。二〇〇キロのクマを獲ったのは、わだしはこの二回だけだスな。

ブナの新芽を食べる

野添　松治さんがはじめてクマを撃ったのは、何歳の時でしたか。

鈴木　兵隊に行ぐ前だから、確か一七歳の時でながったじゃないかと思うス。

野添　その時は嬉しかったでしょうね。

鈴木　いや、嬉しいってよりも、緊張しておったがら、何がなんだがよくわからなかったというのが、本当の気持だスな。

野添　ところで、クマの一年の生活を聴きたいんですが、普通の年だと、前の年に冬ごもりしたクマが穴から出て来るのは、いつごろなものですか。

鈴木　普通の年で、わだしらの方では四月一五日に有害駆除の狩猟免許が出ますので、だいたい二〇日ごろだスな。

野添　でも、打当あたりの四月二〇日といえば、まだ雪がありますね。

鈴木　ええ。あるス。まだうんとあるス。

野添　それでも穴から出て来るんですか。

鈴木　ええ、出てくるス。クマはたぶん、土の温度で気温を感じ取り、穴から出てくるんだと思うスな。

野添　なるほどねェ。土の温度で出てもいいころだとか、まだ早いとかがわるんですね。

鈴木　冬眠して穴に入っていても、これくらいの土の温度になると、山の木の芽がどの程度になっているかが、わかるんだスべな。それで雪が消えても、木の芽がぜんぜん動かなかったら、穴から出てこないスものな。

野添　穴から出ても、食べ物がないと出てこないわけね。

鈴木　そうそう。食べ物がないと、穴から出てもムダだということで、出ないのだスべね。

野添　昨年の春はクマが穴から出るのが遅くて、期間内に獲れたクマはわずかでしたが、それも気温と関係があるのでしょうね。

鈴木　昨年は春が遅がったからスな。気温が低いと、木の芽が動かないわけで、雪が消えればクマが出ると考える人間の方が、おかしいんだスよ。そのかわり、穴にはいってた期間が長かったものだから、クマはやせてよろよろしてあったども。

野添　人間より利口なんですね。

鈴木　そうそう。長年クマを見ていると、人間よりずうっと自然に対して敏感だスな。

野添　クマは穴から出てくると、いちばん最初に何を食べるものですか。

鈴木　まず普通、わだしらが山を歩いて見てると、いちばんはじめにこれはクマが食べた跡だなと見るのは、ブナの新芽だスな。

野添　あの青い新芽ですか。

鈴木　いやいや。青くならない前の新芽だス。

野添　ああ、うぶ毛をいっぱいつけている、一枚葉か二枚葉の時の新芽……。

鈴木　そうそう、まずそれをいっぱい食べるようだスな。それから谷間へ行くと、サクの根を掘って、しゃぶりながら歩いた跡を見ることがあるス。

野添　クマが出て来た時は、冬眠から覚めたばかりでしょうから、だいぶやせているものでしょう?

鈴木　クマは秋に冬眠する前に、うんと食べて、脂肪をうんと体につけるものだから、それで冬を生きているんだス。

野添　なるほど。たとえば秋に冬眠する時、一〇〇キロあったクマだとすれば、春に穴から出た時には、何キロくらいになっているものですか。

鈴木　まあ、だいたい三〇キロは落ちているスべな。

野添　そうしますと、七〇キロぐらいになっているわけですね。だいぶ落ちるものなんですね。そんなに重さが落ちると、穴から出た時には、元気がないものでしょう。

鈴木　うーん。敏感ではないスな。穴から出たては。

野添　それじゃ、マタギにとっては、非常にクマを獲りやすい時なんですね。

鈴木　そうそう。

野添　クマは穴の中でお産するわけですよね。

鈴木　ええ。

野添　それでは、親グマが穴から出る時は、仔グマも連れて出るわけですね。

鈴木　そうそう。仔グマが親と一緒に、自由に山を走って歩けるまで、穴の中にいるのだス。

野添　ほう。普通の仔グマは、どれくらい穴の中に入っているものですか。

鈴木　まあ、生まれてから四カ月ぐらいだスな。だいたい二月に生まれるから、なんとか親と歩けるのは、六月ごろだスな。

野添　それじゃ、きょう連れてきてくれた二頭の仔グマは、まだ穴の中に入っているころなんですね。

鈴木　そうそう。

野添　そうすると、仔グマが穴の中で食べている物は何ですか。

鈴木　穴の中では、ほとんど親グマの乳で育っているようだス。

野添　穴から出てからは、こんどは自分で食べるわけですね。

鈴木　そう。自然に覚えて食べるようだスな。

野添　なるほどねエ。春先にはブナの新芽なんか食べて、それから初夏にかけては、食べ物はうんと出てきますね。クマが大きく移動するのは、いつごろなんですか。

鈴木　クマの交尾期に、いちばん移動が激しいようだス。わだしはいま、町から二八頭のクマの管理を頼まれているども、交尾期は五月末から六月末ごろまでのようだスな。

クマは雑食性の動物

野添　ところで、交尾期のクマは、一日にどれくらい山の中を歩くものですか。

鈴木　さあ、野生のクマはどれくらい歩くものかな。そのクマによって違うんだろが、一日にかなりの距離を歩くものではないスかな。

野添　かなりというのは、一〇キロとか、二〇キロぐらいとか？

鈴木　いや、もっと歩くと思うス。

野添　じゃ、五〇キロとか……。

鈴木　クマはだスな、歩き出せば目的地まで真っすぐに行くものだからスな。

野添　うーん。遠くにメスのクマがいるとしたら、山があろうが、谷があろうが、真っすぐに行くわけですか。

鈴木　そうそう。

野添　クマは夜行性の動物なんですか。

鈴木　いや、夜行ではないと思うス。昼に歩いているスな。ただ、手負いグマになったりすると、夜中も歩くようだスともね。

野添　クマは動物をぜんぜん食べないという話もあるんですが、もう一方ではザリガニとか川魚とかを食べるとも聞くんですが、そのあたりはどんなものですか。

鈴木　いや、なんでも食べるスよ。クマを獲って解体してみると、胃とか腸の中に、カモシカの毛が一杯入っているのもありますからスねエ。生きてるのも捕って食べるようだし、雪崩にあって死んだカモシカなども、食べているようだス。

野添　それじゃ、雑食性の動物なんですね。

鈴木　ええ。まったくの雑食性だスな。

野添　じゃ、人間も食べますかね。

鈴木　さあ、聴いたことはねえども、肉を食べるクマだと、食べることもあるのでないスかね。

野添　それじゃ、人が山でクマとバッタリ会ったら、死んだふりをすればいいという話がありますが、それはどんなものですか。

鈴木　それだけの度胸があって、クマに体をひっくり返されても、死んだふりができるくらいだと、いいかもしれないスともねエ……。

野添　でも、心臓も動いているし、呼吸はしているから、全部止めて死んだふりというのは、ちょっとムリですよね。

鈴木　んでしょうな。

野添　では、クマに追われたりした時は、どうしたらいいんですか。

鈴木　自分の体につけている物とか、持っている物とか、何でもいいから後ろに投げつけて逃げることだスな。クマはそれに噛み付くから、その間にどんどん逃げればいいのだス。この方が、いちばんええのじゃないスかな。

野添　昔話に、「一枚の札っこ」というのがありますよね。子どもが鬼に追われ、つかまりそうになると札を投げて、山とか川をつくり、それを鬼が越えている間に、どんどん逃げて行くという話なんですが、それとよく似ていますね。一回に全部投げないで、次々と投げていけばいいのですね。

鈴木　いや、一回投げた物に噛みついてしまったら、もうダメだスな。あとは投げても、噛みつかないスよ。

野添　それじゃあとは、逃げるだけですか。追い行かれたら、どうしたらいいのですか。

鈴木　（笑）その時はもう、しょうないスな。

野添　あとはもう食べられるだけなんですか。

鈴木　ええ（笑）。

野添　ええとは薄情ですね。何かいい方法はないですか……。

鈴木　ねえスな。

野添　そう言わないで、たとえば木に登るとか……。

鈴木　えま（今）の人は、木に登れねがらスな。

野添　そうですね。じゃ、追いつかれたら方法なし。皆さん、クマに食べられる覚悟を決めましょう（笑）。じゃ、話題を変えて、クマは冬眠をいつごろからやるんですか。

鈴木　だいたい一二月のはじめから二月の末にかけては、たいてい冬眠しているス。

野添　その前に体に脂肪をつけるために、クマの食欲は旺盛になるわけですね。

鈴木　そうそう。何でも食べるス。

野添　とくに、ドングリとかクリとかブナの実とかですか。

鈴木　クマがいちばん好んで食べるのは、ブナの実だスな。
野添　あの小さい実を……。
鈴木　ええ、小さいのを。
野添　あの小さい実を、どうして拾って食べるのでしょうね。
鈴木　さあね。でも、ブナの実はあぶらがあって、うまいがらスな。随分と食べているスよ。
野添　皮をむいて食べるのじゃなく、殻のまま食べるのでしょうね。
鈴木　そうそう。殻のまんま食べているス。
野添　それじゃ、クマの棲む山にするには、ブナの木を伐ってはいけないわけですね。
鈴木　そうだスな。それからドングリとか、コクワの実とか、クマは甘いものが好きなんだス。
野添　それで木に登り、山ブドウを食べたりするんですね。
鈴木　そうそう。だとも、山ブドウは三番目あたりの好きな物だスよ。
野添　それじゃ、第一の好物はブナの実、第二の好物はコクワとかハチ蜜ですかねエ。
鈴木　そうそう。クマはハチ蜜が好きで、あれには目がないようだスな。それから、アリも好きだス。アリ塚をひろげると、次々と食べていって、見ているうちに平らげてしまうスよ。
野添　そうやって体に脂肪を一杯つけて、どういう時に穴へ入るのですか。
鈴木　よくわからないども、気温で感じ取っているようだス。もう、穴に入る時だって具合に。

狭くなったクマの棲む場所

野添　クマが冬眠する穴は、どんな所にあるものですか。
鈴木　さまざまだスな。木の穴もあるし、土の穴もあるし、そのクマによっていろいろだス。

野添　たとえばですね。穴を人間がつくって、クマが入りやすいようにしておくと、入るものですか。
鈴木　いや、なんぼええ穴でも、人が作った穴には、入らないものだス。
野添　人間の匂いがわかるものなんですかねエ。
鈴木　そうだと思うスな。匂いだけでなく、人が作ると警戒するスよ。動物の感なんでしょうな。
野添　穴に入ってしまうと、冬眠とはいっても呼吸はしているでしょうし、目もあけているものでしょうか。
鈴木　目はあいているスな。人でいえば、寝ぼけているような状態をしているものだスからスな。
野添　ふーん。寝ぼけたようにして、三カ月間も、いったい穴の中で何をしてるものなんですか。鼻歌でもやっているんでしょうかね。
鈴木　わだしが飼っているクマの中に、大きいのが二〇頭おるが、冬期間は一緒にかたまってえるスな。たまにわだしが行ってみると、どのクマも顔上げて見るスともね。
野添　それじゃ、鈴木さんだってのがわるんでしょうね。
鈴木　わかるんだスな。寒中でもエサをやってくると、みんな食べてなくなっているスもの。
野添　食べるというのは、腹がすいているからなんでしょうかね。
鈴木　ええ。だから完全な冬眠だかどうなのかな？
野添　仮眠みたいなものなんですかね。
鈴木　仮眠かもわからないスね。クマは冬眠の時期にているのだからスな。エサを食べなってくると、まゆげの上の方が白っぽくなってくるのだスもの。そうなればエサをやらなくとも、冬眠に入っているス。

野添　それじゃ山の穴の中にいるクマは、目をあけたり、閉じてみたり、少し体を動かしたりして、あとは何もしないでいるわけですね。

鈴木　何もしないでいると思うスよ。穴の外へ出て歩いた様子もないからスな。でも、春になって穴のある所を見ると、雪は三メートルも四メートルも積もって、真冬だと一面が雪になるでしょう。それでも窒息はしないいんだスよ。どこかに、呼吸する穴があるのではないスかな。不思議な動物だと思うス。

野添　なるほどねエ。ところで、話は替わるけど、クマは獰猛《どうもう》な動物ですか。それとも、おとなしい動物の方でしょうか。

鈴木　おとなしい動物ではないスか。顔つき見ればわかるでしょう。

野添　そのおとなしいクマを獲って、人間はうまいって食べているのだから、クマの方からすると、人間は獰猛な動物なのでしょうね。とくに、マタギなんか……。

鈴木　いや、これはどうも——。

野添　松治さんはこれまで、何頭くらいのクマを獲っているものですか。

鈴木　さあ、何頭かと聴かれても、帳面につけているわけでもないからスな。でも、一〇〇頭以上は獲っているのでないかと思うスな。

野添　いちばん最初に獲ったのは、一七歳の時だったということでしたね。

鈴木　はっきりしないども、そのころだったと思うスな。

野添　はじめてクマを撃った時は、おっかなかったもんでしょうな。

鈴木　はじめっから、おっかないという感じではなかったス。二頭、三頭と撃っていけば、たいだいの呼吸はわかってくるものだからスな。

野添　やっぱり、マタギの家に生まれて、小さい時からクマには馴れているでしょうから、普通の人とは違うんだよね。ところで、クマが沢山いる所は、ブナでも雑木でも一杯にある山で、木が伐られて草山になると、遊びには行くだろうが、そういう所に棲みついたりはしないでしょうね。

鈴木　そうでスな。やっぱり、いちばん棲みやすい所は、ブナの林の中だスな。スギの植林地なんかは、日光が中まであたらないから寒いし、いつもじめじめしているから、棲み心持はよくないスよ。人に追われて隠れる時は、スギ林の中に、松とかヒバとかがなんぼかある所にえる（いる）スな。

野添　ブナを中心とした混合林が、クマにとっては棲みやすい所なんですね。

鈴木　そうそう。

野添　そうすると、いまクマが棲みついている所のブナが伐られると、べつのブナ林にクマは移っていく訳ですか。

鈴木　そうだスな。いまは、わだしら（阿仁町）の山でもブナがどんどん伐られているので、クマの棲む場所が限られてしまってくるのだス。クマは歩く道筋もだいたい決まってくるものだから、あんがいとクマの棲む場所が狭くなっているのだスよ。だからまた、山に入った人とクマが会う割合も、多くなっているのではないスかな。

野添　なるほどねエ。クマの棲む場所を人間がどんどん狭くしていって、その中に人間も行くとクマともぶつかる訳だスな。棲む場所が狭くなっているから、山の実が少ない年は、棲む山ではなくなってしまうのですね。だから里へと下って来るので、人間たちは大騒ぎをするわけですか。こう考えてきますと、人間が原因をつくっているように思われてきますね。

昔のマタギは火薬も作る

野添　クマの歩く道なんですが、一つの山を見ると、頂上あたり、中腹あたり、麓あたりと、だいたい三つぐらいになるんだそうですね。

鈴木　そうそう。

野添　松治さんのように長年マタギをやっていると、山を見ただけで、あのあたりはクマの通る所だなということが、わかるものなんでしょうね。

鈴木　ええ、だいたいわかるスな。巻き狩りをやっても、いつもクマが歩く道より一〇〇メートルくらい幅を持たせていると、だいたい間違いないスね。人に追われている時でも、そのあたりを通るものなのだス。

野添　それはクマだけでなく、カモシカとかウサギなども、だいたいそうなんでしょう？

鈴木　そうそう。カモシカの歩く所とか、ウサギの歩く所とかは、それぞれだいたい決まっているものだからスな。人もそういうもんでないスかね。

野添　なるほどな。わたしらが酔っぱらって、ほじなくなっても家に帰ってるのは、山の動物と似ているんだねエ。ところで、松治さんたちが山に入ってとった動物には、どんなのがいました？　クマだけではないでしょう……。

鈴木　昔は毛皮が相当の値を持ったものだからスな。

野添　毛皮といえば、ウサギですか。

鈴木　いや、ウサギもそうであったスが、テンとかムササビなどの毛皮も値を持っておったス。わたしが子どもの時分は、大人が一日働いて最高とる人で一円二〇銭の時に、ムササビの毛皮が一枚九円したことを覚えているスものな。イタチの毛皮は三円五〇銭、テンの毛皮は一枚二〇円でした。なんといってもクマの毛皮は高いが、何十人でとるものだから、一人に渡るカネはそれほど多くはないのだス。それからクマの場合は、カネになるのは毛皮と胆だけで、肉はみんなで分けて食べてしまうがらスな。クマも全部売ればカネになってあったが、阿仁はまるごと売るというのはながったス。肉は自分で食べたり、隣近所とか、親戚に配ったりするのが普通だったがらスな。それにくらべて小さいのは一人マタギでもとれるものだから、どんな寒中でも山に小屋がけして泊まり、狩りをやったものだス。

野添　それでは、相当の稼ぎになったものなんでしょう。

鈴木　カネにはなったスな。その当時は乗馬ズボンがはやってきたころで、あれが欲しくてねエ。ひと冬働いて買った時は、ほんとに嬉しがったスな。

野添　あの当時といえば、いつごろのことですか。

鈴木　兵隊に行く前のことだス。わたしは一九二〇年の生まれで、二一歳で兵隊に行ったからスな。

野添　出征した先はどこですか。

鈴木　中国の北支でしたが、西安の方にも行ったス。兵隊になって五年目で日本が敗けたものだから、銃なんか没収されてしまい、建物の中に入れられたわけだス。でも、中国の兵隊が遊びに来て、話をしたりしたもんでスよ。戦争が終わってしまえば、あとは同じ人間なんだスな。戦争に敗けてから一年ばかりして帰って来たから、中国には六年いたことになるス。

野添　阿仁に帰ると、再びマタギをはじめたわけですか。

鈴木　そうそう。わたしはマタギのほかに、何もやることがないスがらな。

野添　敗戦前と敗戦後とでは、大きく変わった点はありますか。

鈴木　そりゃもう、いろいろと変わったスよ。獲物から見れば、兵隊に行く前はうんとえであった（いた）ウサギが、敗戦後はガダッと減ったことだス。食料がないもんだから、マタギ以外の人もどんどん取って食べたということもあったが、ウサギの内臓に白い玉みたいなのがつくようになったものな。人でいえばガンでないかと思うども、あれが見えるようになってから、ぐんと減ったものな。ひところ、飛行機でねずみ取りの薬を撒いたことがあったども、そのせいではないかと言う人もいるス。それからキツネにやられているんではないかと言う人もいるが、はっきりしないスな。昔は里山にカモシカはほとんどえなかったのだども、いまは逆になって、カモシカが多くなってウサギが見えなくなったのだス。

野添　ほんとですね。昔は山村だと、家の近くまでウサギの足跡があったものですよね。松治さんの所だけでなく、根子（阿仁町）でもウサギの足跡をめったに見かけないものな。それに、昔にくらべて鉄砲の性能がよくなったので、ウサギがどんどんとられているということもないでしょうか。

鈴木　ないとは言えないスね。ほんとにいまは鉄砲の性能がよくなったんで、少しぐらい遠いたって、撃てば当たるスからな。昔の散弾銃だと、せいぜい五〇メートルくらいであったからね。一〇〇メートルも離れてしまうと、村田銃では自信がなかったス。それがいまのライフルだと、三〇〇メートルでも十分に撃てるスものな。

野添 それに昔は、玉なんかも全部自分でつくったものなんでしょう。

鈴木 そうそう。マタギにとっては、それがあたり前のことだったスよ。このあいだ死んだ家の婆さんの話だと、火薬も家でつくったものなんだそうだス。桐の木で炭をつくり、それをくだいて粉みたいにしてから、何かをまぜてつくると聴いたが、その何かをはっきり聴かなかったのだスよ。いまになると、それが残念でならないスな。年寄りの話は、よく聴いておくものなんだスな。

野添 ほう。火薬をつくったというのは初耳です。昔のマタギは、すべてが自給自足であったわけですね。

クマの親子の別れの話

野添 きょうはこの会場に、松治さんが体につけて山を歩いた時のマタギの衣類を持ってきてもらっていますので、これから着ていただきたいと思います。松治さん、これはいつごろ着た物なんですか。

鈴木 戦争前だスな。いまは着てる人なんていないスよ。

野添 いまの人は着ないでしょうね。

鈴木 着ないスな。もうね（と言いながら松治さんは次々とマタギの衣類をつけていき、会場の人たちを感心させる）。

野添 昔のマタギの姿が出来あがりました。ありがとうございました。（拍手）では時間がもったいないので、話を聴きながらぬいでもらいます。ところで松治さんですね、さっきも少し話がでたんですが、一昨年は沢山のクマが人里に出てきて大騒ぎをした訳ですね。ことしなんかも、山菜取りに行った人がクマに襲われたりしてますが、これは山にブナなどの茂っている森が少なくなってくると、どうしてもクマの遊ぶ場所とか、暮らしている所が狭くなってくるわけですが、そういうことも関係があるんでしょうね。

鈴木　そうそう。一昨年の場合を見ると、山の木の実がほとんど成らなかったスものな。ほんとになんにも成らなかったス。それでクマは、エサがないものだから、里に下りて来たのだス。ブナの実なんかも、ぜんぜんダメだったたからスな。

野添　それじゃ、山に食べる物がうんとあれば、クマは里に出てこないわけですね。

鈴木　まったく来ないというわけではないが、あまり来ないスな。クマだって、人が沢山いて賑やかな所は好きではないんだスよ。

野添　なるほどねエ。それからもう一つ考えられるのは、昔の山とくらべていまの山は、広葉樹が少なくなって、針葉樹が多くなっていますよね。ブナとかナラとかを伐採した跡に、杉をどんどん植林してますが、その広葉樹が少なくなるということは、山の実も少なくなるということですね。針葉樹には食べられる実が成りませんから……。そうしますと、不作で山の実がない年も、山全体でエサが少ないものだから、クマは里に下りてくることになりますよね。

鈴木　そうだスな。クマの歩く場所に広葉樹がなくなれば、エサが足りなくなるのはあたり前だスからな。昔にくらべると、クマも住みにくくなっていると思うスね。

野添　里にクマが下りてくると人間は大騒ぎをするけれど、その原因をつくっているのは人間なんだものな。そのことを考えないで、クマが里に下りて来ると有害駆除だ、といって撃ってしまうのは、おかしいですね。こう考えてきますと、松治さんがマタギをやられたところといまとでは、ブナ林もだいぶ変わってきているでしょうね。

鈴木　昔のブナ林は、どんどんなくなってきているがらスな。わだしのいる所だって、ブナ林はほとんどなくなってきているスがらね。昔のままの自然林を見たいたって、見られなくなってきているスよ。まあ一日がかりでなくては、見られなくなってしまったスものな。

野添　ほう、打当（阿仁町）の方の山でもそうですか。それだけブナ林とか自然林は、少なくなってきているんですね。

鈴木　そうだスな。いまはブナを伐採した跡に、ほとんどスギを植林しているものだからスな。

野添　このままでいくと、今後はますますそうなっていくのでしょうね。ところで、松治さんはとっても健康そうですが、健康の秘訣というのは、何かありますか。

鈴木　べつにないスが、歩くというのはいいことでないスかな。

野添　それに松治さんは、腹一杯は食べないと聴いていますが……。

鈴木　ええ。わたしが山へ行く時は、いつもおにぎりを三個持って行くス。

野添　三個……。大きさはどれくらい？

鈴木　これくらい（拳の半分の輪をつくる）。

野添　小さいこと。

鈴木　三個持っていっても、一回に一個しか食べないス。よけい食べると腹がこわばって、山を歩かれなくなるスものな。それから三個持っていけば、仮に山で迷ったりして家に帰れないことがあっても、晩に一つ、次の朝に一つ食べていると、そのうちになんとかなるわけだス。だからすぐ帰ってくる山へ行く時でも、三個は持っていくス。だから山で二個は食べるども、三個を全部は食べたことがないスな。

野添　それじゃ最後の一個は、家に持って帰るわけですか。

鈴木　そうそう。

野添　なるほどな。いや、たいした用心深さですね。それくらい用心するからまだ、この年までマタギ生活をやってこれたのだと思いますね。そろそろ時間がなくなってきましたが、ところで親グマは、子どもが二歳になるまで仔グマと一緒にいるんだそうですね。

鈴木　ええ。そうだスな。

野添　親グマが仔グマと別れる時に、イチゴ落としをやるという話をよく聴くんでずが、あの話は本当ですか。

鈴木　わだしも実際に見たことはないんだスが、仔グマが二歳になった六月に、野イチゴの沢山成っている所へ連れて行き、その実を食べている間に、親グマがいなくなるという話は聴くスな。

野添　やはり、そういう別れ方をするものなんですね。

鈴木　ええ。そうではないでスかな。

野添　クマでも人間でも、親子の別れというのは辛いものなんですね。でも、もう少し現実的に考えると、六月はクマの交尾期にあたるんで、仔グマと離れていなければいけないという、クマにとっては切実な問題もあるわけですね。

鈴木　そうそう。それもあるんだス。

野添　それでは時間になりましたので、クマの別れの話がでたので、この対談も終わりにしたいと思います。松治さん、ほんとにありがとうございました。（拍手）

マタギの語り④

マタギ一代
鈴木辰五郎さんの話

「猫」と呼ばれた少年時代

――わたしは一九〇四年三月二六日に、打当《うっとう》内《ない》（秋田県北秋田郡阿仁町。現、北秋田市）の柴田家に生まれたのだス。父儀助、母ヨシの四男で、長男は儀治、次男が菊松、三男が寛蔵、長女ハナの五人兄姉であったそうだス。

その当時、打当内には六軒の家があったが、いまも六軒あるスな。家は増えても、また減ってもいないス。

わたしの生家では、一・五ヘクタールほどの田んぼを持っていたから、阿仁町では大きい百姓の方であったスな。これくらいの田んぼをつくっていると、あまりムリして出稼ぎに歩かなくとも、十分に食べられた時代であったス。だが、その当時は一〇アールから精米で一石の収穫があれば、いい田んぼだといわれていたから、いまにくらべると生活は苦しかったものだス。稲の花は盆に咲くが、北風が吹いたり、東風が吹いたりして寒い風になぶられると、花が萎《しぼ》んだり、散ったりするので、いつも一石とれるという訳ではなかったスね。肥料をうんと使うようになってから、一石八斗とか三石近くのコメがとれるようになったが、それは敗戦後になってからだスよ。

打当内の六軒では、どこの家でもマタギをやっておったス。夏は百姓で食べ、冬はマタギをやって食べていたのだス。マタギをやらない人たちは、冬になると出稼ぎに歩いていたスな。木を伐《き》ったり運んだりという仕事が、いちばん多かったス。

わたしは小さい時からきかなくて、自分よ

り一つ二つ年上の子どもを泣かせては、よく親があやまりに行ったものだと、大きくなってから聞かされだス。子どもの時はよく遊んだが、田畑の手伝いもやったスよ。山から干し草を運んでくる時も、よく背負いに行ったスな。いまの子どもは働かないが、昔の子どもはよく働いたものだス。

七歳で中村小学校に入ったが、いまの一〇倍は子どもがいて、賑やかなものだったス。あの当時は、小倉・野尻・鳥越・戸鳥内・栩木沢で一つの集落、中村・打当内で一つの集落、打当・前山で一つの集落と呼び、合わせて三集落と言っていたものだス。この三集落から中村小学校に来るのだが、女の子は学校に通う人が少なかったスな。学校に来ても、弟とか妹とかを連れて来て、子守をしながら勉強をしていた。女の人は勉強しなくともいい、という時代であった。男女合わせて、七〇〜八〇人は学校に来ていたス。中村の子どもは、昼になると家に食べに行っていたが、そのほかの人たちは昼飯を持って行ったものだス。おにぎり二つのなかに、味噌漬大根が入っていたもんだス。

そのころは、集落ごとに山神様をはじめ、八幡様や太平山様があったスな。打当内では薬師如来様や、山の神様を祀っていたス。場所は集落通りを道伝いにずっと進んでいくと家がなくなり、やがて杉の大木が立ち並んでいるところを、道伝いに上って行ったところにあったス。あたり一面が杉の森で、昼でも薄暗いところだったねェ。

正月と四月八日は薬師如来様のお祭りで、四月一二日は山の神様のお祭りであったス。わたしは一〇歳のころから、六〜七歳も年上の人（いまは亡くなった泉利一、泉源之助、泉松之助さん）たちにまじって、お籠《こも》りをやってきたものだス。
薬師如来様のお供えものは、シトギ餅、お神酒、頭付きのハタハタずしなどであったスな。お社にはあまり大きくはないがいろりがあり、当時は炭焼きをしている人も多かったので、その人たちが炭を持ち寄ってあったねエ。炭火を真っ赤におこし、ハタハタずしを食べながら、神様のお下がりのお神酒をいただいたものだス。夜おそくまでいろりを囲み、語りあかし、神様と一夜を過ごすのがならわしであったス。

薬師如来様のお祭りの時は精進料理で、山菜の煮付けや、油揚げの料理であったスな。餅をついた時には餅も供えたが、それらをおかずに神酒をいただいたものだス。

昔は正月とお盆は、なんといっても最高の楽しみだったス。いまでも仕来りは残っており、嫁は夫と子どもを連れて、実家に里帰りをしたス。そして父母や、ご先祖様にお礼参りをするのだスな。

春は四月と五月に、それぞれ集落ごとに楽しみがあるが、そのなかでもとくに待たれたのが運動会だったス。もちろん三集落が一緒になってやるので、どの家でも親、兄弟、女、子どもたちがみんな集まったもんだア。大人たちはその日は仕事を忘れ、子どもたちや、集落の選手の応援に熱中したスよ。わたしは運動会の競争のなかではマラソンが得意で、いつも一、二番より下がったことがなかったス。

わたしが小学校に入っていたころから、相撲が流行したス。中村小学校の校庭に土俵をつくり、三集落の子どもや相撲好きの人たちが、大勢見物に押しかけたものだったスよ。それぞれ重ごしらえをしたり、弁当を持ったりして、ゆっくりと日ごろの労苦をいやすのだス。

　わたしのアダ名は、「猫」であったス。相撲もあまり負けなかったが、ときどき投げられることがあっても、倒れるやいなやすくっと立ち上がることができたものだス。身のこなし方が早いものだから、村の人たちは「猫のようだ」と言って喜んでくれたのだス。

　わたしは小さい時からウサギが大好きで、七歳のころからウサギを飼うようになったス。近所の人から、一番《ひとつがい》の西洋ウサギを貰ったからだス。朝に夕に草を取り、ウサギに草をやるのがわたしの日課だったス。

　月日がたつにつれてウサギが殖えると売り、小遣いには不自由しなかったスよ。小学校を卒業して青年会に入ると、夜遅くまで青年会の集まりに参加し、帰りには提灯をつけ、昼に見覚えておいた田のくろ（畔）や、土手などから草を刈って帰り、ウサギにやったものだス。

　ウサギを飼うほかに、イタチ取りもしたスな。イタチはそのころ、一匹一円五〇銭で売ったものだス。二〇歳のころになると三〇〇円の貯えができたが、これは七歳の時から飼ったウサギの売り上げと、イタチを売った残りのカネであったスな。

　その当時は、尋常小学校六年で学校は終わりであったス。中村小学校には高等科がないので、入るとすれば阿仁合まで行かなければならなかったので、ほとんど六年生で終わっていたスな。

　学校を終わると、家の田畑の仕事を手伝ったス。兄姉はいるものの、大きくなるとムコに入ったり、嫁に行ったりするので、このころは人手が不足してきていたス。家で働きながら青年会に入り、子どもの世界から青年の世界へと進んでいったわけだス。

一五歳からマタギに歩く

わたしの家は代々マタギをやってきたが、曽爺さんは名前を柴田永助といったスな。佐竹藩の御用マタギに召し抱えられ、足軽一人《いちにん》扶持《ぶち》として、年に一石八斗の扶持を貰っていたそうだス。

男鹿のシカ狩りなどの時は呼びだされて働き、仕事が終わって帰る時は、シカの肉をみやげに持ち帰ったといわれているス。肉は男鹿から比立内、戸鳥内、中村というように、村送りに運ばれたということだったスな。

クマを仕留めた時は、胃と皮はお買い上げになり、肉は下されたとのことでしたな。明治維新の時に秋田藩と南部藩が戦ったとき、マタギは新組として招集を受け、伝令・斥候・味方に情報を伝えるために山野を駆けめぐったそうだス。あの時は、マタギほど役に立った者はいなかったそうだと、母が曽爺さんのことを語るのを、わたしは何度か聴いているス。

永助爺さんは七五歳のころ、裏の栗の木の赤いヒョウの実を食べにくるヤマドリを、家の窓から火縄銃を使い、一発で撃ち落とすほどの名人であったそうだ。九一歳まで長生きをし、天寿を全うして世を終えたと聴いているス。

ところがわたしの父は、マタギをいっさいやらなかったスな。マタギは危険な仕事だから、あまり好きではなかったようだス。だが、わたしは子どもの時からマタギが好きだったが、マタギをやるなとは言わなかったスよ。わたしは一五歳の時からマタギに歩いたが、黙って見ておったスな。

わたしが本格的にマタギをやったのは、一九歳の時からだったス。隣に住む泉利三郎という人の弟子になり、巻き狩りの勢子《せこ》となって歩いたスな。利三郎という人はシカリ（頭領）ではなく、日露戦争に野砲兵として参加した身の丈六尺という丈夫な人で、山を歩かせても大変な馬力だったスよ。一尺（約三〇センチ）ぐらいの雪やぶだったら、往復六里（約二三・五キロ）ぐらいの山歩きはなんともなかったス。膝の上まで深い雪の積った時は、雪のなかを泳ぐように歩いたものだったス。このような人の弟子だったので、はじめは難儀をしたが、体が丈夫になったので、マタギとしては大いに助かったものだスな。

　打当内のマタギは森吉山麓によく行ったが、秋のうちに小屋をかけておき、コメやミソも運んでおいたス。コメとミソさえあれば、たとえ吹雪で獲物を取りに行けなくとも、何日でも生きられるス。ネズミに食べられないように、コメは小屋のなかに吊しておいたスな。小屋の大きさにもよるが、二〜三人で行くこともあれば、五〜六人で行くこともあったス。

　山に入る時は師匠が先になり、弟子が後になって、山へ山へと、沢の奥へ奥へと行くのだス。雪の深いやぶになると、代わる代わる先頭をつとめたが、雪が軽い時はそれほど疲れないが、雪がしめって重い時は、なかなか大変だったスよ。

　冬はここらあたりにいると、獲物はウサギがいちばん多かったスねエ。でも、そのウサギ取りがいちばん難しい、と言われたものだス。人の匂いをかぐのも早いし、あのとおり動きも素早いものだから、馴れないとなかなか取れないのだスよ。取ったウサギは、皮のついたまま、一匹がコメ三升でよく売れたものだったスな。ウサギのほかは、ムササビとかヤマドリなどが取れたス。テンなどはいい毛だと、クマの皮よりも高い値段をしたものだスよ。いちばん高く売ったので、大正の終わりごろで一枚六〇円で売ったことがあったス。カモシカなども、わたしがマタギに山へ入るころは、取りつくしていなかったスな。

阿仁のマタギは、他県にも随分と行ったものだス。宮城の方の栗駒山とか、青森の方の山にも行ったスな。それぞれ得意先があって、自分の性格に合った山に行っていたスよ。わたしは白神岳に行き、カモシカをよく取ったス。岩手の山にも行ったが、栗駒山には行ったことがないスな。

この巻物は阿仁町に残っているのを写したもので、日光派のマタギが所持したものと伝わっているス。しかし、何回となく写し取り、そのたびに間違った書き方をしたようで、このように、かなり乱雑な文体となってしまったのだスな。

シカリ三代の家系

師匠はウサギのいることがわかると、風の吹き具合により、「この場合はこっちから撃てばよい」「この場合はあっちからだな」というように、鉄砲の撃つ場所はいつも変わっていたス。人の匂いがするとウサギはいち早く逃げるので、マタギはいつも、風を自分のおなかへ抱くようにしてウサギ狩りに歩いたのだスな。師匠はその点は上手なもので、師匠のやっているとおりにやると、ウサギに命中したス。

冬にマタギが山へ行く時は、いつも鉄砲とサッテを持って歩いたス。ウサギ狩りの時はこのほかに、ワラダを持って行ったスな。ウサギがいることがわかっていても、鉄砲を撃たれない時は、ワラダをヒュウと投げつけた。柴のなかに隠れているウサギは、ワラダが飛ぶのを鷹が襲ってきたと思い、雪の穴のなかに飛び込むのだスよ。そこをサッテを使い、ウサギを掘りだして捕らえるのだス。ある時は、二メートル以上も雪を掘り、ようやくウサギのうしろ足二本をつかみ、引っ張りだして捕らえたこともあったス。

こうして三冬ばかり、師匠について山を歩いたが、そのうちに師匠より自分の方が先に、ウサギを見つけるようになったス。師匠は、「お前にはもう、何も教えることがなくなったよ」と誉め、喜んでくれたス。

師匠からこう言われ、これでわたしも一人立ちができると思うと、嬉しかったスな。

わたしは二三歳になった一九二八年の五月、柴田家から打当の鈴木家に養子となったのだス。伯父にあたる鈴木金治の息子の喜助は長男であったが、跡継ぎがいなかったものな。そのため喜助の跡継ぎとして、わたしが養子に貰われてきたのだス。わたしが養子に入ったとき、喜助はシカリ（頭領）をしていたス。その前は、父の金治がシカリをしていたし、金治は八四歳まで長生きしたし、養父の喜助は八一歳で亡くなったから、長生きの家系なのだスな。わたしは三六歳からシカリになり、七〇歳まで務めたので、親子三代がシカリというマタギの家系でもあったス。

わたしが二五歳になった時の、四月一三日のことであったスな。早朝から野良の準備に忙しく働いていたス。そこへ一人のマタギが来て、森吉山から出て来た熊が岩井の又の倉に入ったから、行かないかと誘われたのだスよ。そのうちに二人、三人と集まって、みんな先に行ってしまったス。

野良から家に帰って父に話すと、農作業は人に頼んでも遅れを取り戻せるが、熊打ちは時期を失すると取られないと励まされたス。家中みんなで山へ行く仕度をしてくれたので、二日分の食料を持って熊取りに出掛けたスな。

一行の後に追い着いたときは、熊はすでに朝早く岩井の又の倉より逃げ去った後であったス。そこでみんなが集合し、この熊がどこまで逃げたかわからないので、遠い所まで行くことのできない人は帰ることになり、三〇人中二〇人が追いかけることになったのだス。

出発の朝、父喜助の言うには、岩井の又の倉より熊が逃げると桃洞《とうどう》の倉に入り、赤水《あかみず》を経て最後は様の沢の倉に入ることになるということで、様の沢に熊が入ったら次は、ツブ様を巻くようにとのことだったス。そこで熊の後を追って見ると、父の言う通り桃洞、赤水を通り、様の沢の倉に熊が入ったのだス。

その時のシカリ鈴木菊松が、様の沢の倉を巻くというので、出がけに父に聞いたことを話すとシカリは、

「熊の入った所を巻かないで、次の倉を巻くバカがあるか」と言われたス。若僧のことばに耳を貸す人は、誰もいなかったスな。

ところが、偵察隊から逃げた熊は父喜助が言った通り、ツブ様より鹿角《かづの》方面に向かって逃げたとの報告であったス。行先は土川沢、六郎沢を越えて夜明島か茶釜の倉しかないのだスな。しかし、どうしてもツブ様に一泊しないと、この熊を捕ることができない。家に帰るには七里、夜明島までは四里もあるのだス。

そこで、食料のある人は行くことにし、無い人は家に帰ることにしたス。みんなで食料を出して見ると一〇人は間に合うが、残りの一〇人は足りないのだス。仕方なくツブ様より一〇人のマタギは、家へ帰っていったス。

わたしも食料は心もとなかったが、万一熊を取り損ねても、ムササビを打っても飢えはしのげるという自信があったので、行くこと

にしたス。いまひとつには、自分の言ったことは的中するかどうか、その後の結果を見届けようという気持もあったスな。

そうして歩いているうちに、茶釜に入った親子熊を遂に見つけたス。そこで勢子と、撃ち手と二手に別れたス。

「ホーラ、ホーラー」の勢子の叫び声が、所々より聞こえて来たスな。

三〇分ぐらいたったころだス。シカリの所へ、三頭の熊が駆け上がって行くのが見えたス。しかし、シカリは鉄砲を撃とうとしない。わたしはとっさに熊を逃がしたと予感がしたのだス。三〇〇メートルぐらい先に行って見ると、三頭の熊が見えるのだものな。そこで一五〇メートルまで近づき、鉄砲を撃ったところ、親熊の心臓を見事に貫くことができたス。仔熊二頭も、三〇分ぐらい追いかけて仕留めたのだス。

熊を三頭仕留めたのはわたしのマタギ生活のなかで最大の喜びで、忘れられない思い出だス。

父喜助の言った通り、熊は歩いたのだス。山の地形のくわしいのは、菊松の前のシカリである喜助であったスな。わたしは父喜助より貰い受けた村田銃で、熊に挑むマタギとなったス。

マタギの野宿

冬、マタギに行き、帰りが夜おそくなると思う時は、いつもガンビの皮、ハンゴウに四合の米（冬山には水がないので水で洗い流したもの）、おかずには味噌、その他のものをリュックサックに入れて背負っていったス。リュックサックの上には薄い毛布一枚を、荷縄でまるめてくくっていくス。

春の土用になると、熊は冬眠からさめて穴

を抜け出してくるスな。二歳熊の子連れ親なら四月二〇日過ぎ、一歳熊の子連れ親なら、すっかり雪が消えるまでは穴から出ないものだス。

熊狩りのとき、熊の足跡を追って行き、熊がどこかの倉に付いていることが分かると、家からの距離、時刻、食料などのことでいろいろ相談するのだス。夜明けを待って取ることに決まると、五人でも一〇人でもみんなで野宿の仕度をするス。鋸を持っている人は木を切るスな。ナラ、イタヤなどを四尺程の長さに切るス。

四月の末頃でも山には五～六尺程の雪があるので、火を焚く前にまず雪ふみをするス。少し広めに踏んだ上に四尺の丸太を下敷に、四尺程の幅に置く訳だス。今度はその木の上に十文字に並べ、また、四尺の長い丸太を互い違いに三段に重ね、枯枝を上に上げ、持参したガンビの焚き付けで火をつけるス。いったん火がつくと、生木はとてもよく燃えるス。火が燃えるにつれて、ご飯を炊かなければならないスな。ハンゴウを火にかけるために、股木を二本、細長い渡し木一本を取り、ハンゴウを掛けるス。きれいな雪を溶かしてできた水と、持参の米二合を入れたものだスな。焚火のそばに柴などを集めて敷き、食事をとるス。火が少なくなっても、前のように丸太を重ねるように積み重ねた火は、朝まで消えることがないスな。

マタギは、滅多に野宿することはないス。二里～三里ぐらいのところは、必ずといっていいぐらい、自分の家に帰るス。しかし、さっき言ったようなときは野宿をし、朝早く倉を巻くことにするのだス。

どんな吹雪の日でも火が焚けるように、ガンビを持ち、マッチは汗や雨にぬれないようにカンの中に入れたり、小さなナイロン袋に入れたりして、大事に持ち歩いたスな。冬道で迷っても、ガンビとマッチさえあれば火が焚ける。火さえあれば命は助かるス。もちろん身を守るには、鉈《なた》はいつも腰に下げておかなければならないものだス。

冬のマタギ小屋

わたしが打当内の柴田家から鈴木家に養子に来て間もない、二三歳の正月過ぎのことであったス。

冬になったらウサギ取りをしようと思い、前山の伊東助三郎さんと打当より少し離れた中の又の深穴という所に、一間半程のマタギ小屋を建てておいたス。そして、まだ雪の降らない秋ごろから、寝泊まりするために寝布団などの用意をしておいたス。

まず、小枝や尚武《しょうぶ》の木を集めるスな。尚武の木は柴木で、根元から取ってもやわらかく、夏冬葉が落ちることなく、色も変わらないので、座りごこちが非常にいいのだス。それで寝布団として竹の葉や尚武を敷き、その上に藁を置き、一番上に莚《むしろ》を敷いて出来上がる訳だス。

枕はやわらかい木の枝や、柴の枝などを適当に取って両はしを縄で結び、鉈で余分なところをたたき落とすと、小枝の枕（長さ一尺ぐらい）が完成したス。

雪の降らないうちに、毛布一枚と丹前なども運んだス。そのほかに米、味噌、鍋釜、茶碗類なども背負い上げるス。冬の山の生活で何より一番大切なのは水なので、小屋を建てるときはいつも水が流れ出ている所を選んだものだス。

小屋であるが、入口には戸の代りに莚を下げ、入口の近くには火を焚くように炉《ろ》を造っておく訳だス。小屋の中には枯木を切ったり、生木を割って造った薪を沢山積んで置いたスな。焚き付けには白樺の木の皮を使い、それが無いときは木を鉈《なた》で削り、それを干したものを使ったス。

助三郎さんとわたしの二人は正月も過ぎたある日、ウサギ狩りに建てておいた小屋に登ったス。翌日、夜の明けるのを待って（正月ごろは夜の明けるのがおそい）ウサギ狩りに出掛けたのだス。

その日は午前中歩いて、五匹取ることができたス。もう少し取れたらと思い、ウサギのいそうな所を歩き回っているうちに天候がにわかに変わり、猛吹雪になったス。方角がわからなくなり、行くも帰るも見当がつかなくなったのだス。その日に限って、持参した食料も少なかったス。腹は減るし、方角も分からず、吹雪の中をあっちこっち歩いているうちに、今通ったばかりの人の足跡に行き当ったのだス。この足跡をたどって行けば、人里に出られると思ったス。四〇分程山を下っていくと、昔鉱山であった岱所《だいどこ》という所へ出たのだス。

そこでわたしは考えたス。ここから山小屋へ帰るにも一里、家に帰るにも一里あるス。しかし、小屋に帰るには幾つかの川を渡らなければならないのだス。そのうえ、雪やぶをこがなければならないスな。この人の足跡を追っていけば、自分の家に帰れるのは確実であったス。そこで意を決して歩き出したス。しかし腹がすいて、歩くことができないのだス。その時思い出したのは、ウサギの黒肝も生で食べられるという人の話であったス。

吹雪はややおさまってきたので、枯木に火をつけてウサギを焼いて食べようと思ったス。ところが、わたしはそのころまだ若者で煙草をすう習慣がなく、マッチを持っていなかったのだス。しかたなく、ウサギの腹を裂き、二匹分の肝臓を生で食べたス。三匹目は胸につかえて、どうしても食べることができなかったス。それでも肝臓を食べたおかげで、幾らか元気づいたスな。木の枝に五匹のウサギと鉄砲を掛け、身軽にして歩き始めたのだス。

しかし、こんどは眠気がさして来て、歩かれなくなってきたス。腰をすえたり、雪の上に横になったりすると、そのまま凍え死ぬと聞いていたので、サッテにつかまり、立ったまま休んだス。こういうふうにして、休み休み歩き続け、やっと前山にある分家の鈴木千代松さんの家にたどりついたのだス。

千代松さんの家はすっかり寝静まっていたが、わたしの声にばあさんが起きて来てくれただス。

「山を間違えて歩いて来たので、腹が減っている。飯を一杯食わしてくれ」と頼んだス。ばあさんは、

「家の飯は粟飯だがいいか」というので、

「何でもいい。飯に湯をかけて、味噌をくれ」と頼んだス。

しかし、飯はのどを通らなかったスな。

雪も止んだし、前山と打当は鼻の先なので、ばあさんに礼を言い、元気を出して家に向かったス。途中、助三郎さんの家により、自分は吹雪のため道に迷い、家に帰って来たス。このことを朝早く起きて伝言してもらうよう、息子さんに頼んだス。

わたしは家に着くと妻を起こし、炉の火をかき立てて薪をくべ、部屋を暖めて着がえをしたのだス。脱いだシャツも綿入れも、しぼると水がしたたり落ちるように濡れていたスな。

火の燃える炉ぶちに少し横になり、湯のわくのを待って味噌湯を茶碗で一杯飲み、それからご飯に湯をかけ、味噌をまぜて一杯食べ、その夜はすぐに床についたす。

前の日、伊東助三郎さんの息子さんに朝早く山へ行ってくれるよう頼んでいたので、次の朝は八時ごろに、わたしはゆっくり山へ出かけたス。

疲れはとれていないが、川にそって水を飲みながら上っていったス。昨日、木に掛けて置いて来たウサギは木の根元にいけ、鉄砲を背負うと上がっていったス。山小屋に着いたのは、夕暮れどきであったス。助三郎さん親子は、ウサギ狩りに行っていていなかったスな。三人分のご飯とお汁を炊いていると、二人はウサギを取って帰ってきたス。わたしは昨日の吹雪の出来事を語りながら、ご飯を食べたス。炉には焚火、頭の上にはカンテラなども下がっているス。

寝るときは炉の火をいけるが、朝掘り出すとまた火が燃えるので、それを火種にするとよい。翌日も炉に火を焚くことができるのだス。

さて、元気を回復したわたしは、翌日はさっそくウサギ狩りに出かけたのだス。

わたしのウサギ狩りの成績はたいてい六～八匹で、九匹以上は取ったことはなかったスな。

マッチがないために、生の肝臓を食べる羽目になったわたしは、それ以来マッチと白樺の皮はいつも持ち歩くようにしたス。

「空気投げ辰五郎」の異名貰う

あれは一九四二年のころであったスな。当時、鹿角郡の曙村に牛食い熊がいて、放牧した牛を取られて困るということで、阿仁マタギは県の斡旋で、牛食い熊退治に出掛けることになったのだス。打当からわたしと鈴木和一郎の二人、野尻から高堰文吉、高堰徳蔵の二人の計四人であったス。宿は曙村の小割沢《こわりざわ》にある、斎藤千太郎という人の家であったス。千太郎さんは六〇歳を越したかと思われる人であったが、元気一杯のマタギであったスな。

四人が着いた翌朝から、熊取りが始まったス。宿の親父さんも加わり、午前中は山を見て回ったが、熊の足跡は見当らなかったス。午後から二手に分かれて、山を見て歩いたスな。五分ほどたったころ、わたしと文吉さんの二人が足跡を見つけたので、鉄砲弾のケースのからを吹いて合図をしたのだス。皆んなが集まって来たので、巻場《まきば》の相談をした。

まず一番の打場には斎藤千太郎さん、二番目にはわたし、三番目の打場には文吉さん、目あては和一郎さん、勢子は徳蔵さんと決めたス。

勢子が叫び初めて五、六分したころ、二発鉄砲が撃たれたので、わたしは熊を仕留めたのだなと思い、何気なく後を振り向いて見ると、玉は当たらなかったらしく、二〇メートルぐらい上の方を横切って、わたしが立っている方に逃げてくるではないか。わたしはすかさず鉄砲を向け、引き金を引いたが、当たらなかったス。

熊は怒って「アンアン」叫びながら、すさまじい勢いでわたしに襲いかかってきたス。あたりで見ていた人たちは、

「辰五郎、逃げろ逃げろ。熊に食われるど」

と叫んだが、もうその時は逃げるひまがなかったスな。

鉄砲のケースをぬいたが、玉を詰める余裕がないのだス。熊との間は、二メートル程もなかったからスな。熊は大きな口を開け、牙をむき出し、「アンアン」と吠えるような声

を出しているのだス。爪をむき出した両手を上げながら、襲いかかってきたスな。今はもうひとつかみと思いきや、その場所はやや傾斜面で両足で立っているのがやっとという様子のところだったス。わたしは小柴一本を右手でたぐり寄せ、とっさに体を右にかわしたス。熊はわたしに襲いかかった勢いのまま、止まるもならず、肩越しに下へ走っていったのだス。

この一瞬のことを、今でもわたしは時々思い出すスな。相撲で鍛えた交わし技、木をたぐって岩場を渡る腕力や脚力、山の神様への信仰が、とっさの時に身を守ってくれたのだと思うス。

下へ走っていく熊に、すばやく鉄砲に玉を込め、もう一発お見舞いをしたス。その玉は熊の左の太股に命中したが、熊は折れた一本の足をひきずり、三本足になったまま向いの山へ上って逃げていくのだス。目あての和一郎さんは、自分の方へ上って来る熊をすかさずズドンと撃ち当てたス。熊はあばら三枚を撃ちぬかれ、下へころがり落ちたスな。

五人は大喜びで熊に綱をつけ、雪の上を引きずりながら宿へ帰ってきたス。その時は早や日も暮れていたが、村人たちは牛食い熊をよく取ってくれたと、熊を見ながら口々に礼を述べてくれたス。

村人が集まったところで宿の千太郎さんが、阿仁マタギの神技を初めて見たと賞め讃えてくれたス。自分の撃った玉が当たらず、逃げていった熊がわたしを目がけて襲いかかり、今やひとつかみにされようとした時、わたしが体を交わして自分の命を守ったのだと、賞めたてたのだス。

そのことがあってから誰いうとなく、「空気投げの辰五郎」という異名が、わたしについたのだス。

その後、花輪警察署からも警官が来て、お誉めの言葉を頂き、大鍋に煮てある熊の肉なども食べてもらったス。

時は四月二〇日過ぎのことであったスな。曙村の斎藤さんの家には二週間滞在したが、その間村の人たちの応援も得て一一頭の牛食い熊を退治することができたス。帰りには村人たちのご馳走になり、村人総出の喜びの声に送られ、四人は熊の肉を土産に意気揚々と我が家に帰ったのだス。

ウサギの食べ方

まずウサギの皮を剥ぎ、胸から腹まで切り開いて内臓を取り出して丸煮するス。そのときは肉も骨と一緒に、鉈で細かく切って煮るス。内臓は胃と大腸を取り出し、胃を切り開いて、ウサギの食べた物を取り出し、大腸からもウサギの食べた物を、こく（放く）ようにして絞り出すのだス。

マタギの言葉で言うと心臓はサンベと言い、肺のことは赤肝と言うスな。肝臓のことは黒肝、腎臓のことはマメと言って、右にひとつ左にひとつと二つ付いているス。先に鉈で切ってあるウサギと、この内臓を一緒に煮ることを、ウサギの丸煮と言ったス。

このほか、内臓だけ煮て食べてもいいし、また肉と骨だけを煮たものに生大根を少し厚目に切り、ウサギの中に入れ、味噌などで味つけをするととてもうまいので、皆んなに喜ばれるス。

ウサギの骨たたきをつくる時は、骨からきれいに肉を剥がし、骨だけにするス。どこの家にも骨たたき石と言って、やや平らできれいな石を、川から見つけて持って来て置いていたものだス。

骨をきざむ時は、鉈のみねでたたき、骨を返しかえしして、骨が細かく打ちきざまれるまで叩きあげるス。叩きあがったものを、うずらの卵程の大きさに丸めた。鍋に水を入れ、湯が煮立ったら丸めた骨とウサギの肉も入れて味付けをするス。昔は春雨も糸こんにゃくもなかったので、ごぼうのささがきや豆腐などをいれて、立派な吸物として出したとのことだス。

打当ではなぜか終戦前までは、鶏の肉を食べる家はなかったそうだスよ。

夏はお盆とか人寄りの時は、かじかや塩鯨などを使ったが、茄子を細かく千切りにしてそれをかじかや塩鯨の吸物に入れて、お客に勧めたということだス。

熊を仕留めたとき、カベタチ（尻穴一寸上から切りはじめる）をするのはシカリ（頭領）の役目だス。シカリがさきに刃物を入れることで、尻穴一寸上から切りはじめ、上へと腹のまん中を熊の下唇まで刃先きを入れたス。あとは皆んなで皮を剥ぎ取ったス。取り終わるとシカリが熊の左の手を下にして、頭を北に向け、皮を両手に持ち、腹の方に向かってケボケを唱えるが、人に聞こえるようには、はっきり言わなかったス。唱え終わると皮を持っている手を変え、頭を尻に向けて被せるス。それから被せた熊の皮を剥ぎ取り、解剖に取りかかったス。

まず左の肩先、左腕を切り取り、次は右の肩先から右腕を切り取り、次は左足の太股から切り取り、次は右の太股と交互に切り取るのだス。次は腹を切り開き、内臓を取り出すのだス。一番目に黒肝から胃を取り出し、次は持串に取りかかるス。まず黒もじの串を三本作り、それぞれに黒肝三切れ、首肉三切れ、心臓（サンベ）三切れをさし、焚火をたき、手で持った串を燃える火にかざして焼くス。それでこれを持串と言うのだスな。

持串は山神様に獲物を仕留めた御礼としてお供えするのだが、まず熊の皮を置き、その上に頭を上げ、三本の持串を持って山の神様に、次の大猟をお祈りするのだス。お祈りのあとは串から取り、細く切って皆んなで分けて食べるス。

そのあと、肉や骨は平等に分配し、皮は入札で金に換え、血はヤゴリと言って乾燥して栄養剤にするス。胃(胆汁)は一人でも分配を希望する者がいると、平等に分けることになっているス。

その夜は大鍋に熊の骨と肉と野菜、山菜をぶち込み煮込んで祝の酒盛りとなるス。夜明けまで山野を駆け巡った一コマを語り合い、また明日への力づけにしたス。

マタギ、ネパールへ行く

谷口正彦さんから第二次雪男探検の話があったのは、一九七三年の夏ごろだったスな。第一次は雪男を発見できなかったが、第二次には雪の世界や獣に詳しく、また狩りの腕も確かな阿仁マタギが同行してくれると鬼に金棒だという話であったス。だが、場所は阿仁町周辺の山との違い、世界の屋根といわれるヒマラヤであったス。大丈夫だろうかという不安も強かった代わり、一度は行ってみたいという思いもまた、マタギたちにはあったスな。

そうしたわたしたちに、ヒマラヤのことや計画などを説明したいと、谷口隊長ほか二人は七月七日、説明に阿仁町にやって来たス。この日、阿仁合ホテルに集まったのは、打当では鈴木松治さんとわたし、中村では佐藤伝蔵さん、大阿仁猟友会の西根正会長、比立内の松橋金蔵さんの五人だったス。谷口隊長たちから雪男のことや、また山にはクマ、サル、トラ、シカ、ヒョウなどのいろいろな動物が沢山いるということだったス。もし仕留めた時は、皮ぐらいは日本に運んでくれるということだったス。阿仁にいるといくら頑張っても、年にクマを六、七頭くらいのものだから、日本にいてクマ狩りしているよりも、雪男を捜しながら多くの動物を獲るとい い稼ぎにもなるという欲も働いたスな。一世一代の、マタギのいい楽しみができるということで、探検隊には説明会に集まった五人が参加することになったス。

そのあと、いろいろと連絡を取り合い、出発は一九七四年の二月はじめと決まったス。わたしたちは自分で飛行機の往復代を出し、病気や怪我に備えて保険も自分たちでかけたス。さらに鉄砲も、新銃の四連銃を買ったりしたので、かなりカネもかかったスな。しかし、それくらいはヒマラヤに行くと、すぐと り戻せるのだという気持もあったので、べつに苦にもならなかったスな。

正月の末に大阿仁猟友会の役員会があったが、その後で送行会をしてもらったス。ただ、松橋金蔵さんは腰を痛めていて治らないため辞退したので、マタギは四人が行くことになったス。町でも盛大に、歓送会をしてくれたス。町長や議長からは、ぜひ雪男を発見できるようにと励ましてくれたし、西根正会長は花束を貰ったのがテレビで放送されたりして、阿仁町では大騒ぎであったスよ。

二月六日が出発の日で、大勢の人たちや家族から見送りを受けて、比立内から電車に乗ったス。鷹巣から特急「いなほ」に乗り、上野着は午後六時すぎだったス。東京では代々木の日本青年館に泊まり、翌七日に羽田空港から出発したス。

ネパールの首都カトマンズに着き、ムシタントというホテルに着いたス。第一次雪男探検の時に働いた大勢の人たちがホテルの前で出迎えてくれ、ネパールの最大の歓迎の挨拶といわれる白い布を、皆の首に掛けてくれたス。

カトマンズで準備のために滞在したあと、ネパールの第二の都市ポカラへ行くことになったス。バスでは七時間もかかるというのに、飛行機では四〇分ぐらいで到着したス。ポカラの飛行場からホテルには、二分ぐらいで着いたスな。ポカラのホテルはカトマンズと違って貧しく、草葺きの屋根で、土間にはレンガを敷いていたス。部屋には竹を細く割って編んだ物を、敷きつめていたス。部屋の中には四台のベットがあり、わたしたちマタギは同じ部屋に泊まったス。しかし、電気はついているものの、浴場も便所もなく、非常に困ったスな。

二月一四日から、いよいよ登山がはじまったス。第二次雪男探検は隊員七人、わたしたちマタギが四人のほかに柴田さんという日本人が一人の計一二人だス。これにシェルパが一〇人、荷物を運搬するポーターは八〇人、計一〇二人という大きな探検隊となったス。

わたしたちはホテルから車に乗り、約一里くらい行ったが、それから先は道が細くて車が通れないため、わたしたちも歩いたス。この日はヤンサアという所にテントを張り、はじめてテントで露営したス。シェルパはポーターの上の頭で、ポーターたちを見ながらわたしたちのテントを張ったり、食事をつくってくれたりしたスな。朝には砂糖とミルク入りのコーヒーを二合コップに持ち、テントを少しあけると、

「ナマシテイ」

と手を合わせ、置いていったス。

朝の食事が終わるとテントをたたみ、ポーターに背負わせていたス。また、いろいろとわたしたちの身のまわりの世話もしてくれたス。テントの中では寝袋に入って寝たが、その仕度もみんなシェルパたちがやってくれたが、よく働く人たちであったスな。

この探検隊の目的地であるアンナプルナまで行ったら、雪が一尺ほど積っていたス。その雪の中を登り、四三〇〇メートルまで行くとそこが最後のキャンプ場で、シェルパたちはテントを張ったス。ここを足場にして、雪男の探検に歩くことになっていたのだス。

ところが、最後のキャンプ場に着いたところから、わたしの体の具合が思わしくなくなったのだス。キャンプ場には二晩泊まったが、息苦しくて眠れなくなったス。あまり苦しいのでそのことを西根さんに話したところ、やはり体の具合が悪いとのことだったス。柴田さんも前から体調が悪く、白い馬に乗っていたス。

二人で隊長に体が悪いことを話すると、隊長は心よく返してくれることになったス。三日目の二二日朝、シェルパやポーターを付けてくれたので、わたしたちは下山したス。ポカラに着くと、飛行機でカトマンズに飛び、ホテルに泊まったス。

カトマンズには一週間ばかり滞在したが、不調だった体の具合も、すっかりよくなったので、市内見学をして歩いたス。わたしの事が新聞に出たりしたものだから、

「七〇歳でヒマラヤに登るのは、珍しいことだ」と、道でいろんな人に握手を求められたのにはびっくりしたスな。

そのあと、日本に帰ったが、雪男の探検には歩けなかったものの、いい思い出になった

と思っているス。

その後もマタギをしたが、七二歳できっぱりとマタギをやめたス。いまは家族の世話になって、なんの不自由もなく暮らしているス。

マタギの語り⑤

マタギの里に生きる 山田富治さんの話

一七代目に生まれる

――わたしは一九一二年二月一七日阿仁町根子の生まれで、ちょうど旧正月の元旦の朝に生まれたのだス。あの当時は正月といえば旧暦でやったものだから、正月のめでたい日に、しかも親たちは女の子どもたちが生まれているところに男の子が生まれたので、たいした喜びであったと聞いているス。

家はわたしで一七代目だといわれておるスな。先祖はおそらく短命であったろうと思うのですが、根子では古いカマドの一つと聞かされて育ったスな。根子では山田家の草分けではないスかな。昔はシブナシと言ったが、ヤマナシの木が庭におがっていましたが、これがたいした太い木で、なかが空洞になっているので危ないというので、新しく家を建てる時に伐って捨てましたが、何百年ぐらいたっていたかねェ。古い木ではありましたなあ。

昔の人がいうには、わが家の先祖は京都から来たとも言っているが、詳しいことはわかりませんねェ。根子ではなんといっても佐藤家がいちばん古く、それについて来たのではないかという話もあるスな。こう古くなってみれば、よくわからないスねェ。

わが家の先祖は代々、マタギをやりながら百姓をやってきたようだス。爺さんもマタギをやっていたが、その前の人もその前の人も、ずうっとやってきたのだスべね。

根子のマタギには、なんぼか（いくつか）の組があったス。いまは班なんていうてるみたいだが、三つか四つの組があって、新潟に行くとか、岩手に行くとか、山形に行くとか、ここだけでなく、遠征したのだスな。行き来する時は、いまでいえば民宿して歩いたようだス。動物を取ると、それを売りながら行き来したものだったスな。

地元でも、昔は相当に獲物がとれであったスよ。わたしが物心ついた時でも、かなり熊がとれだがらスな。こごでとれた物は大半を薬品にして、売りに歩いたのだス。ずっと昔からそうだったのだスべね。

いま見てわかるように耕地が狭いものだから、ここでは十分な生活ができなかったのではないですかね。出稼ぎに歩くにしても、何か特殊な技術を身につけていないと、軽く見られるからスな。当然、カネにもならない。マタギだから動物をとるので、その動物の臓器などを使って薬品をつくったんでスな。おそらく大昔は、つくった薬は自分たちで使ったが、それがよく効くものだから、それを持ってよそに売りにでて、いくらかでもカネにしたのではないスかね。それがわたしらの薬売りのはじまりだと思っているんですが、どんなものでスかねェ。大昔はカネをつくるなどなかなかできないものでしたから、薬を売ると手に入りましたので、これはいい仕事だと思ったのではないスかな。

昔は根子全体で、田んぼは八十数町歩あったのでスな。昔から根子では、家は七〇軒以上にはしないということで、次男、三男はほとんど分家にしなかったでしたからねェ。一軒当たりにすれば一町歩以上になるから、かなりコメがとれたと思うでしょうが、ほとんどが山田ですから、耕地はあっても、収穫はねがったのでスな。いまは基盤整備して、いい田んぼより残してないが、植えてもタネの二倍とか三倍とれればいいとした時代が、わたしが覚えてからも長く続きましたからスな。そだたえに、根子の外へいくらでも多く出て、食べるコメを減らしただけでもええとした時代が長く続いたのでスな。飯米を食べないで残し、それを出してカネに代えるということもしたので、マタギとか薬売りで外にでるのも、盛んにやったわけだスな。うまくいけば、両方からカネがはいるからスな。貧しければ貧しいなりに、工夫したんだスな。いまの若い人には、その気風がなくなっていると思うスな。

わたしは根子小学校にはいり、そこを終わると阿仁合尋常小学校の高等科にはいったのだス。当時の高等科は、二年で終わりであったスな。夏分は家から歩いたものですが、冬は雪が深いし、早朝にはだれも歩かなくて道がつかない日もあり、学校に行けない日もあったので、冬分は下宿したものだス。下宿はカネではなく物納で、一日がコメ一升でした。

冬期間はだいたい一一月から、翌年の三月まででしたから、五ヵ月を下宿すれば一石五斗くらいのコメを必要としたから、大変なものでしたよ。その当時は、反収で五俵とれればいい方でしたからな。あのころはコメ一升が、二〇銭から二五銭でしたからね。高等科に行くのも大変でしたが、根子の人たちは自分で食べるのも我慢しても、息子たちを学校さいれたものだス。よく頑張ったもんだと思うスな。そのおかげで根子をでてからも、ええ暮らしをした人がでたのだスよ。

わたしは高等科を終わると、営林署の山さ植林に歩いたのだス。あの当時で、一日働いて六〇銭ぐらいだったスな。わたしど、わたしより一年先輩の人ど二人で、営林署の仕事を下請けしてる人のところさ行って、働いた訳だス。だども、使う人の目がら見れば、わたしらはまだ子どもだし、能率もあがらない訳だスな。ぱッとしないのだスよ。ある時こんど、うんと叱られたのだスな。親方は五〇歳以上になる人であったが、こんど口論になって喧嘩した訳だス。それで植林の仕事も、やめでしまったのだス。

夏は山仕事に歩いたり、山を伐り拓いて畑にし、大豆や小豆を蒔いで取ったり、アワとかヒエも蒔いたりしたスな。こうして荒蒔きして収穫したあとに、植林をしたのだス。山が新しい時は、小豆でも野菜でも、よぐとれだスな。

それから親父の後をついで、売薬に歩いたわけだスな。秋の収穫が終わると仕事がないので、出て行ったのだス。だいたい一〇月の末から歩いたスな。高等科を終わってすぐ、売薬に出る人もあったが、たいてい落ちてしまったス。商売というのはなかなか難しいもので、客になじめなくてやめてしまったのだスな。

家に伝わる「家伝薬」

昔は一子相伝というて、自分の子どもの一人だけに奥義を伝えた「家伝薬」というのが各地にあったわけだス。そこの家だけで代々つくってきたわけだが、秋田県内にだって相当にあったものだスよ。

根子の家伝薬の元祖は、わたしの家であったといわれているス。いつごろから薬をつくったのかわからないが、明治のはじめに薬をいれた袋が、いまも残っているス。おそらくわたしが思うには、大昔は取ったものをそのまま売ったのだと思うスよ。買った人が煎じたり、加工したりして飲んだと思うんですが、それだと背負って歩けば量がかさばるので、薬に加工してよけいな分は持って歩かないようにしたのではないですかねエ。

それが明治時代になると、いまの薬事法の前身ができて、当時は内務省が許可したりしたんだスな。いまは厚生省だけれどもねエ。「その内務省の許可をとった薬」だというのが、薬袋に印刷してあるのだス。許可をとった薬だから安心だと、売りに歩いたのではないですかねエ。いまの宣伝だスよ。

昔は阿仁の出稼ぎといえば、山子とか炭焼きくらいのものだったがらスな。それよりは健康のためにも薬売りの方がいいし、また利益もあったがら、多く歩いたんではないでスかね。だいたいマタギをやった人が、薬売りに歩いたスな。根子の薬は、動物が材料になってるのが多いから、マタギがそれを手にいれやすいので、自然とそうなったのではないですかねエ。

わたしが親父の後についてはじめて歩いた時は、ゴムの靴がなかったのだス。旅館に泊まることはなく、民家に泊まり、泊まりしながら歩いたものだスものな。泊まった家でワラ靴を編んで、それをはいて歩いたものだス。農家に泊まるものだから、ワラはなんぼでも貰えるから、不自由しなかったスな。旅館に泊まれば、こんなことはできねがらねエ。ワラ靴は切れるとつくり、切れるとつくっては履いだもんでした。たまに馬車さ乗ればいい方で、たいてい歩いたものだス。

最初に行ったところは、宮城県であったス。まず、家から鷹巣町まで行く前に一泊したスな。荷物も背負っているし、とても一日では行けなかったね。米内沢に泊まらないと、七日市まで行って泊まったス。鷹巣から汽車に乗り、秋田市に泊まらない日は横手まで行って泊まったものだスな。いまの北上線を通って、宮城県にはいったス。はじめの日は旅館に泊まるども、あどはずうっと民泊したものだスよ。

民泊すると非常に喜ばれるし、もでるわけだス。というのは、あのころはいまみたいに新聞とかテレビはないし、旅をする人から聞く話がおもしろいのだスな。それがまた、いまでいうニュースなんだス。あそこではこういうことがあったとか、そっちの方ではこんなことが起きでいるどがってね。泊めてくれる家では、こうした話を聞くために待っているのだスものな。夜の一時とか二時まで起きて、話をするわけだスよ。昼に歩いて疲れでいるたって、せっかく世話になってるもんだから、これくりゃの話はサービスしないといけないわけだスよ。

毎年行くものだから、向こうでは歩いて来る道筋をわかっているわげだスよ。だいたいいつごろになれば来るというのも、相手の方ではわがっていて、みんな待っているのだスな。毎年、その家に何日ころに泊まるというのが、あまり変わらなかったもんだス。

どんな薬を持って歩くかといえば、ふりだし（いまの実母散《じつぼさん》）とか胃腸薬、頭痛薬もあれば歯の薬もあるし、神経痛の薬もあればカゼ薬もあるし、婦人薬といった薬が多がったスな。背負って歩いたのは、一〇から一五種類はあったス。

わたしらが行くところには、富山の置薬も来てあったが、秋田の薬といえば、効くことで有名であったスよ。なんといえばいいのかな、処方がいいというか、動物の臓器を主体にしてつくった関係なのか、よく効いたものだス。植物を主体にした薬よりは、臓器を主体にした方がよく効いたようだスな。

　富山みたいに、置き薬もやったスよ。ただ秋田の場合は、ちゃんとした箱に薬をいれたのではなく、袋にいれて置いてきて、次にまわった時に代金を貰ってきた訳だス。あまり資金をかけなかったのだスよ。富山の置薬のような箱をつくると、今では一個で一〇〇〇円はかがるがらねェ。


　親父は女の子どもばかり生まれたあとに、三九歳の時に男のわたしが生まれたものだから、可愛がられだスな。薬売りに歩いても大事にしてくれたが、あれはわたしが一七歳になった時だスな。だんだん仕事にも馴れてきたし、一人で歩いて自分の力を試してみたくなったのだス。親父にすればまだ若くて、とても手離してはやれる年ではないども、わたしは一人立ちしたくなるのだスな。

　親父と従兄と三人で、青森に行くことになったのだス。これはいい機会だと思ったわたしは二戸で、「俺は北海道さ行くども、親父には鹿角をまわってから追いついてくると言っていたと、なんとかしゃべてけれ」と頼んだのだス。従兄も「仕方ねな」とわたしの頼みを聞いでくれたのだスよ。

　わたしは親父よりひと汽車遅れて、二戸を出発したのだス。青森に着いたのが、夜中の一二時だったス。地図を買って調べたら、函館はあまりにも大きいものだから諦めて、軍川に行こうと思ったのだのだス。駅の窓口に行って、

「ぐんかわまで行く」と言うと、

「そんなのはない」と言うわげだス。

「いや、ある」「ない」と言い合っているうちに相手が、

「それ、いくさがわのことでないか」と言うので、

「ああ、なるほど。そう読むのかな」と思ってキップを買い、連絡船に乗ったのだス。

　はじめて乗った連絡船のなかでは、漁師が酒を飲んでさわぐのでおっかなくなり、丸窓のところに寄っていたス。軍川の駅に降りたが、ぽちんぽちんと家があるだけなので、森に行って泊まったのだス。ところが、

「部屋がないから、相部屋にしてくれ」

と言うので、相客になって泊まったのだス。

　先にいた客から「はじめてか」と聞かれ、

「はじめてです」と答えたが、相客というのは富山の薬売りだったのだス。わたしの商売を聞き、「ほほ、同じだな」と言われ、「瀬棚《せたな》とか岩田に行けば商売になる」と教えてくれたス。はじめて北海道に来たと聞いて、可愛想になったのではないスかね。


　次の日、富山の人と別れて軍川に行ったども、薬がよく売れるんだスよ。内地の三〜四日分が、一日で売れるんだスな。薬がめずらしかったんだス。宿賃は内地にくらべると高いが、商売にはなるがらえがったス。

　軍川を歩いてから、商売になるという瀬棚に向かったのだス。途中で一泊し、そこから近道だという山を越えて行ったら、道に迷ってしまったわけだな。あの時は北海道が秋で、ジャガイモとかカボチャが多くでるのを、遠慮してあまり食べなかったものだから、腹が減ってきて大変だったスな。半日も行けば着くというのを、迷って山の上にでたら家が見えたので、そこに行ったら瀬棚だったス。旅館の人に、「どうしたの」と聞かれ、道に迷ったうえに腹が減って困ったと言ったら、笑われてしまったスな。これも若い時だから、できたことなんだス。

信用される人になる

瀬棚でもよぐ売れであったスな。昔は薬売りがあまり行かなかったから、よく売れたのでしょうか。確か三日目だと思うども、大きな会社の社長の奥さんのところに行ったら、「薬は欲しいども、主人からカネを貰えないので、この指輪を持って行ってけれ。来年きた時に、指輪と交換にカネを渡すがら、なんとか頼む」

と言われ、指輪を渡されたのだス。

どれくらいの値段がするのかわからないども、大会杜の社長の奥さんがはめでいるのだから、きっとええ指輪だべエと、持って帰ったのだス。まだ、指輪を見る目は、まったくながった年ごろだスからね。

ちょうどその時はまだ、瀬棚の道路の開通式がやられるというので、旅館でも客が多く、「なんとか相部屋にしてけれ」と頼まれたのだス。困った時はお互いさまなので、「ええ」と言ったらはいって来た人が、

「俺は江差の漁師の息子で、スルメを売りに来ているのだス」と言うのだものな。

わたしはそう聞かされた時、「おがしいな。函館みたいに大きなところに行けばよく売れるだろうに、瀬棚のような小さい港町になぜくるのだべね」と思ったのだス。わたしは昼に薬売りに歩くが、その人は昼は旅館にいて、夜になると出て行くのだスな。「スルメは夜に売れるものかな」と思ったりしたものだス。

ある晩、

「俺のおふくろが離縁されて、ここで暮らしているがら会いに行く」

と、ええ着物を着ると、めりんすの風呂敷包みを持っているのだものな。

わたしもその晩、大きな家さよばれでいた

ので、チョッキを着たらその指輪が落ちて、その人の足元にころがっていったのだス。その人は拾うと、「おお、ええ指輪だな」と、自分の指にはめでしまったのだス。

　その時に取り返せばえがったのに、まだすぐ会えるのだと思ってそのまま二人で旅館をでたのだスな。ところが、帰ってもその人はいないし、夜中まで待っても帰ってこないのだスな。

「おふくろのところへ久しぶりに行ったもんだから、泊まったのだな」と思い、朝にまだ薬売りにでたのだス。

　その日に瀬棚からでることにしていたので、昼に旅館へ帰ったのだス。すると、旅館に警官が来ているんだスよ。なんだろうと思って聞くと、その人は無銭飲食をして逃げたということで、二階に泊まっていた古着売りは、着物をひと揃い盗まれたというんだスな。それが夕べ着ていた、ええ着物だったのだスな。めりんすの風呂敷は旅館の婆さんの物だそうで、

「山田さん、何か盗まれたものはないですか」と聞かれ、

「指輪を渡しているス」といったら、警官にうんとごしゃがれだスな。

　指輪はそのままもどってこなく、バカくさがったス。話をすると全国のことを知っていたから、あれは常習犯だスな。

　そのあとは利尻島《りしりとう》や礼文島《れぶんとう》にも行ったが、一九三二年には召集になったス。兵隊には三回行ったスな。中支が二回、満州が一回であったス。兵隊からもどると、また薬売りに歩いたものだスよ。長年の取り引きだから、やめる訳にもいかないのだス。

　薬というものはおもしろいもので、主治効能は神経痛とか胃腸薬とか、あるいは頭痛にい

いと書いているが、薬は能書きほど効かないよとよく言うども、能書き以外にものすごく効くことがあるんだスよ。だからいつも薬を買って貰っている家に行ったら、その薬を飲んだ結果がどうだったかをよく聞いて、その知恵を蓄積し、薬をすすめるといい訳だス。

自分で自信を持っていない薬をいくらすすめても、相手が信用するはずがないでスよ。自分が心の底から、「この薬はいいものだ」と思ってすすめると、買ってくれるスな。相手を説得させるだけの熱意でやれば、相手に伝わるのだスべね。ところが、「この薬は効くかもしれないスな」具合の気持でしゃべっても、相手に熱意が伝わらないのだス。

薬を売りにくる人を、信用して貰わないといけないのだス。信用して飲まないと、薬も効かないものだスよ。とくに薬の場合は、そうでないスかね。飲み馴れた薬を続けるというのは、売る人の人柄に影響されるのではないかと思うス。売薬人は何十人といるわけだが、その人のつくった薬というのか、その人の持ってきた薬でないといけないという人が多いものだス。同じ薬を持って歩いているんだども、そうなんだスよ。ただカネにだけに執着して、売り放っしにしていると、人は離れていくスよ。自分で薬を飲む立場になって売らないと、人は、決してついてこないでスな。信ずれば、薬も効くものだス。ただ外交が上手だけでいいとか、口あんばいがうまいとかでは、一回とか二回くらいはいいがもしれないが、長くは続かないスな。

お客との関係が長続きするコツは、田畑と同じだスよ。立派な田畑が先祖から受け継がれても、手入れそのものがうまくないと、言い方をかえれば田畑をよくする努力をしないと、山の田んぼとか沢田になっていくものだス。商売もそれと同じで、自分の努力で開拓したものであっても信用が第一だから、まず信用を考えなければいけないと思うスな。やっぱり適当に話をしたり、いいかげんな商売をやっていると、人は相手にしなくなるものだス。この人たちは何をしても信頼ができるということになるのが、第一番だスな。そうなってはじめて、薬も順調に売れるようになるのだスよ。

　わたしが行く家では、富山とか滋賀とか奈良の薬売りも行き、その人たちは立派な箱を置いているども、その人たちの薬を飲まないで、わたしの袋にはいった薬を多く飲んでくれるスものな。立派な箱にはいった薬ではなくねエ。どこかにその人を信じられるところがあるからだべな、とわたしは思っているス。感触みたいなものだスべね。だからその人に付いた商売と、言うのではないでスかねエ。それを身に付けるまでが、大変なんだスよな。

　それから、薬売りが信用されるのは、まず薬の効き目だスな。どんなにいいことを言っても、いざという時にその薬を飲んでも効かないと、信用されないものな。昔は秋田で製造した薬はいい薬が沢山あったども、いまは使えないようなものもできているス。残念なことだス。

　昔は熊の毛皮も扱ったものだが、これは値が張るし、飾り物だものな。頼まれると持って行くども、普段は持って歩いても売れない人もあるし、すぐにぱっと売ってしまう人もあって、さまざまだスよ。毛皮はあまり無理して販売をしていないス。

　熊の胆《い》は、よく頼まれるス。昔はかなり扱ったものだスよ。熊の胆は、飲んでもよく効くがらスな。よく頼まれるので、よそで取ったのも買い集めたものだス。いつでも五個や七個は持っているス。食べ過ぎとか飲み過ぎには、とくによく効くスな。「大神丸」とか「救心丸」といった薬は、熊の胆が主なんだスよ。岐阜県の方に行くと、医者に行く前に熊の胆を飲み、それでもダメだと医者に行くという風習があるスよ。値段も高くて、熊の胆は一匁《もんめ》一万円以下では買えないス（一九八六年ころの話）。グラムにすると、二五〇〇円くらいかな。

後継者がいない

太平洋戦争にはいると、家伝薬も整理統合されたのだス。一つの県に一つの製薬会社がつくられ、家伝薬はつくれなくなったわけだスな。秋田県の場合は、家伝薬をつくっている人が株主になり、株式組織になったのだスよ。秋田県製薬株式会社となり、社長はしばらくのあいだ、知事がやっていたものだスよ。統制になると原料が配給になるので、それで薬をつくってはわたしたちに割り当てられたども、原料が少なかったから、いくらもつくられなかったみたいだスな。

いまもこの会社でつくったのをわたしらが仕入れ、売りに歩いているのだス。売れる薬は残し、売れない薬はつくるのをやめていったわけだスな。

この統制会社をつくる時に、家伝薬の秘法もみんな提出したのだス。厚生省が許可を出したものだから、秘法は厚生省で保存していると思うスよ。家伝薬はこうして個人でつくれなくなったども、薬にとってはよがったのが、それとも悪がったのかねエ。会社のように大きくなれば、代々伝わってきた秘法といわれるものは、ながなが生がせないがらスな。考えさせられるス。

いまは田植が終わった七月中旬に家をでて、お盆までの約一ヵ月間歩いているス。家でゆっくりお盆をしたあと、だいたい二〇日くらい歩ぐスな。そのあとは田畑の収穫が終わると、一二月初旬に家をでて、正月に帰るス。正月後にまだでて、三月いっぱい歩ぐス。昔は半年歩き通したものだが、いまは長くて一ヵ月ぐらいだスな。全部あわせて三ヵ月くらいは出ているども、昔にくらべると四分の一くらいになったス。

いま歩いているところは、岩手、青森、宮城と秋田県内で、昔みたいに北海道さは行がなくなったス。いちばんよく売れている薬は、胃腸薬とカゼ薬だスな。口がぜいたくになったせいか、胃腸薬のでる量がぐんと増えているス。

廻って歩くと、頭が痛いとか、腹が痛いが原因はなんだべと相談を受けることが結構あるスよ。わたしは医者じゃないから、ハッキリと答えることは出来ないども、五〇年以上も同じ家に行っててると、だいたい想像がつくスよ。そんな時は薬の効能書に近い答え方をして、それに合った薬をすすめるス。これはかなり悪いなと思う時は、「この薬はよく効くども、飲んでもまだ治らぬ時は医者さ行った方がええよ」とすすめているス。

いまの若い人は、商売に歩きたがらないスな。収入の面からいくとかなりいいのだども、一軒一軒と頭を下げて歩かないといけないから、なかなかやりたがらないのだス。人に頭を下げるのが、イヤなんだスな。

阿仁町の場合も、後継者がいなくて困っているス。若い者で三〇代が数人いるだけで、あとは七〇代のわたしたちが現役だス。親が死ぬと、そのままやめてしまうのが残念でスな。せっかく親が長年にわたってつくりあげた信用のあるお客が何百軒とあるのに、それをなぐしてしまうのだがらいだわしくて、いだわしくてねエ……。わたしたちがらすれば、それが最大の財産だからスな。失いたくない訳だス。できれば息子に継いで貰いたいと思うども、息子が好きでないからやらねとなれば、それで終わりだスものな。好きでないのを無理してやらせても、結果はよくないがらスね。結局はあぎらめるよりないと思っているとも、えらい苦労をしながら五〇年も続けてきたお客が何百軒とあるのだから、ほんとにいだわしいスな。

阿仁町には阿仁部家庭薬配置販売組合というのがあって、三五人の組合員がいるス。全員が鑑札《かんさつ》をとり、身分証明証も持っているスよ。根子にも鑑札をとり、身分証明証を持っているのが二二人いるども、やめでいるのが三人だスな。出稼ぎにで行くつもりで、好きな時に歩いているのが大半だス。昔歩いた得意先を捨てられないと、一年に一〇日間ぐらいとか、二〇日間ぐらいを歩いている人が多いスな。それで生計をたてているという人は、いませんねエ。それでも四人ほどは、収入を家庭生活の一部にあてているようだが、いまではこんな状態だスよ。そのうちにどんどん減っていくのではないでスかね。自分の手で家伝薬をつくっていた時は、一〇〇人はおったからスな。いまから見ると、まったく夢みたいな話だスよ。

わたしはこの仕事を五〇年ほどやってるが、はじめての家でも玄関に入ると分がるス。その家の人の対応に、でてしまうんだスな。この家ではこの薬を使うか使わないかが、わかるスよ。それから親父が買うといっても、カガァ（妻）がダメだといえば絶対に売れないス。これは不思議なほど、ほとんどそうだスよ。最後を決めるのは女だス。

山菜のことあれこれ

シノハとセリは早いスな。シノハは雪の少ない年だと四月末になると、小川とか田んぼの畦などに芽をだしてくるス。小川の雪が解けてトンネルのようになったところへ、腰をかがめてはいっていくこともあるが、泥土に生えていることが多いので、手足が泥だらけになることがあるス。味噌汁にいれてもいいし、ゆがいて醤油をかけて食べてもうまいスな。また、大根おろしに酢をいれ、ゆがいたシノハをまぜて食べてもいいスね。

野セリは雪の下でもう青くなっているので、これも雪が消えるとすぐ取れるス。栽培物にくらべると丈は短いが、匂いは強くて、春を感じさせる野菜だスな。

ヒロコやアサジキも、雪が消えるとすぐ芽をだしてくるス。根子の場合は、アサジキが多いスな。根っこのまま掘ってくるが、根っこは捨ててクキだけ食べているス。生で味噌をつけて食べる人もいるし、ゆがいて醤油をかけて食べる人もいるスな。味噌汁にいれてもうまいし、ネギの代わりにもなるス。春ニシンと煮て食べるのが最高だが、いまはそのニシンが手にはいらないスな。

同じころにカタコ（カタクリ）とかタラの芽もでてくるスな。昔はあまりタラの芽は食べなかったものだが、最近は秋のうちに、木を切っていく人もでてきたス。よそからはいってきた人だと思うが、これはよくないスよ。

雪崩で早く雪が消えたところには、四月下旬にはもうアザミやウドがでてくるス。アザミやウドがでてこないと、春という感じにはならないス。ウドは味噌汁に入れたり、ゆがいて醤油かけたり、ゴマ和《あ》えにしたりするスな。アザミは味噌汁にいれるほか、手でもんでアザミの黒い汁をとり、生で食べる人もいるス。醤油をつけてねエ。

コゴミもうんと生えるども、家の人たちは匂いが嫌いだといって食べないス。ゴマで和えるといいし、塩漬けにしておくのもええスな。

昔はヨモギの芽も取ったものだが、いまの人は取らないスな。正月に店から買ってくると、モチにいれる家が多くなったス。

アザミがでると、まもなくボンナとかシドケなどがでてくるスな。アイコもでるが、味噌汁にいれるか、ゆがいて皮をむき、味噌漬けにするといいスな。大きくなると、うらを取ってきて食べるス。

ワラビは煮付けるス。干す時は、ひと晩つけてから干すようにすればいいスな。五月の二番ワラビがいちばんうまいス。ホダを刈り取ると、三日もすればワラビが生えてくるス。「五月のワラビは嫁に食わせるな」というほどやわらかくてうまいスよ。ホダを刈ると、何回でもワラビは生えるスよ。夏でも生えてくるス。

フキは煮てから皮をむき、水につけてきだしを取り、それから塩漬けにするス。コヌカをつけて干し、それからつけると白くなるス。

ウリはつけ物が最高。味噌汁にいれてもいいが、急な崖に生えるので、取るのが大変だスな。

サガリ葉もつけておくとうまいスよ。煮る時に赤ガネを入れると、青々としてきれいになるス。業者が買い付けにくる時は、赤ガネを持ってくるスよ。

ただ根子あだりも、最近は杉林が多くなり、山が暗くなったので、一人で山にはいるのは怖い感じがするスな。

マタギの文化に何を学ぶか

マタギの里に寄せる近代化の波

交通の面では不便だったものの、豊かな自然の幸に恵まれていた阿仁町根子集落は、規模の大きな共同狩猟をおこない、しかも特殊な狩猟儀礼を持った専業的な狩人集団である阿仁マタギの本拠地であった。農耕作業は女性や年寄りたちにまかせ、狩猟期の冬と春にはクマやウサギなどの獲物を求めて山岳に入り、かつては信越国境の苗場山麓や奈良県の吉野方面にまで出かけて行った。そして夏と秋の狩りに出ない期間は、熊の胆《い》や薬草などを原料として製造した薬や毛皮などを背負い、行商に出る人が多かった。

だが、急速な人口の増加は農民たちを山や森へと進出させ、次第に狩猟民の農民化がもたらされたほか、野生動物の減少によって捕獲する獲物が少なくなり、狩猟では生計を維持していけなくなるにつれて狩猟をやめていった。わたしが根子の仮住民になった時は、もう専業のマタギは一人もいなかったが、かつてマタギを生業とした年寄りたちは沢山いた。

根子集落に住むようになってから一年間は、聞き取りもカメラを向けることもやらず、もっぱら人びとの中へ溶け込むことに努力した。二年目になってから少しずつはじめたが、最初に手をつけたのがマタギと、老婦人から昔の食料の保存方法と食べ方の聞き取りだった。

かつての秘境の地も、日本の高度成長とともに近代化の波が押し寄せ、萱《かや》屋根はカラフルなトタン屋根となり、農作業はトラクターに田植機とコンバインになっている。どこの家でも乗用車と作業用の小型トラックを持ち、毎日のように物売りの車がスピーカーを鳴らしながらやって来る。家に入ると朝から深夜までテレビがつけられ、台所に行くと電子レンジなどさまざまな最近流行の家電が置かれている。かつてのマタギの里は、マタギがいなくなっただけではなく、ごく普通の山村になっている。ただ、このことは何も贅沢なことではなく、都市から離れた山村であればあるほど、車やテレビや電子レンジは生活必需品なのである。山村の生活が都市化していくことは、ある意味では必要なことであり、都市部の生活者が近代化の波をもろにあびている現象と、同じに見ることは誤りである。

しかし、山村の人たちの息遣いの聴こえる暮らしを四年間ほどやり、取材とか聞き取りという方法ではなく、普通の会話の中で話を聴き、実際にその物を見せてもらったり、一緒に山へ入ったりしていると、表面からは完全に消えてしまったかに見えるマタギや、またマタギで生活を支えていた時代の生活の名残りが、根子集落の中で脈々と生き続けていることを知らされる。

最近は山村の農家でも、次第に自給自足から遠ざかるようになり、野菜とか味噌といった食品も自分の家でつくらず、買って食べる家が多くなってきた。農山村の自給率の減少と、農山村の生活の崩壊とほぼ同じ歩調をとっているとわたしは見ているが、根子集落でも他の県と同じに自給率は下がっている。ところが、調べているうちに、おもしろいことに気がついた。

米はべつとして、畑作ではダイコン、自家製の食品では味噌が、七五軒あるどこの家でも一〇〇%の自給であることだ。山あいの畑にダイコンの花が咲き、秋になるとどこの家の庭先もダイコンで一杯になった。そしていまでも生のまま土に穴を掘って埋めると土をこんもりと盛り上げ、その上にワラで編んだのを被せ、深く雪が積もってもわかるように、赤い布を結んだ棒を立てるのだった。

また、もう一つの味噌だが、どの家の蔵にも人の背丈ほどの大きな味噌樽が三、四本はあり、春先の陽気のいい日に庭先で大豆を煮て加工した味噌を、樽に仕込む仕事がどこでも見られるのだった。

根子集落でも他の自給率が低下しているのに、この二つだけが変わらないで残っているのはなぜなのだろうと、長く疑問に思っていた。ところがある日、根子でももっとも年長の元マタギの村田佐吉さん(八七)から話を聴いている時に、はっと思いあたった。クマの肉と一緒に煮るのはダイコンが最高であり、マタギたちが長い期間にわたって山へ狩りに入る時の食料は、米と味噌だけを持って行ったという。マタギやマタギの生活にとってもっとも大切だった物が、いまでも大事に守り続けられているのだった。マタギはいなくなったものの、狩猟はいまも続けられているし、クマなども獲れるのだから、残っていて当然なのかなとも思うが、わたしにとっては驚きだった。

昔も現在もそうだが、狩猟期間は大きく二つに分けられる。一二月から二月にかけての厳冬期は主にウサギ、テン、タヌキ、ムササビ、ヤマドリなどを主に撃ったもので、寒マタギとも呼び、数人で山に入ることが多かった。四月から五月にかけては冬眠から覚めたクマを獲る春マタギで、この時は八人くらいから、多い時には四〇人くらいの集団で山に入った。

　とくに寒マタギの場合は、長期間にわたって山に滞在するため、秋のうちに寒マタギをする場所を決め、水が近くにあり、雪崩の心配がない所を選んで狩り小屋を建てた。木を伐って骨組みをし、ササを刈って屋根をふく程度の粗末なものだった。米と味噌は秋のうちに運び、ネズミに食べられないように、缶につめて天井から吊しておいた。

厳しい作法と禁忌

　寒マタギも春マタギの場合も同じだが、狩りに出発する日はシカリ（総領で、最も老練なマタギがなった）を中心に決められるが、大安、友引、ウシ、トラなどの日はよいとされ、出産とか結婚などのあった家のマタギは参加できなかった。また、参加者全員が一週間前から精進し、妻帯者は同衾をしなかった。

　前日は全員山神社に参拝して豊猟と無事を祈った後、シカリの家で酒盛りをした。出発の日は夜明け前に起き、いろりに塩を入れ、火打ち石を打って身を清め、集合場所に勢ぞろいして入山した。山中での行動でも禁忌《きんき》は厳しく守られ、マタギ言葉という独特な言葉を使い、シカリの命令にそむいてはならなかった。禁忌を犯した者は、真冬の山の中で真っ裸になり、水をかぶって潔斎《けっさい》したが、水ごりをとらないと下山させられた。昔は禁忌が留守宅にもおよび、妻は化粧してはならないし、寝る時も山小屋での夫と同じに、体を丸めて横になった。

　現代の生活からすると、こうした禁忌や行動は荒唐無稽とも見えるが、マタギたちの仕事の場は、人の住まない山岳地帯であり、しかもその期間は、冬から春にかけての気象条件が最も悪い時であった。また、獲物とするのは野獣であり、使う道具は鉄砲であった。それだけにいったん山へ入ると、常に危険を背負って生活するといっても過言ではない。

　また、長い期間にわたって男だけの集団生活を維持していくのも大変なことで、そのため厳しい作法と禁忌とで自己規制をおこなうことは、山岳地帯で生きる人たちの知恵の結集とみていい。それに、マタギの発生には密教や山岳信仰が深くかかわっていることもあり、マタギの他に炭焼き、木地師《きじし》、杣夫《そまふ》、山《やま》師《し》(鉱夫)などの職人にも同じような傾向が見られる。敗戦直後の日本がまだ近代化の波に洗われる前に、十数年にわたって杣夫の仕事を経験したことがあるだけに、マタギの世界のわずかな一部だが、わたしには体を通して知らされた。

　マタギは最重労働の一つだが、そのわりには食事の量が少なかった。腹いっぱい食べると体の動きが鈍くなるからだというが、飯はブンヌキという竹筒に茶碗二杯分くらいを詰めたのが一人分で、おかずは山で帰りがけに仕留めたウサギやヤマドリなどを、内臓、頭、骨ごとブツ切りにして味噌煮したのが、おわんで一杯分が普通だった。

　狩りに出る時はクラゲヤという食料を入れた布袋を背負うが、中には小さなおにぎりが三、四個、カネモチというナマ米をついて作ったモチ二個、それに干しモチといり豆が少しと、味噌を入れた。そのおにぎりも昼食に全部食べたりしないで少しずつ食べ、狩り小屋へ戻るまで一個は必ず残した。腹が減ると干したモチとかいり豆を、歩きながら少しずつかじった。

　カネモチと味噌は非常用で、狩り小屋へ帰れなかった時に雪穴を掘ってこもり、ウサギなどを焼くと味噌をつけて食べたが、猛吹雪で、何日も狩り小屋へ戻れなくとも、食料が不足することはなかった。しかし、一〇日前後の寒マタギを一回やると、誰でも四、五キロは体重を減らした。

寒マタギは毛皮をとるのが主だったが、春マタギはクマを獲るのが目的だった。クマを仕留めると、マタギ独特のケボケ（解剖）の儀式がおこなわれる。まず、クマの頭を北に向け、左の足を下にしてあお向けにしたあと、シカリが塩を振って唱え言葉を三度繰り返す。クマは山から授かった自然の恵みなのでそのことに感謝するとともに、自分たちの犠牲になったクマの生命に祈りをささげたのであった。

いまでもクマを解体するのを見ていると、昔の儀式の一部がおこなわれているが、現代の経済合理主義が先行する社会の中では、海や山から獲る物だけではなく、田畑から生産する物に対しても、自然からの授かり物だとする思いは消えてしまっている。しかも、授かった自然の恵みだとする思いは、クマの処理を見ていると実によくわかる。糞になっている部分以外はまったく捨てないで、すべてを利用するのだが、その基本にあるのは、授かり物だから大切にしようとする思いから生み出された利用の仕方だとわたしは考えている。

ケボケの儀式のあとは皮剥ぎに入るが、断ち方によって皮が大きくなったり小さくなったりするので、最初に小刀を立てるのはシカリか、経験の豊かな人がやった。誤解しないでほしいが、経験を重ねることと、それが「豊か」になることとは別問題である。

剥いだ毛皮は裏返しにし、戸板などに伸ばしてクギで張りつけ、塩をふって乾燥させる。クマの場合は胆がもっとも大切にされるが、昔から「胆一匁《もんめ》（三・七五グラム）金一匁」といわれるほど高価で、いまでも万病の薬として珍重されている。クマの腹を裂き、胆のうの袋の上の部分を、ひもで固く結んでから切り取る。これをいろりの上に吊して一週間ほど乾燥させ、水分が抜けるとぬるま湯に入れて丹念にもみ、板にはさんで形を整え、さらに一週間ほど乾燥させると出来あがるが、重さは生の時の四分の一ほどになる。

クマの腹部を裂くと、腹腔内に大量の血がたまっている。温かいうちにマタギたちは交代して口をつけて飲むが、残った血はおにぎりにしみこませて持ち帰り、乾燥させてから粉末にして薬にした。皮の下に厚くついている脂肪は、ケボケした時は生のままで食べた。残ったのは焼酎に漬けたり、熱して精製したのをビン詰めにして保存し、キズ薬ややけど薬として使った。

頭骨は脳ミソが入ってるままで乾燥させ、蒸し焼きにして粉末にし、脳病の薬とする。焼酎に漬けた脳ミソも、脳病の薬にしていた。ほかの骨は、すりつぶして粉末にし、酢とか酒でねり合わせて打撲症の薬にする。肝臓を乾燥した粉末は、強壮剤としてよく効くというし、前足のてのひらは二、三日トロ火で煮つめてから、はちみつを加えて飲むと精力剤になるという。また、腸を乾燥した粉末は婦人病の薬になるというし、サタテ（オスグマの性器）も乾燥してから煎じて飲むと性病に効くというように、すべてを利用した。肉はダイコンを入れて煮たほか、干し肉にしたり、塩蔵《えんぞう》したりするが、とくに薬として用いた部分が多かったのは、医者の恩恵が薄かった山村の生活ぶりを知らせてくれる。クマの他の動物たちの場合も、クマと同じように利用してきた。

マタギたちはまた、山をよく知っているた

め、山菜、薬草、キノコ、川魚取りもうまかったし、それらを取っては自家用の食料にしたほか、薬草とかキノコなどは売ったりもした。山の果実を取っては焼酎につけ、薬用酒にした。昔のマタギは火薬なども、自分でつくったものだというが、頼ることが出来なければ、自分で工夫するよりなかった。代々にわたる工夫の積み重ねが、マタギたちの生活を支え、さらに独特なマタギ文化を生み出したのである。

現役を去ったマタギたちの記憶は、抜群といってもいいほど素晴らしい。三〇年とか四〇年前に歩いた山の様相を克明に覚えているし、これまで七十数頭のクマを獲ったというマタギは、獲った日と場所と重さと種類を一頭ごとに全部覚えていた。文字のない世界で生きた人だけが持っている強さであろう。

また、天候などはテレビの予報より正確だし、時計のまったくない部屋にいても、あるいは野山にいても、時刻も言いあてる。わたしは何十回もマタギに聴いているが、二〇分と違ったことがない。長年の勘というよりは、自然をよく見ており、体で感じるからである。

あるマタギは、自然のリズムも、人間の生活と体のリズムも似たようなものだと言っていたが、文明が進んでいくと自然とはどんどん離れていくので、わたしたちの目も体も、自然のリズムを感じ取れなくなってしまうらしい。しかし、マタギたちのことを調べていると、自然からとおざかるな、自然から学ぶ目や体をつくれ、自分の感性を大切にしろと教えられていることに気がつくのである。

朝市の人々

第3部　がっこにまんま

―食の変化―

※「がっこ」は漬け物、「まんま」はご飯のこと。

「青物」が消える

ことしも四月下旬から五月にかけて一週間、秋田県北の阿仁町の奥まった集落に借りている家で暮らした。この町に小さな家を借りて、ひと月のうちに五日から一週間ほど住むようになってから三年目になるが、日程をやりくりしながら、できるだけこの時期は住むようにしている。かつて東北の秘境とかマタギの里とよばれたこの山村の春は遅く、ちょうどこの時期にどっと春が訪れるのだった。冬が長いだけに春が来た時の人びとの喜びは大きいうえに、野山の変化もまた激しかった。そのことを山村の人たちと一緒に味わいたいので、このころに長く住むようにしているのだった。

春がひとかたまりになって押し寄せるこの時期はまた、青物が次々と出まわるのだった。青物というのは山菜のことだが、東北の山村の人たちはアオモノと言っている。半年以上も白い雪の世界で暮らしてきた人たちにとっては、雪消えと同時に野山に生える山菜は「青物」であった。こうした言い方の違いのなかに、深い雪に埋もれながら春を待っている人びとの春に寄せる思いが、鮮やかに刻まれているのだった。わたしは山菜を取ったり、食べるのも大好きなので、この頃に山奥へ住むようにしているのは、そのためでもあった。

まだ雪のあるうちに川岸に薄紅い芽を出してくるシノベから山菜がはじまり、やがて雪が消えると、フキノトウ、カタクリ、ヨモギ、アザミ、ウドと山の幸があらわれ、やがて山菜の王様といわれるボンナ、シドケ、アイコなどとともに、ワラビやゼンマイなどが出まわってくるのだった。山菜は干したり塩

山奥から「青物」を背負い帰ってくる山田ナカさん。

漬けにしておき、冬の大切な保存食になるので、青物取りは大事な仕事の一つである。雪が消えるとはじまる農作業の合い間をぬっては、山村の人たちは山に入って青物取りにはげむのだった。

わたしがこの町に住みはじめた最初の春も、山菜取りに何度も山へ行ったものの、収穫はゼロに等しかった。二八歳の時に海辺の町に移り住むまで、わたしは山村に暮らしていたので山には詳しいつもりだったが、二十数年間の海辺の生活で、山のカンをなくしていることを知らされた。それでも二年目の春には、山菜の豊かな場所を知人に教えてもらったりしたほか、山の生活の中でいくらか昔のカンが体にもどったらしく、結構取ることが出来た。三年目のことしの春は、ほとんど毎日のように山に入り、多く山菜を取った時には、家や知人に宅急便で送った。宅急便で送ると高くつくが、取りたての山菜は新鮮なので喜ばれた。

そんな暮らしをしていた五月初旬の、夕方のことだった。その日も昼すぎから山に行き、疲れて帰ったので早く食事にしようと台所でコトコトやっていると、わたしが家を借りている大家の婆さんが、山菜をどっさり持って来てくれた。七五戸あるその集落の中では、もっとも山を知っている婆さんの一人であった。

「あれ、こんなに沢山貰っていいの？　家の人たちが食べる分は、あるんですか」

「いまの若いもんは、青物を食べなくなったから、いいんだス。青物のご馳走を並べると、イヤな顔をされるスよ」

「じゃ、どんな野菜を食べているの」

「オレなんか名前の知らねエのを、店から買って来て食べているス。青物を食うのは、オレだけ……」と、寂しそうに言いながら帰って行った。婆さんの連れ合いは、六年前に病気でこの世を去っていた。

婆さんから貰った山菜を手にして、わたしはびっくりした。わたしが取って来るのにくらべて、数倍も立派なものであった。この地に生まれて今日まで生きて来ただけに、婆さんは山をよく知っているのにシャッポをぬいだ。しかも、立派な山菜は食べてもたっぷりと山の匂いがして、味がいい。

かつては春先になると、山村の家では食卓が山菜で賑わったものであった。そのことがまた、春が訪れた喜びを山村の人たちに伝えたのでもあった。だが、いまでは大家の婆さんが言うように、若い人たちは山菜を食べなくなった。クセが強いから嫌だ、という人たちが多いそうだ。そして洋菜に近いのを店から求めたり、畠にまいたりして食べているのだった。こうした点では、山村も都市部もあまり大きな差はないようだ。

その翌日、町の教育委員会に行き、昨年の一年間の学校給食の献立表をコピーしてもらった。阿仁町では小・中学校とも、月曜から金曜まで学校給食を実施しているが、家に帰って丹念に一月から一二月までの献立表を調べてみたら、山菜が一度も給食として出されていないのだった。なるほど、若い人たちが山菜を食べなくなっている原因の一つがここにもあるなと思った。もう一つは、給食をつくる所で働いている人は、若い栄養士をのぞくと四人とも四〇代と五〇代の人たちであった。彼女たちの頭にも、近くの野山にいくらでも生えている山菜、かつては山村の人たちの大切な春の食べ物であった山菜を、子どもたちに食べさせようという考えがなくなっているのであった。そして、カネを出して買わなければいけない洋菜類を料理して、給食に出しているのであった。

山村なら山村の暮らしがあってこそ当然なのに、食生活の中からは、山村の伝統的な暮らしが完全に消えていることを、ことしの春は十二分に知らされた。

花ごよみも用を足さない様変わり

雪国の春は、爆発するように一度にやってくる。融けた雪水は沢に集まり、濁水となって石をころがしながら流れくだる音が、谷間にひびきわたる。ヤナギやブナからはじまった新緑は、またたく間に山や野の木に広がり、コバルト色に深く澄んだ空に映えている。長い冬と闘ってきた雪国の人にとって、このころの季節は血のわく時である。


阿仁の山奥の集落には、昔、山ユサン（遊山）という行事があったという。旧暦の四月八日に村の女たちは、晴着をきて朝早く山に入ると、藤の花の枝を切って帰り、家の仏壇や神棚に供えた。十数年前にわたしが阿仁部に調査へ行ったころは、まだところどころにこの行事が残っていた。これは、花に宿る田の神を迎える古い行事であったが、ところによっては、春の山いりとか、フジノハナタテとも呼んだ。いかにも雪国の人らしい神の迎え方であり、春を家に迎え入れる風習であった。

阿仁に住みはじめて春になったとき、この行事がまだ残っているのかなと期待したが、消えていた。その代わりに、婆さんたちが手づくりの重箱を持って小学校裏の原っぱに集まり、一日を楽しく過ごしていた。やはり山ユサンと呼び、前は新暦の五月八日におこなっていたが、最近は五月五日の子どもの日

の休日におこなっている。どうして八日から五日になったのとスエ婆さんに聞くと、

「ほら、いまは五月の連休になっと、子どもたち夫婦は孫どこ連れで、遊びに行くでしょ。俺らたち婆さまは、車に乗る場所もないんで、家に残されっぺよ。誰もいない家にいっと寂しねから、みんなで集まることにしたんだわね」と言っていた。

五日が雨の時は、神社を山ユサンの場所にするということだった。スエ婆さんの話を聞きながら、わたしは感心した。連休に子どもや孫に棄てられたとこごとを言うよりも、時代が変わったんだからと諦め、自分たちで楽しむ方法をつくったことに対してだった。家に残された人たちが、集まって食べながら話をしていると、寂しさなんかふっとんでしまうだろう。これだったら山の神も、山ユサンの日を変えても喜ぶだろうと思った。

一度にやってくる春はまた、田畑の仕事や青物採り（山菜採り）に追われる時期でもある。雪の多く積もった年や、雪消えの遅い年は、苗代の上の雪に灰をまいた。いまは消雪用のタンカルをまくが、どんなに稲作の技術がすすみ、農薬などをふんだんに使うようになっても、「苗半作」といって、苗の育ち具合がその年の稲の収量を決めるため、最初の仕事である苗代づくりは大切である。

田植機が普及しても、山間部には稚苗植えはむかない。健苗でないと、春の冷害にやられてしまうからだ。わたしの住む根子の農家の場合は、一ヘクタール以上を耕作している人はビニールハウスで、それ以下の人は折衷苗代で苗づくりをしているのも、健苗をつくるためだ。根子の場合だと、だいたい四月二〇日前後に苗代へスジ（種籾）まきをする。

スジまきが終わると、畑のうねおこしや、

種まきが待っている。また、野山ではワラビ、ゼンマイ、フキなどの山菜が真っ盛りになるので、山菜採りも春の大切な仕事の一つである。山菜は干したり塩漬けにして冬の保存食にするが、婆さんたちは、

「いまの若けェ者は、山菜を食べなくなったスな。畑にもあんまり野菜を植えないで、買ってきて食べているものね。これじゃなんぼカネを取ってきても、稼ぎ不足だスよ」

と言う。近くの野山にいくらでも生える山菜を食べないで、洋菜に近いのを買って食べているのを阿仁でもよく見かけるが、山間部でも食卓は大きく変わってきているのだった。

でも、時間があると、自分だけが知っている場所に行って、ワラビやゼンマイを採ってくると干している。最近は業者が入ってきて、それらを買っていくからだった。それも大半が県外に流れていくという。かつては山村の人たちの食生活を補った山菜も、このごろではカネになって生活を支えるようになった。山村も自給の生活から次第に遠ざかり、カネの時代になっているのだった。

昔は「苗日三三日」といって、苗代にスジまきをしてから三三日目あたりに田植をするのが、最適期といわれていた。ところが、最近は苗の育て方も早まり、早い年は五月の連休明けに田植をする人もいる。遅い人でも五月中旬には終わるというように、非常に早くなった。そのため、花の自然暦などは、ぜんぜん用をなさなくなった。

昔は、早手のスジマキサクラの咲くころを、苗代のスジまきの目安とした。ヤマブキの黄色い花のことをタウチバナといって、この花が咲きはじめたから、そろそろ田打ちをはじめようかと言った。

また、タニウツギのことを、タウエバナ、

タウエサクラ、サオトメバナと呼んだりしたのは、タニウツギが咲くころに田植をしたからであった。

ところがいまでは、タニウツギが真っ盛りのころになると、もう田植は終わっているので、最近では「タウエオワリバナ」と呼んだ方が正しくなってきた。花の自然暦を目安にして野良仕事をした体験をいくらか持っているわたしからすると、農作業も大きく変わってきたのを知らされる。

また、ゆい(結＝共同作業)なども、ほとんどなくなった。以前は隣近所同士、親類同士、友だち同士で、労働力の交換をしながら田植作業をしたものであった。田植のほかにも、味噌煮ゆい、田打ちゆい、カヤ刈りゆい、屋根ふきゆいなどがあった。

それがいまでは、田植は機械を中心にした共同作業はいくらか見られるが、あとはなくなってしまった。わずかに残っているのは、家を建てる時の助けゆいだけだろうか――。そのため、ゆいで田植をした時は、終わるとゆい仲間が一軒の家に集まり、祝いの宴を張ったものだが、その「さなぶり」もむらから消えてしまった。

むら人がみんな一人ひとりになり、一家庭とか、ひと夫婦と小さくまとまるようになった。機械を中心に据えて、会話もエンジンの音に消されて黙々と働いている田植風景を見ていると、なんとなく暗い感じになってしまう。

でも、田植が終わって青くなった田んぼの近くの森に、タニウツギや藤の花などが咲き乱れている風景は、やっぱり美しい。畦道を歩くと、カエルが飛び散り、植えたばかりの若い苗の匂いがすると、ようやく忙しい春が過ぎたことを知らされるのだった。

白の世界に仄《ほの》めく“青”

雪国に伝わることばに、「あの人は彼岸の雪みたいにじぐ（根性）なしだ」というのがある。雪国でも春彼岸のころに降る雪になると、湿って綿のようにふわふわしているので、かなり積もっても、かっと陽が照ると、すぐに融けてしまう。そのためどんなに多く降っても、「彼岸のじぐなし雪だ」といって心配しない。

しかし、阿仁町根子のような豪雪地帯になると、春彼岸のころはまだ真冬である。四月に入っても、生き物のように空から雪が落ちてきて積もるので、何度も雪おろしをしなければならない。夜中に休みなく雪の降った朝は、家なのか山なのかわからないほど、集落は白一色の世界になる。根子の人たちは朝飯をかみながら外にでるとカンジキを履き、シャベルやスノーダンプで屋根の雪おろしと、おろした雪を片付ける仕事に追われる。

四月になると湿った雪になるので、重量も多いため、そのままにしておくと家が倒壊しかねないのだった。もっとも危ないのは、家がすっぽりと埋まり、雪がつながってしまう状態である。この雪が締っていく時に、下方に引く力が大きく、小屋などはすぐに潰されてしまうのだった。こんな時は、頑丈につくられている雪国の家も、ミシッ、ミシッと音をたてるので、昼食の時でもあわてて箸をおいて外にでると、屋根とつながっている雪を切るのだった。夜中の場合は鉱夫が使うようなライトをつけて、雪切りをはじめるのである。四月になっても根子の人たちは、雪との闘いを続けているのだった。

そして四月末、根子はまだ深い雪のなかに

あるのに、突然、春一番が吹き荒れる。根子は四方を山に囲まれ、すり鉢状の底の部分に家があるので、竜巻のように激しく吹くのである。春の風はケヤキや杉の巨木を根元から揺り動かし、家をきしませ、大地をも揺さぶる。春の嵐は一日のこともあれば、その年によって数日も吹き続けることもある。

雪は目に見えて少なくなり、融けた雪水は雪と大地のあいだを流れて、沢に集まる。冬のあいだは水が枯れて流れが細くなっていた小川は、雪解水が濁水となってくだり、川岸の雪をさらっていくのだった。春一番が吹きつけるのを、家にこもりながら胸を熱くしていた人たちは、濁流が岩にぶつかる音を聞いて、春の訪れを知るのである。

春の嵐は終わった。外にでてみると、四方の山々は蒸気でかすみ、青空はいっそう深くなった。春一番が去ると、黒くて小さい雪虫が、雪にまざっているのが見えてくる。「雪の中でも春がはじまっているのだ」と感動を覚える。

そして山では、木々の中で樹液が動きはじめるので、楓糖《ふうとう》の採集がおこなわれる。山奥の成長ざかりの楓の幹に穴をあけ、竹の割ったのを差し込み、その先に缶とか瓶などを吊しておく。その中に、動きはじめた樹液が、タタッ、タタッと落ちるのだ。この樹液が、雪国の人たちにいちばん最初に恵んでくれる、山の幸だろう。こうして採集した樹液は、煮つめて飴状にしてから出荷する。これが、タバコの加工にはかかせない原料なのである。

樹液が動くと、若芽も動きはじめる。いちばん早いのは、ヤナギとブナである。根元は厚い雪に埋まっているのに、梢では小さな淡いみどりが生まれて、青空をバックに美しく映えている。そして、時々、急な山の斜面では、雪のなだれがはじまる。遠くから沢伝いにその音が聞こえてくると、人びとの血は沸騰する。なだれのあった地帯に、もっとも早く春の幸が芽を出すからだった。

根子の人たちが、どの斜面はいつなだれが起きたかを、正確に覚えているのに驚かされる。それは、なだれがあって天候がいいと、何日するとアザミが生え、やがてウドが芽をだすかを知っているので、その時に山へ行くためであった。

木々に若芽が生まれ、なだれがあちこちで起きるようになると、白一色だった山々は、白と黒の斑模様に変わっていく。冬山から残雪の山へと移り、やがて春になるのだった。

この季節の山の雪はかたく締まっているし、夏だったら足にからみつく草やつるも、雪の下になっているので歩きやすい。ただ、雪に倒されて寝そべっている木をうっかり踏むと、びよんと勢いよくはね返り、急所を打たれることがあるから、油断はできない。間伐や枝落としなどの手入れがされていない杉林に入ると、雪の重みで根元から裂けている木や、枝が折れて幹も傷つけている木があったりして、痛々しい。

高いところに登ると、遠方の山脈が淡くけぶっていて、「望みは遠き山脈に／なきかのごとくひらめけり」とうたった大木惇夫の詩が思いだされ、胸がきゅっと痛くなる。遠い青春時代の日々が、よみがえってくるからだった。

このころになると、もっとも早い青物（山菜）が採れはじめる。雪国では山菜のことを青物と呼び、山菜採りを行くのを青物採りというが、白い世界で生活してきた人たちにとって、春先に出まわる山菜は、青物であった。長い冬を生き抜く雪国の人たちの心が、こんな言葉にも生きているのだった。

早く採れる青物は、「ヒコヒコ」とか「ぎしぎし」とも言うが、一般にはシノベとよばれる山菜である。小川の岸や、沼の岸などに生えるが、下から雪が消えて、背をかがめて歩けるようになった雪のトンネルに入って行くと、赤緑色の新芽が生えている。ぬるぬるするので採りにくいが、甘ずっぱく強い土の香りがして、いかにも早春の山菜にふさわしい。

シノベは熱湯でさっとゆで、おひたしにしたり、酢味噌あえにしてもおいしい。お汁にはなしても食べるが、阿仁地方には大根おろしに酢を入れ、シノベとまぜて食べる独特な食べ方がある。味つけは生味噌でも醤油でもおいしく、春が口いっぱいにひろがる感じで、いかにも雪国らしい山菜である。

ちょうど同じころに、野ゼリも採ることができる。野ゼリは田んぼに水を引いているセキなどで、雪の下でもう青々としている。一本、また一本とていねいに抜き取ると、流れている水で泥を洗い落として家に持ち帰る。丈は短く、根のひろがりも働く雪国の人の手のように太いが、栽培物にくらべると、野生の匂いが強くて味もいい。

シノベと同じにゆがいておひたしにしたり、みじん切りにしてお椀の味噌汁にさっとはなして食べてもおいしく、ご飯のおかずに、酒の友にと、早春の食卓をにぎわしてくれる。味噌汁にうかぶ青々とした色も、手に持って口に近づけると、くんと匂う春の香りも、長い冬を生きてきた人ほど感動して味わえるのだろう。

やがて春の野山は、フキノトウ、カタクリ、ヨモギ、アザミ、ウドと、次々と山の幸を生みだしてくれるのだった。

土曜日の宅急便

わたしの山荘がある阿仁町根子集落の戸数は、いまは七五軒。三〇年ほど前には近くに炭鉱があったので、その時は一三〇軒もあったと古老は語っている。その当時は銭湯や飲み屋のほかに、七軒も商店があってたいそう賑わったそうだ。しかし、その炭鉱も二〇年ほど掘って底をつき、閉山になってからは坑夫など関係者が次々と集落から離れていったので、戸数もどんどん減っていった。銭湯や飲み屋が真っ先になくなり、その次に店も消えていった。

それでも一〇年ほど前には、四軒の店があった。戸数は減っていったが、一戸当たりの人数が多かったし、中学や高校を卒業しても家に残る人がいたので、それなりに購買力があったのだろう。ところがその後は、学校を終えた若者が都市部へ出て行くし、若いカップルが生まれないものだから、出生率も低下していくばかりとなり、また寄る年波には勝てず、息子の住む都市部に家をたたんで離村する人が増えてくるようになると、店の売れ行きもぐんと落ちてしまったらしい。しかも、車で勤める人が多くなってからは、勤務先の大型店などで買い物をしてくるようになり、店もやっていけなくなった。いまでは酒、たばこ、雑貨などを扱う店が二軒と、理髪店が一軒だけになってしまった。しかも、生鮮食料品を置いている店は、一軒もない。いつ売れるかわからないなま物を店に並べても、損をするだけだという。結局、長持ちのする商品だけを扱うようになるのだった。

でも、そこはまたよくしたもので、夕方になるとスピーカーの音を最高にした移動販売車が、次々とやって来るのだった。魚、肉、豆腐、果物など、家の前に停まる車からなんでも買えるようになっている。少し値段は高いものの、品数も多いのでまったく不自由がない。わたしが山荘に行く時も、前は食料品をリュックサックに詰めて行ったものだが、いまはなんにも持っていかなくとも、一週間から一〇日くらいの暮らしが出来るのだった。米などは近くの農家から分けてもらっている。

昼間は人影の見えないこの集落も、夕方になると勤めに出ていった人たちが、車やマイクロバスなどで次々に帰ってくる。そのころに移動販売車が来るものだから、昔の活気をとりもどしたように賑やかになるのだった。わたしは山荘の窓からこの光景を眺めたり、また移動販売車へ買い物に行ったりして、静かな昼にはない賑やかさになるのだった。

ところが最近、この移動販売車と買い手のなかに、変化がでてきたのである。それまでは夕方にやって来る移動販売車は一台から二台だった。豆腐の場合は一日おきと決まっていたし、三台以上も来るのはお盆とか正月、あるいはお祭りの前日くらいのものだった。買い手たちも、移動販売車がこまめに停まるものだから、一人から三人くらいというのがもっとも多かった。こうした夕方の風景が、最近になって大きく変わってきたのだった。

まず、移動販売車が金曜日の夕方に集中するようになったことだ。多い日は四〜五台の移動販売車が、七五軒のこの集落に集まるものだから、金曜日の夕方はお祭りの時のような賑やかさになるのだった。しかも、移動販売車が積んでくる品物が、この日だけは違うのである。とくに魚の場合は、普段の日とはまったく異なり、高級魚がぐんと多くなるのだった。また、買い手たちも一軒から二、三人も出てくると、あれこれと魚選びに熱中するのだった。もちろん急にこのようになったのではなく、少しずつ変化してきたのだが、この変わり方がわたしには理解できなかった。毎週のように金曜日の晩にとくべつの行事があったり、客寄せがあったりするのでもないし、この晩はおいしい魚を食べるようになったということもない。どうしてこんなふうになったのかなと、はじめのころは思っていた。

移動販売車と買い手の変化と同じ時期に、もう一つの変化が起きていた。二軒ある店では、それぞれべつの会社の宅配便を取り扱っていた。わたしが阿仁町に住みだしたころは、たまに一個とか二個の荷物が店頭に積まれていたが、それほど利用されていなかった。ところが、ある日ふっと気がつくと、土曜日の朝に、二軒の店頭にそれぞれ、四、五個の荷物が積まれるようになっていた。送り先を見ると、大半が県外の大都市に住む人たちであった。

不思議に思って店のカミさんに聞いた。

「宅配便が随分多くなったスな」

「うん。だども、土曜の朝だけだスよ」

「土曜の朝だけ？」

「そうだス。ほかの日はあんまりねえス」

「どうして土曜の朝だけ、多いんだスか？」

「日曜に着くからだスよ」

ソンナコト知らないの、という調子で言われた。それでもよくわからないので聞くと、こういうことだった。

中卒や高卒で大都市に就職した娘たちが、やがて結婚して家庭を持った。だが、勤めの忙しさと料理ができないのと、親たちの娘可愛いさが相乗して、母親たちは金曜日の夕方に高い魚や肉を買い、夜中までかかって焼魚や肉料理をつくり、土曜日の朝に宅配便で送るのだった。その荷物は日曜に大都市に住む娘の家庭に届き、娘たちはそれを電子レンジで温めて、おふくろの味をいただくというのが、最近の流行なのだというのだ――。

蕎麦花幻想～甘い香りに魔力がひそむ～

九月に入ると、阿仁の里にはもう秋の風が吹く。空気が透明になり、夏はかすんでいた遠くの山々が鮮明に見えてくる。夏から秋に移ると、セミや草むらの虫たちの鳴き声が、いっそうカン高く秋を奏でる。自分たちのいのちがもうそれほど長くないことを感じて、生の証《あかし》を謳歌しているように聞こえ、胸がきゅうっと締めつけられる。

九月はまた、花の季節でもある。わたしの住む根子の人たちは花が好きで、どこの家の庭先も、花々でいっぱいだ。それに加えてソバやコスモスの花が、秋を飾るのだった。阿仁は白い雪の日が長いので、春から秋にかけて思いっきり沢山の花を植え、人びとは胸の中にさまざまな花の色をしまいこんでおくのだ。雪に埋もれた日々に、少しずつ胸の中から花の色を引き出しては、春を待つのだった。花の色を胸にいっぱい貯えた人ほど、長い冬を豊かに生きられるのである。

阿仁の秋を美しくするのは、庭先の花々のほかに、真っ白な花の咲くソバ畑がある。ソバは寒冷地や高冷地のものほど風味があっておいしいというが、かつては阿仁でとれるソバ粉はうまいといわれた。それは、高冷地なるがゆえに他の作物の育ちはよくないが、ソバならばたいていのところでも育ったから、多く植えられたものだろう。だからソバ畑は、山あいの斜面などによくつくられた。

しかし、日本が高度経済成長期に入り、農

村の人たちも誘致工場などへどしどし働きに出るようになると、阿仁の山あいからもソバがほとんど姿を消したが、最近になってまた、ソバ畑が見られるようになった。秋を白い衣裳で飾るソバ畑を見た日は、夜に眠っても目の底が真っ白になる。

しかし、阿仁では夏ソバはほとんどなく、秋ソバだけである。根子の親しい古老に、「どうして夏ソバを蒔かんの」と聞いたところ、「昔は畑に麻をうんとつくったからね」と言われて、なるほどと思いあたった。自分たちの着る着物を織る麻を刈り取ったあとにソバを蒔くので、大半が秋ソバだったのである。高冷地の畑で二作を取るには、なかなかうまい組み合わせである。昔の人たちの知恵が、ちゃんと畑に生かされていたのだった。

でも、いまは麻を植えないので、畑は春から夏まで休ませておき、ソバをひと作取って終わりである。いま、盛んに叫ばれている耕地の有効利用を考えると、どうやら昔の人たちに軍配をあげなければいけないようだと、ソバ畑はそっと教えてくれる。

はじめて阿仁住まいをした昨年の夏に、休ませている畑の隅をほんの少し借りて、八月の中旬にソバを蒔いた。ヘッピリ腰でタネまきをしていると古老が来て、

「ソバの種は土用に蒔けと言うとるから、もう遅いや」と注意されたので、

「ソバを取るんじゃないから大丈夫」

「じゃ、ソバさ蒔て何を取るんだァ」

「……」というひと幕があり、「春からたまに来てるあの男は、頭がちとヘンや」という話が、わたしがソバを蒔いたことと同時に、たちまち七五戸にひろまった。その早さには、いささかわたしもビックリした。

秋ソバは夏の暑い時に蒔くので、三日もす

るともう芽が生え、成長も早い。一五センチくらい伸びたころに土寄せをして、あとはそのままにしておくと、九月初旬には花をつけた。

ソバは一本の茎に何十もの花をつけるが、花は下の方から咲いてくる。ちょうど下の花が二つ三つ咲いたころのある晩、わたしは根子の知人たちに、「今晩はうちでご馳走や」と呼んだ。ときどき集まっては、酒を飲んでいる仲間である。全員(といっても三人)が集まると、わたしは電灯を持って畑に行き、花が咲きだしたばかりのわたしの蒔いたソバを、全部刈ってきた。全部といっても、ふた握りぐらいである。

ソバの茎を刈って帰ったわたしを、仲間はあっけにとられた顔で見ていた。なかには、この男はやっぱりヘンやと思っている人もいる。その仲間たちにはなにも答えずにビールをだして、さっそく料理にかかった。花をつけたまま五センチくらいに切り、半分はおひたしにし、残りの半分で天ぷらを揚げた。

テーブルに運んでいっても、おかしな顔をして誰も箸をつけなかったが、わたしがすすめるまま食べた一人が、「これはうめえッ」を叫んだものだから、わずかばかりの料理はすぐになくなった。ソバの花は香りが高いうえに甘いので、おひたしにしても、また天ぷらにしても、味がいいのである。わたしが大変な料理人だという噂は、数日のうちにひろまった。

ことしは春先に畑を借りて、大豆やササゲを蒔いたほかに、ソバも昨年より多く蒔いた。ことしは花を食べないで、ソバを取るつもりである。ソバの花が盛りのころになると、草やぶの中ではリンドウやヤマトリカブトのあざやかな紫が美しい。わたしのソバ畑は少しだが、秋の訪れた根子集落の緑のなかに、白く四角に区切られた畑がいくつも見える。

　ソバの白い花と甘い香りにひかれて、チョウやハチなどがソバ畑に集まってくる。とくにミツバチはたくさんやって来て、花から花へと渡り歩いている。ソバは他家《たか》受粉なので、実を結ぶにはどうしても虫の媒介が必要なのだが、そのために花は香りが高いのである。だからおひたしや天ぷらにしてもおいしいのだが、でもそれは、ソバにとって悲しいことに違いない。なぜかというと、実を結ぶための魅力を、逆に食べられてしまうのだから。ことしはそう思って、ソバの花を食べるのをやめた。仲間たちからは、また食べたいと何度もせがまれたのだが――。また、ソバからとれるハチミツは、ソバ独特の香りがして、冬に食べると目の前に、咲き続くソバ畑がぱあっとひろがってくるのである。

　夕方、あたりがうす暗くなり、肌寒い風が吹くころにソバ畑を通ると、花々が発散する甘い香りに囲まれる。ソバの白い花がけぶるように遠くまで続き、思わず夢の世界にいるような、あやしげな錯覚にとらわれてしまうのである。ソバの花は、人間を幻想の世界へと誘いこむ、不思議な魔力を持っている。昔からソバの花はそうだったようで、阿仁部でもソバの栽培が盛んだったところに行くと、ソバの花が咲くころに気がふれる人が多いとか、子どもは花の咲くころのソバ畑に近づけてはいけない、といった話が残っている。

　また、ソバの茎が赤いのは、隣村から嫁いで来た女が、村の青年と恋仲になって密通しているところを夫に見つけられ、殺されてソバ畑に埋められたため、その血で赤く染まるのだという昔話も伝えられている。ソバの花が咲く時のあやしい美しさに、わたしたちの祖先もさまざまな幻想を見たのであろう。

やがて受精した花の実は、青い三角形で下を向いてさがっているが、次第に赤みをおびてくると、「灯籠《とうろう》がついた」と古老はいう。赤い灯籠は茶色になり、まいて七五日前後に刈り取られるころは、黒い実になるのだった。

〝稔《みの》りの秋〟を満喫する

一〇月初旬の阿仁部は、空気が透明である。とくに早朝がとってもすがすがしく、外にでて呼吸するたびに、頭から胸のなかまで、さっと清められた感じになる。体のなかに残っている眠っ気も、きれいに掃き清められたようになるのだった。

そんなある朝、夜中まで起きていたために、寝不足で頭も体もけだるいのを外にでて、涼しい風にあたってほっとしたわたしは、「おやッ」と目を見張った。青い波から黄金の波に変わった稲穂の上を、キラキラと光るものが無数に飛んでいるのだった。目をこらして見すえるまでもなく、トンボの群れであることにすぐ気がついた。

ようやく谷間へさしこんできたばかりの朝陽が、気流にのって静かに流れていくトンボの透きとおった羽根に反射して、光っているのだった。羽根が光ることによって、トンボが飛んでいるのがわかるのだが、その風景を見たわたしは、「昔の秋がもどってきた」と、心で叫んでいた。

かつては夏から秋にかけて、澄んだ空にさまざまなトンボが姿をあらわしては、この季節がおとずれたことを知らせたものだった。夕暮れ時の秋の空を、無数のトンボが夕焼けに染まって飛んでいる風景の記憶を、農山村で育った五〇代の人たちだったら、おそらくほとんどの人が胸に秘めているだろう。

夏から晩秋にかけては、子どもの遊びにも、トンボに関係したものが多かった。手にいっぱい捕えてくると羽根をちょん切り、砂でつくった柵のなかに放したり、尻を切っては花をさして飛ばしたり、釣りのエサにもしたものだった。晩秋の寒い季節の夜には、明るくて暖かい家のなかへ何匹も入ってきたし、初霜《はつしも》のあった朝などは、道端にたくさんのトンボが死んでいるのを見て、子ども心に世のなかの無常を感じたものだった。

しかし、農山村の秋にいろいろな彩りを添えてくれたトンボも、水銀系の農薬などが多量に使われるようになってから、あっという間に姿を消した。トンボと同じように、イナゴやドジョウなども消えて、生産の増加と省力化一筋に生きてきた農民も反省し、毒性の強い農薬の使用を控えるようになってから、また少しずつトンボを見かけるようになった。

でも、昔のように群れて飛ぶようになったのは、阿仁の村むらでもごく最近のことである。それでも蘇ってくれたからよかったものの、永久にそのまま姿をあらわさなかったら、どんなに寂しい秋の風景になっていたことだろうと思いながら、目が痛いほどに光る朝のトンボを見つめていた。

秋のトンボは、透明な空気のなかで飛ぶ時がいちばん美しい。

このころになると、田んぼに通ずる道端には、刈り取って束ねられた稲がハサ（稲架）にかけられ、じゅうたんのように続く。ハサの稲が乾いてくるとその匂いがただよい、道を歩きながらなんとも豊かな気持になる。一年間の汗が結晶して生まれた匂いだからだが、晴れた日が何日か続くと、脱穀がはじまる。

それも、ほとんどの人が働きにでているた

田んぼの水口に立て、豊作を祈った。

め、日曜が脱穀の日である。その日はまだ暗いうちから、どこの田んぼでもいっせいに脱穀がはじまるのだった。前の日からハサにビニールやテントをかけて露をふせぐので、早朝から脱穀作業ができるのだった。袋に詰められた籾《もみ》は、小型トラックで家に運ばれる。どんどんと積み上げられるたびにぎゅっと音がして、農民の喜びをいっそう大きくした。

農作業の忙しい秋はまた、山ブドウやアケビの実が熟する時でもある。田んぼで脱穀作業をしている日曜にはさけて、普通の日に山へ行くようにした。一年のなかでもっとも忙しい時に、ブラブラと山へでかけるのは、仮住民のわたしも気がとがめられるからだった。

阿仁の山々は、山の幸の宝庫である。山の幸のある場所は、誰も教えてはくれない。自分の手で山の幸を取りたかったら、自分で探すよりないのだった。最初の年の秋は、大きなコダシを背負って山に入っても、コダシが空のまま帰る日が多かった。

だが、二年目になると山を見る目もいくらか肥えてくるし、人びとが集まるところへ行っては聞き耳をたて、あの山の方に山ブドウが多いらしい、こっちの山にはコクワがあるらしいと、わたしなりに見当がつけられるようになった。

秋晴れの午後、わたしはコダシを背にして山へ行った。あっちこっちと眺めながら歩いていると、沢にアケビの葉がこんもりと茂っているのを見つけた。沢におりてなんの気なしにブッシュへ頭を突っ込んだとたんに、「あッ」と声をあげた。あるわ、あるわ、水色の大きなアケビが、無数（と、その時は思う）に下がっているのだった。さっそくブッシュのなかに入ると、口をあけているアケビのなかに、水色をした果肉が見えた。取って果肉を口にすると、少年のころの味が全身にひろがった。なつかしい味だ。でも黒い種の多いのにはまいる。しばらくモグモグやってから、プゥッと種をとばしたあとで、アケビを取った。全部で一七個もあった。

コダシに入れて帰ると、根子の女性のなかでもっとも山に詳しいといわれ、わたしもよく山菜や薬草をもらっている、わが家主の婆さんに見せた。

「ええアケビだこと。どこの山にあったかい?」と聞くのを、

「うん、あの辺の山で……」と言葉をにごしながら、五個を置いてわが家に帰った。〈教えてたまるかい。あそこは俺のアケビ山だ〉と思いながら――。

その晩は果肉をとったのをゆがき、冷たい流れ水にさらしておいた。翌日の夕方、根子の友人を珍味があるからと呼び、見ている前で、水にさらしておいた果皮を薄切りにすると、油炒めにした。友人たちは、アケビの皮をはじめて食べると言いながら気味悪がっていたが、いざ食べるとおいしいと、何度も箸をつけていた。本当はつくってから三日くらい冷蔵庫に入れておき、味がなじんだころに食べるといいのだが、つくりたてのまだホロにがさが強い時もうまい。その晩は、阿仁の山の幸談議に花を咲かせながら、夜が更けるまで盃をかさねた。

友人たちが帰る時に、家の外まで見送りにでた。谷底からはいのぼってきた霧が、もう根子の家々をおおっていた。深い霧に包まれた根子はしっとりと濡れながら、初冬へと歩みはじめているのを、わたしはホロ酔いの肌で感じとっていた。

雪割り納豆

阿仁町は秋田県の中でも、有数の豪雪地帯である。その年によっても違うが、だいたい一二月下旬から一月にかけては、日中も薄暗いほどしんしんと雪が降り続き、積った雪だけで三メートルを超す年がざらだ。この雪と寒さが襲う約半年間、阿仁町の人びとの活動が大きく狭められてきた。四方を雪に囲まれた家の中で、昔はいろりを、いまは石油ストーブを抱きながらひっそりと暮らす。それでも最近は、道路は早朝に除雪車が通って除雪してくれるので、昔にくらべると非常に楽にはなったものの、それでも雪の積らない地域と比較すると、ハンディは大きい。だが、この雪と寒さを、雪国に住んだ人びとは、ただ「害」としてだけとらえてきたのだろうか——。

ことしの冬は雪が積るのを、わたしは夏から心待ちしていた。というのは、わたしの山荘がある集落から山を一つ越したところに住むハル婆さんをたずねて話を聞いたとき、お茶受けに干しモチがでた。よく見るとこまかいひびが全体にはいっていておいしそうだったし、食べるとサクサクしてうまい。

「うーん。これはうまいや」と言ったら、「寒《かん》につくったから」と、笑いながら言った。

最近は山村でも干しモチをつくる家が少なくなったが、それでも阿仁町の農家では、だいたい五軒に一軒くらいの割合でつくっている。ワラで編んだ干しモチは軒下に吊して北風にさらし、自然乾燥をさせているので、すぐにわかるのだった。昔は冬になると、どの家の軒下にも干しモチの白いカーテンが並んだものだが、いまはところどころで見られるだけになった。ハル婆さんも、

「オレがいなくなれば、干しモチもつくらな

干し餅

くなるべねエ」と、寂しそうに言っていた。

干しモチづくりは、冷え込みの厳しい時にやらないと、おいしいのができないという。ハル婆さんは寒にはいると、いつの日にもっとも寒くなるかを気をつけて待つ。七四歳を生きた長年の勘で、朝方に今晩あたりだなと思うと、自分でモチ米をふかし、自動式のモチつき器でついている。昔は臼でついたが、いまは息子に頼んでもモチつき器を使えというので、仕方なくモチつき器でついている。本当は臼でついたモチがいちばんいいのだが、爺さんはあの世に逝ったので、一人ではつけないのだ。

夕方になると、ハル婆さんは平らにのばしたモチをマッチ箱くらいの大きさに切り、吊るせるようにワラで編む。夜になると湯にモチをいれ、やわらかくなるまでつける。それから水に雪をいれた桶に一時間半ほど浸して冷やし、だいたい午後九時前後に軒下へ吊すのだった。この時に冷えていなければいけないのはもちろんだが、翌朝の冷え込みが氷点下の五～六度にならないと、いい干しモチにならないそうだ。それから一か月半ほど北風にさらすのだが、うまい干しモチになるかどうかは、冷え加減で決まる。ところがいまの人は、ほとんど働きにでているものだから、夜中まで起きていてもいい土曜の晩につくる人が多いそうだ。

「寒いといっても、雨が降るときもあるからスな。冷え込みを考えないで、いまの人はつくるものだから、ええ干しモチにならねんだ」とハル婆さんは言う。耳の痛い話だが、雪国でもおいしい干しモチをつくれない時代になっているのである。

そのときにハル婆さんから、冬に雪の中でつくる雪割り納豆はおいしいという話を聞いた。雪国で生まれて育ったわたしも、自家製の納豆を食べて育ったし、わたし自身も何度かつくっている。でも、それは家の中でつくったもので、雪の中でつくるというのは、見たことも聞いたこともなかった。わたしはさっそく、この冬に雪割り納豆をつくって欲しいと頼んだが、

「オレも一〇年近くつくってないんで、うまくいくかな。でも、まあ、そう頼まれるんであれば、最後の雪割り納豆をつくるべかな」

と、ようやくその気になってくれた。

冬がきて雪が積り、そして寒になった。わたしは山荘から、隣の集落のハル婆さんに、何度も電話をした。ハル婆さんも本気でつくる気になったらしく、

「明日やっからな」と、電話がきたのは、大寒の初日だった。

翌朝、ハル婆さんの家に行った。息子夫婦は工場へ働きに行き、孫たちは学校に行ったので、広い家に彼女だけがいた。ハル婆さんは煮上がった豆を、前々から編んでおいたワラットに詰めたのを一〇本ほどつくった。そのワラットをワラシベで厚く包み、ヒモで結ぶとムシロにくるんだ。それを外に持って行き、深さ一メートルほどの雪穴を掘り、その穴に埋めると雪をかけて固く踏みしめた。

これで本当に納豆ができるのかなと見ているわたしに、「できたら電話やっから、また来てけろ」と言った。

二日目に電話がきた。あすた来いというのだ。翌朝ハル婆さんの家へ行くと、ワラットを埋めたところに連れて行ってくれた。雪の表面に、小さい穴がたくさんできていた。納豆の発酵熱で溶けたのである。

その雪割り納豆のうまさは、かくべつであった。

ツキノワ熊

第4部

マタギと野生動物たち

―昔話採集―

［語りを読む前に］

野の鷹匠のこと

鷹匠《たかじょう》というのは、野生のオオタカ、ハヤブサ、クマタカなどを飼い慣らして、ウサギ、スズメ、タヌキ、ヤマドリなどの獲物をとる鷹使いのことである。日本では四世紀の前半

一九六四年二月に取材に訪れたときの鷹匠・土田林之助さん。「鷹とか鷲とかいった度胸のあるきかない（気の荒い）鳥は、すぐ人になつくようになるが、度胸のねェ鳥は、ぜんぜんなつかないものだスよ。」（本文より）

に、百済《くだら》の帰化人が調教した鷹を仁徳天皇に献上したのがはじまりといわれ、『日本書紀』に〝鷹甘部《たかかいべ》〟を設けたと記されているのがもっとも古い記録とされている。その後、鷹狩りは次第に盛んになり、平安時代になると歴代の天皇や貴族たちは、しばしば盛大な放鷹《ほうよう》の催しをおこない、京都の北野や嵯峨などに一般人立ち入り禁止の狩り場を設けるようになった。

スピード感にあふれた鷹猟は武士の間にもひろまって、戦闘訓練もかねた鷹狩りはますます盛んになり、源頼朝の富士山麓での鷹狩りなどは有名である。徳川家康なども鷹狩りに熱中したというが、江戸時代になると鷹を飼育する職掌として〝鷹匠〟を定めた。諸国の藩主もそれぞれ鷹匠をかかえるようになったが、それはあくまでも上層階級の遊びであり、一般の人が鷹を飼うことは禁じられていた。しかし、これほど盛んだった鷹狩りも明治時代になると次第に消滅するようになり、宮内省の式部職下に鷹師、鷹匠などの名をとどめるだけになったが、この伝統を引き継いでいるのが日本鷹匠クラブである。

しかし、こうした上層階級の鷹狩りとはべつに、鷹を使って狩猟をおこなう猟人が、秋田県と山形県の一部に存在していた。東北の山深い辺地にどうして〝野の鷹匠〟が存在するようになったかは不明だが、江戸時代の末期に秋田県雄勝《おがち》郡東成瀬《なるせ》村手倉の「佐竹藩番所記録」の中に、マタギと並んで鷹匠の名前が出ているというから、かなり古くからあったものらしい。伝統的な鷹匠とはべつに、山村に住む人たちがウサギなどをとるために独自にはじめたとも、マタギたちが広めたともいわれているが、羽後《うご》町上仙道《かみせんどう》の元鷹匠だった家にはマタギの巻物である「山達根本之巻」が残っているのを見ても、マタギとの関係は無視できないようである。

だが、伝統的な鷹匠はハヤブサとかオオタカを使用したのにたいして、〝野の鷹匠〟たちはハヤブサの数倍も大きいクマタカを使った。また、伝統的な鷹狩りの獲物の多くは小鳥であったのにたいして、〝野の鷹匠〟の獲物はウサギが主体であり、獲物は売って生活のカテとした。しかも、ハヤブサは一年、オオタカは数年という使用年限に比較して、クマタカは十数年も使えるという利点があった。

秋田県にはどれだけの〝野の鷹匠〟がいたかはわかっていないが、土田林之助さんの話によると、昭和初年ころに仙道だけで二、三〇人はいたという。だが、わたしが最初に鷹狩りの調査におとずれた一九六四年には、土田林之助さんと武田宇市郎さんの二人だけになっていた。その後、土田さんの息子の力三さんも父から手ほどきを受けて鷹匠となり、年老いた林之助さんが鷹狩りに出なくなってからは、武田さんと二人で鷹狩りをつづけていた。

林之助さんは一九七四年九月七日にこの世を去ったが、それから二年後の一九七六年二月六日の朝、力三さんは鷹の初訓練に出たまま行方不明となり、二日目に自宅近くの井戸に落ちて死んでいるのが発見された。そのため、現在では、武田宇市郎さんがただ一人〝野の鷹匠〟を守りつづけているが、後継者はいない。（土田林之助さんの話は、一九六四年一月二〜三日にわたって聞いたものをまとめたものである。）

鷹匠《たかじょう》口語り

わしは明治二九年（一八九六）の一二月一七日に、ここ仙道（秋田県雄勝《おがち》郡羽後《うご》町上仙道《かみせんどう》）サ生まれ、八歳の時に学校サあがったス。

学校といっても隣の集落の大きな家で、土田という土地の老人が、一人で一年生から四年生まで教えていた。勉強といっても書き方とか修身といったものだけで、教科書も二冊か三冊よりなかったものだス。

元気なころの土田林之助さん。

四年生を終わると、あとは学校なかったから、家で百姓させられた。昔は一五、六歳になれば、もう一人前の仕事をしたもんで、田畑の仕事のあいまに、木材工場だの、鉱山だの、伐採だのに働きに行ったもんだス。

ンだが、今のように遊びがなかったから、ひまがあれば相撲とって、勝ったの負けたのって騒いだものだス。わしもさかんにとったものだが、なにしろ体がこまかいもんだから、いつも負けてばかりいた。負けるども、相撲は好きでナ、毎日のようにぶつかっていたら、そのうちにだんだんと強くなってきたものナ。

からだに肉も付いで、一八歳のころになると、五〇貫くらいのものだと、簡単にかつげるようになった。そのころは馬車もなくてシャ、節のない良質の部分を挽きわけた長さ七尺五寸のブナ材を背負って、西馬音内《にしもない》（羽後町）の方サ運んだもんだものナ。一本で六五貫はあったナ。それを一人であふりながらかつげる人は、この山かげの笹子（旧鳥海村）に一人と、わしだけだったオな。毎日力仕事ばかりしてたから、力がついたのだべね。

この近くにヨ、たいした相撲の強い人がいであったものナ。なかなかコツのええ人で、このあたりの人は手むかい出来んがったア。その人と毎日のようにとっているうちに、わしもだんだんと強くなって、その人も手あましするようになったオな。他《ほが》の人には、負けることがなかったスよ。

あれは大正五年（一九一六）の夏だナ。一九歳になった時、西馬音内に京阪合併の相撲が来たんで、わしもいっちょうとってみたが、次々にとれる人がうんといるわけだ。ン、これだばわしだって相撲とりになれると、その時にこう思ったわけだが、わしは農家の跡とり息子だから、家の人に話しても許されるわけがねエど思って、黙って家をとび出して、一緒について行ったものナ。

大阪サ行くと、高田川部屋に入ったが、相撲の修業ってのは難儀なものでシャ。わしらのころは今と違って、朝はとても早かったナ。なぜ早いかっていえば、土俵サあがって稽古したいからだスよ。

土俵の上で稽古したのと山稽古したのとでは、たいした違うものだものナ。土にマルをかいただけの山稽古していると、マルから足が出ているか出ていないか分《わが》らねがら、気になって、思うようにとれねもんだが、土俵の上だとそんな心配はえらねエ。土俵で稽古してると踵《かかと》にも眼があるようになって、いま自分の足が土俵のどの辺《あだ》りにあるか、ちゃんとわかるようになるもんだ。だからなるべく土俵の上で稽古するようにしたもんだが、昼間だとわしらのような下っぱはなかなか土俵サあがれねがら、人のいない暗いうちに起ぎで、いくらでも多く土俵サあがるようにしたもんだス。

それでも次の年に三段目にあがり、西馬音内にもどって兵隊検査うけだついでに、家サ寄ったものナ。はじめは、なんだかんだと言って反対しておったども、この時はもうすっかり諦めでいであったス。そんタに好きだのを止めだって、なんにもならねエ、好きなようにやれって言われだものナ。

二一歳の時の一一月に、兵隊にとられで、弘前サ入隊した。歩兵であったス。二三歳の一一月に、お前は相撲とりになれって言われで、除隊になったものナ。除隊になったども、からだが弱っていたので、家で百姓しながら休養してナ、次の年の八月にまた相撲サ入った。

大正一一年の二月場所から幕下サついで、五月場所が終わったと思ったら、ほれ、シベリヤ事変がおきてナ、六月に又、弘前に入隊させられだア。八〇日ばかりして除隊になると、また相撲にもどったが、もう歳だからお前は相撲とりとしてはのびないと親方に言われでナ。それだば、いくら頑張ったって駄目だと思って、九月に相撲やめるど家サ帰ったス。

いちばん残念だったことは、のびざかりの年ごろに何度も兵隊サ引っぱられで、のびるだけのびきれなかったことだスな。わしだって兵隊に行かないで、相撲一本でやってれば、十両サだば、楽にあがることが出来たのにナ……。

家サもどると、百姓仕事したども、毎日がさびしくてナ。それでこんだ、気をまぎらわそうと思ってシャな、前から好きだった鉄砲撃《ぶ》ちをはじめたわげスよ。

その鉄砲の師匠というのが、わしの叔父にあたる三浦常吉という鷹匠であったわげス。あの当時だば、鷹使いはどんなにうまい鉄砲撃ちより三倍は獲物をとっていたから、これはおもしろいと思って鷹狩りに興味をもつようになり、わしも鷹匠になろうと思ったのだス。

そのころは、この仙道あたりにも、鷹使いがたいした居《え》であったスな。二、三〇人はいたんではなかろうか。その鷹匠たちはみんな、常吉の子分であったものナ。常吉は鷹使いだけでなく、鉄砲撃ちも名人であったスよ。あのころは一粒弾《だま》で撃ってあったども、百発百中バツバツ（よく当るの意）であったそうだア。

わしが習うようになったころは、だいぶ歳をとってあったがら、一緒に山サ行っても、二、三羽もとればさっさと帰って来てあったどもナ。常吉たちが若い頃に習った時は、寒中に雪の中で、裸になって訓練をしたもんだということであったスな。

わしが最初に手にした鷹は、たいした良ぐ馴らされた鷹であったス。隣の村にうんと鷹使いの上手な人がいてあったが、急に福島の方サ移って行くことになって、お前も鷹が好きなようだから、安くしておくから、俺のかわりに使って呉《け》ろと言われ、ゆずり受けたわげスよ。

安いといったって、そのころは鷹の値はよくてな、米一俵が五円五〇銭だった時に、五五円出したものナ。米一〇俵分の値だが、昔から、鷹は馬一頭と同じ値段だといわれたもんだが、あまりカネのやりとりのない時代だったから、五五円出した時は苦しがったスな。

この鷹は、よく馴らされていたので、雛から育てるよりは難儀しなかったども、鷹にもそれぞれ癖があって、どうすれば、よく獲物をとるようになるかも皆《んな》違うもんだから、そのコツを覚えるまでが大変でネ。他人が使うとよくとる鷹を、わしが使ったから同じようにとるということはないからスね。それに鷹を使うのははじめでだもんだから、しょっちゅう間違っては、そんなことじゃ鷹匠になれねエど、よぐ常吉叔父にどなられだものだス。

そんは間違いをやらがしているうちに、だんだんと鷹を使うコツも覚えるようになって、獲物も多くなってきたものナ。

わしは嘉平という人と組んでよく一緒に山サ行ったが、ひと冬に三四〇から三五〇羽のウサギのほかに、タヌキだのヤマドリなども多くとったものだスよ。いまは羽後町だけで一三〇人くらいの鉄砲撃ちがいるども、そのころは一五人くらいよりいなかったから、ウサギなどはうんといであったもんだス。それに牛だの馬だのはあまりつぶさなかった（料理しなかった）から、とったウサギもどんどん売れであったナ。

その当時はウサギ一羽の値段が、まア米三升くらいであったス。だいたい一日働くと、飯を食えば男は三升五合、女は二升五合、食わなければ男が五升で女が四升くらいの手間取りのころであったから、弾《たま》代だの餌代だのがかかっても、結構仕事になってあったネ。

それがいまでは、ひと冬に一三〇羽くらいもとれば、山にウサギがいなくなってしまうものナ。鉄砲撃ちが多くなったうえに、元折りの精密なものを使うものだから、昔みたいに手間をかけずにどんどん撃《ぶ》てるわげスよ。だから、鷹でとる分が少なくなったわげだスな。

ひと冬に鷹の働ける期間は約百日として、まア六〇日から七〇日山サ出て、一日に二羽ずつとったとしても、一二〇、一三〇羽では、話にもなにもならねエ。皮は三〇円、肉は三〇〇円から三五〇円くらいはするども、それも売ればの話で、今だば家で食ったり、隣や親類サ、ただでくれる分が多いから、勘定《な》にも何もなるもんでねエ。

こんな具合なもんだから、鷹匠がだんだんと減ってきて、わしと二人だけになったども、いまだば、しんから鷹が好きだから置いてるわけで、合うとか合わないの計算などしたら、とても置かれるもんでねスよ。まず、道楽だと思えば間違いねスな。

ところで、この鷹というものは、鳥のうちでもいちばん性質が荒いもんだものナ。そうだろう、七、八百匁のからだして、二貫目もあるようなタヌキをしとめるのだからネ。

だども、鷹とか鷲とかいった度胸のあるきかない（気の荒い）鳥は、すぐ人になつくようになるが、度胸のねエ鳥は、ぜんぜんなつかないものだスよ。カリだのカモだのヤマドリなどは、卵から育てて山を知らないようにしておいでも、放せばドンドンと逃げて行くが、鷹はそんなことはねエ。飛んであるくようになってからつかまえて育てても、なつくようになるものナ。

鷹は、巣から卵をとってきて、ニワトリに抱かせて生ませる事も出来るが、それよりも、親が生ませたのをとってきて育てる方が楽だスな。鷹をとる時期は、ちょうど田植と田の草取りの間にある夏至のころが、最適だナ。鷹が巣を組むのは里山ではなく、人の入らないような深い岳山で、このあたりでは、鳥海山の麓《ふもと》から、ええ鷹がとれるスよ。

鷹の巣は大木の上に、木の枝だけでつくるども、何年も同じ場所につくるもんだものネ。だから最初は小さいども、何年もたてば二尺も三尺も高ぐなってくるども、その巣のつくり方というのが、今年はこっち、来年はこっちというふうに交互に変わり、三年目で平らになって一段高ぐなるといった具合に、なかなかうまくつくるもんだス。

また、巣から五、六尺ばかり離れた上には、かならず枝があるものナ。これはナ、雛が大きくなれば、食いたいばかりに、狂ったようになって、親でもなんでも攌《つか》むので危険だから、上の枝にとまって餌をむしって口元へ落とすのだものネ。これが鷹の落し餌っていうのだども、良ぐ考えでるもんだスな。

鷹が卵を産むようになるまでは、少なくとも七、八年はかかるし、卵は一年に一つより産まない。それがまた、今年が雄だとせば（すれば）次の年は雌というように、交互に産むわけだスな。

また山の鳥はニワトリと違って、雌と雄とが、かわりがわりに卵を抱くものネ。スズメでもツバメでも、皆《んな》同じだスよ。

こうして生まれた鷹の雛を、大木に登って捕えるのだが、これがまた大変なことでシャな。親がどこかサ飛んでいった隙をみて木サ登っても、雛がギャッギャッとさわぐと、戻って来るがらスな。親が巣にいる時は、下で火をたいて煙でいぶして追《ぼ》ってから登るども、爪をたてられても大丈夫なように厚く綿の入った胴服《どんぶぐ》を着て、番傘をかぶっていくのだが、まンず生命がけの仕事だスな。

巣から捕えてきた雛は、ニワトリの肉とかヘビなどを、食いたいだけ食わせて育てるわけだス。この時期に食わせないと、一人前の鷹に育たないものナ。ンだろう、発育ざかりの時に食わせねば、人だって駄目だべシャ。

　こうして手塩にかけて、秋までに一人前にするわけだが、生肉ばかり食わせねばならねェから、鷹の値段が高いのもあたりまえだスな。

　雛の鷹は、できたら放し飼いにした方がいいのだどもナ。その方が丈夫に育つども、ニワトリだのネコだのにかぶりつくものだから、あぶなくて放しておがれねものナ。

　だから、箱に入れて育てるわけだども、秋が来て放しても上手に飛べないから、最初に飛ぶことを覚えさせるわけだス。飛ぶのを覚えさせてから、山サ連れて行って西洋ウサギをあてがり（あてがい）、ウサギを見れば自分の食い物だということがわかるように、訓練させるわけだス。いつも西洋ウサギってわげにはいかないから、時々毛布だの毛皮だのを投げてはかぶりつかせ、隠し持っていた箱から生肉をだして与えるわげだス。こうして、動く物にかぶりついたら、餌をもらえるのだというふうに仕込むんだスよ。

　いくらかでも、ウサギをつかまえるようになったり、追っかけたりするようになったら、もうしめたもんだア。それから十日もすれば、走るウサギをくわえるようになるものナ。

　それまでに仕込むのが、大変なんだスよ。はじめなんか、はねて逃げるウサギを、首をかしげながら黙って見ているものネ。ありゃいったい、なんだべと思ってるのだベナ。

　初めのころは、ウサギをくわえるとすぐ片足を切りとって、血のでるンまい（うまい）のを食わせて、鷹に味を仕込む訳だスよ。味を覚えてしまうと今度は、ウサギをとればンまい肉を食えるという事がわかるもんだから、真剣にとびかかるようになるんだスね。

　鷹がウサギをとらえるのは、好きだからやるわけではないスよ。ンまい肉を食いたい一

心で、ウサギに向がって突っ込むわけだからネ。したども（けれども）はじめの年は、四、五日もかかって一羽くらいよりとれないスよ。まア一年目は、たいした働きのある鷹にはならないスな。

冬の猟期が終わって春が来ると、鷹には肉をどんどんやって、ビンビンになるほど太らしておぐわげだスな。

それから夏がすぎて秋が来ると、こんどは脂《あぶら》ののった体の肉をおとしていくわげョ。ゴロゴロと太ってれば、ウサギにとびかかれるように体がきかないだけでなく、だいいち腹が一杯ダものだから、ウサギをとろうとしないのヤ。早く雪の来る年は一一月の半ばごろ、遅い年だと一二月に入ってから食わせないでおくが、その年に雪がいつごろ来るのかを見るのも、鷹匠の大切な仕事の一つだスな。

鷹に餌をやらないでおくと、すばらく（しばらく）はビンビンと張っている脂を食って生きるわけだスな。だから日が経てばだんだんと痩せできて、ンだねエ、三〇日もたてば、死ぬか生きるかくらいにガッガッと痩せてくるスね。この時期には、あばれるスよ。食いたいものを食わせないでおくもんだから、目に物が見えなくなるほど狂って、子どもでも犬でもニワトリでも、そばにいる生き物サだば、なんサでも飛びかがっていくようになるスな。

こんなふうにして体をからして、あと四、五日で死ぬっというとこまで痩せらせるのだども、これを見るのが難しいんだスよ。少し時期を見間違えば、鷹を殺してしまうスがらナ。それくらいに痩せらせてから、また少しずつ餌を与えて体に力をつけていくわけだス。あまり痩せらしてしまうと、ウサギを追って飛ばなくなるし、追っても一羽か二羽追えば、ハカハカと胸で息をつくようにがおけて（力がつきて）しまうものナ。だといってまた、腹がきつくなるほど食わせると、ぜんぜん追《ぼ》わなくなるし、このあたりの呼吸がなかなか難しいわけだスな。

こんなことは、やはりなんといっても、鷹を相手に何年も暮らしてみねば、わがらねス。

また、ぜんぜん仕込まない鷹でも、腹が減ると一羽や二羽はとるが、食って腹がきつくなれば、あとはとらないものナ。まア、腹がきつくなればとらないのは、どんなに仕込んだ鷹でも同じだスよ。だから、獲物をとるような腹具合に、鷹を仕上げねばならないわけだス。これが、鷹匠のいちばんの仕事ってことになるベナ。

雪が来て寒くなると、毎朝晩に一時間くらいずつは、火にあててやらなければ駄目だスな。痩せているので寒さがこたえるから、温かみを背負わせて、可愛がってやらねばいけないのだス。冬にかぎらず、いつでもそんなふうに手をかけていることが、大切なんだオね。そうやってるがら、なついてくるわけだし、鷹のからだの調子もよくわかるわけだスよ。とくに山サ出る日なんか、念入りに温かみを入れないと駄目だスね。

鷹というのはかしこい鳥で、朝に火サあてる時のかげんで、今日は山サ行く日か行かない日か、ちゃんとわかるんだスね。山サ出ない日は、自分じゃそうでないつもりだが、どうやら手当てかげんがうすくなるものらしいんだネ。それでわかるのだスな。あらい鳥だども、こまかい神経をもっているんだスね。

また、鷹というのは不思議な鳥で、今日は食わせものをしない日だとわかれば、朝に糞をたれないども、今日は山サ行って餌をもらえる日だと感づけば、朝のうちに、すっかりたれでしまうものナ。食わせないとわかれば、何日も糞をたれないでいるスよ。

これもまた鷹の不思議なところだども、後はしばらく餌をもらえないということがわかれば、その肉をちゃんと喉《のど》サとっておぐものナ。なんと、三日も四日もとっておぐシド。そうなれば喉の中で肉がくさって、虫がわいてきたりするものネ。虫がわけば腹痛を起《おこ》したり、下痢したりするのですぐ分《わが》るども、秋に絶食させる時は、ほんとに困るスド。だから って、食わせてやることできないスな。

また鷹は、腹が減って面倒くさくなれば、肉を大きくちぎると、骨も毛も一緒にのみ込んでしまい、それからこんど腹の中で選り分けて、毛なら毛、骨なら骨といったふうに吐き出すといった、非常に自由のきく鳥だものナ。鷹のこうした習性を知らない人は、骨をのみ込んでいるのをみて、ありゃありゃ、鷹が骨をはばけてる（喉に骨をひっかけてる）っていうども、そんなことはねエ。鷹の腹の中は、鷹匠がいちばんよく知っとるものだス。

ほんものの鷹匠になるのは難儀なことだども、最近は経済的にもますます合わなくなってきたから、容易ではないスよ。鷹にはいつも生肉を食わせないと駄目だから、まア春から秋までの間に、餌代だけで一万円は楽にかかるネ。夏はニワトリやアヒルなどをつぶして食わせるから、生肉の心配はないども、そんなに家にいる（飼っている）訳ではないから、買わないといけないので、高くつくわけだス。

前にもしゃべったように、鷹使いは生活のたしにならないから、元をかえすことが出来ないのだスよ。だから、ええ鉄砲が流行《はや》ってくると、みんな鷹をやめてしまったども、わしはやめるつもりはねス。

朝まに、腕サ一貫目近くもある鷹をとめて山サ出かける時なんか、いやア、なんともいわれねエ、さっぱりしたええ気持になるスな。冬になって、毎日山サ歩くようになれば、今日はどこの山にウサギがいるがってことが、手にとるようにわかるスよ。

鷹の眼は人の何倍もきくから、わしが見つけないうちに見つけてナ、羽根をキュッとしぼめて、「それッ」と声をかけるのを待っているども、この時はなかなか姿がいいもんだスよ。そういえばウサギはおとなしいが、それだけに神経がこまかいのか、一度鷹が追《ぼ》った山サは、一週間くらいは、姿をあらわさないようだスな。弱いものは弱いものなりに、自分を守る方法を知っとるものなんだスねエ。

それからウサギの食べ方だども、何といっても、とってきたてのウサギを、ブツブツ煮するのがいちばんンまいスな。皮を剥ぐと、はらわたも身どり（骨と肉に分ける）もしないで、ブツブツと大っきく切ると、大っきた（大きな）鍋サ五羽も六羽も一緒にぶっこんで煮るわけだスよ。とくに臓腑は、ンまいもんだス。

冬のウサギは、木ばかり食っているから、青臭い匂いがないから、糞なんかも実にンまいスよ。初めての人は、糞も一緒に煮てるもんだから、嫌って食わねども、馴れでこいば（くれば）、ンまい、ンまいって食うようになるス。夏に草を食ってる時は青臭い匂いがするども、あれは糞からでなく、肉から匂いが出るものなんだス。

しかしまア、ブツブツ煮しなくとも、ウサギの肉は軽い味だから、誰の口にも合うスな。ニワトリの肉は嫌いだという人でも、ウサギの肉だと喜んで食べる人がいるスな。ただウサギの肉を煮た時は汁がにごるから、できたら醤油で煮るよりは、味噌で煮た方がンまいし、見た眼にもきれいだスよ。それから、焼ぐと肉がゴツゴツして固いども、それでも結構ンまいもンだス。フライで焼ぐ時は、あんまりこまかく肉を切らないで枝のままでやった方が、ゴツゴツと固くならないから、ンまく（上手に）焼けるスな。また、生《なま》のまンまで食うのもンまいスよ。山サ行って腹が減って食う物がない時なんか、よく生で食うども、あたるようなことはないスな。

わしはもう六八歳になって、若い時みだいには山を歩けなくなった。昔は一日に十数里も雪の山を歩いても、何ともながったものだども、今じゃ、とてもそんな気力はねエ。それで奥山サは入らねで、主に里山ばっかり歩いてるども、鷹狩りのほんとの味は、里山にはねエ。やっぱり奥山にかぎるスな。

鷹匠もわし一代で終わりだろうが、時代が鷹狩りを必要としなくなったのだから、それも仕方のないことだろうナ。駄目になったものは消えていく、鷹狩りにかぎらず、それが世の中というものだべネ。

〔語りを読む前に〕

昔話採集のこと

この昔話集（※248頁注を参照）の舞台となっている阿仁は、秋田県北秋田郡阿仁町というように一般には考えられているが、実はそうではなく、上流の阿仁が鉱山として発展してきたところなので、のちに阿仁という名称に統一され、阿仁川流域全体を阿仁と呼ぶようになったものである。古くは北秋田郡地方は比内《ひない》、椙淵《すぎぶち》（阿仁）と称し、のちに比内部、中央部、阿仁部というように、大きく三地域に分けられていた。しかも、その阿仁部をさらに詳しく見ると、阿仁はその水脈によって大別され、東方の大渓を大阿仁とよび、西の一渓に属する地域を小阿仁と称した。また、大阿仁は大又と小又に分け、小阿仁は上下小阿仁とし、その町村名も荒瀬、阿仁合、前田、米内沢、上大野、下大野、落合、下小阿仁、上小阿仁の九ヵ町村であったが、戦後の町村合併促進法の実施によって現在は合川町（現・北秋田市）、上小阿仁村（現・北秋田郡）、森吉町（同）、阿仁町（同）の四ヵ町村になっている。

また、阿仁という語源も明らかにされていない。「一説にはアイヌの沢から出たともいい、蝦夷語でアンニは木立を意味し是から転じたものとも又いう。総じて阿仁部とは山間地なれば森林の多い阿仁川上流地方を主として呼びたるもので、阿仁の中心なる米内沢はヨブナイで首長の部落の沢ともいわれる。又内は沢或は谷と言う説あり、後述する如く阿仁と椙淵の関係を穿索するに椙淵の語源はシリベツにして河流に因あり阿仁は山林に縁あれば阿仁川の下流地方は椙淵で上流地方は阿仁であったと思われるという一説もある。更に他の一説では房住山昔物語りに大瞳寺の檀那沖田面の高倉長者の長女の婿を大兄といい、長兄（実子）を小兄といい家督争いで大兄の居る沢をば釜が沢と呼ぶとあり、阿仁の名称はこれから出たというけれども阿仁に附合した伝説とみなければならぬ」（『阿仁合郷土誌』）としている。なお、阿仁という名称がはじめて登場するのは、明和三年（一七六六）九月の書上神社調薬師堂の部に、「大永二午年四月八日寄進大阿仁城（本名葛西氏）常陸入道平の季定の別堂吉楽院」とある項目だとされている。

秋田県の場合は、古代からすると概して県南から早く拓けているが、遅いといわれる県北でも阿仁部が開村されたのはかなり古いとされている。しかし、集落としての体裁を整えたのはずうっと後のことで、元禄年間（一六八八～一七〇三）に現在の集落の大半が形成されたといわれる。概して早く開村されながら、集落としての形成が大幅に遅れたのは、阿仁部の生業や産業と深く結びついていた。それは、阿仁といえば多くの人たちがすぐに想い浮かべるように、マタギと鉱山とが栄えた土地だったからである。そして、阿仁に伝わる文化や伝承もまた、これらの生業や産業と密接な関係を持っていた。

阿仁部の中の阿仁町は、東西二〇二キロ、南北二三・八キロ、面積が三七一・二三平方キロという広大な地域を占めている。しかも、秋田県の中央にある太平山（標高一一七〇メートル。以下同じ）から東に白子森（一一七九）、大仏岳（一一六六）、大覚野峠（五八二）、掬《ぶな》森（一〇一五）などの奥羽山脈に連なる山々を境にしているし、東部は河辺郡河辺町に接し、それぞれ三枚平山（九三一）、根烈岳（八三五）、姫ヶ岳（六五〇）を境にしている。また、掬森から北西にのびる割沢森（一〇二五）、森吉山（一四五四）の連峰を境にして森吉町に接しているというように、山岳地帯が阿仁町の全面積の九三パーセントを占めているという山村である。

　こうした山岳地帯に、大小の集落が阿仁川をはじめ、打当川、比立内川、根子川、荒瀬川、小様川などに沿って点在しているのだが、もっとも高地にある上佐山集落は海抜三〇八メートルもあって、平均気温は一〇度六分、一一月中旬から一二月初旬にかけてだいたい根雪となる。積雪期間は一五一日といわれ、一二月から一月にかけてはほとんど晴れ間のない雪降りの日がつづく。苗代から雪が消えるのは四月一〇日から二〇日ごろにかけてだが、積雪の多い年は二〇日すぎになっても苗代に雪が残っていて、土をまいたり、焼いたモミ殻をまいたりして雪消し作業をおこなう。阿仁町の集落は、海抜一五〇メートル前後の地帯にあるのが多いために、冬期間の積雪は平均して毎年二メートル、山岳地帯では三〜四メートルにも達するために、交通や住宅事情などが好転した現在でも、阿仁部の生活環境は非常にきびしいものがある。

　だが、四方を深い山岳に囲まれた阿仁部は、自然条件はきびしかったが、資源の宝庫であった。山々には深く木々が茂り、熊や鹿や羚羊《かもしか》たちのような鳥獣のゆたかなすみかであった。川に遡河魚《そかぎょ》群のうろこがきらめいていたのは、根子小学校の校庭に保存されている「鮭石《さけいし》」と呼ばれている魚形文刻石が示している。石器時代中期の遺物といわれるこの石の表面に六尾、裏に二尾の魚の姿が彫られている。そして地下には無限の鉱床であり、鉱脈がゆたかに眠っている埋もれた未来の地域であった。

阿仁部は一般に奥羽の秘境という呼び方をされているが、これは同地域のいくつかの集落に伝わっていたマタギとも深い関係を持っていた。阿仁地方にいつごろからマタギが定着するようになったかははっきりしていないし、マタギという語源も明確ではない。菅江真澄はマタギに関して多くのことを書き残しているが、その中でマタギはマタハギからきたのではないかとしている。マタというのは科《しな》の木の皮のことで、これを剥いで布を織ったり、縄をなったり、蓑《みの》をつくったりしたが、これを業とする山賤が狩りもしたために、出羽・陸奥の狩人をマタギと呼ぶようになったと推定している。また、柳田国男は狩人たちが使う息杖《いきづえ》のマタツボから起ったとしているし、アイヌ語のマタウンパ（雪山で狩りをする人の意味）からきたのであろうという説をとっている人もいるが、いまだに定説はない。ただ、狩猟を意味する古語であることは間違いなさそうである。

秋田県内にもマタギ集落は多かったが、とくに阿仁部に多く集中しており、阿仁町だけでも打当、比立内、根子、露熊、萩形、八木沢などがそうであった。現在ではどこの集落もマタギの面影はとどめていないが、かつてはこの集落のマタギたちは冬から春にかけて、集団を組んで狩猟に出かけ、主に熊を取って生計をたてていた。しかも狩人たちの行動範囲は非常に広く、根子マタギの場合を見ても、東北の山々をはじめ、遠く越後の八海山、越中の立山、信州と越中境の白山、信州と飛騨境の乗鞍岳、穂高山、加賀の白山、さらに古野連山にまで足を伸ばしている。なお、鈴木牧之『秋山紀行』には、信州の秋山郷にいた秋田マタギたちのことが詳しく記述されている。そして狩期ではない夏と秋の間は、熊胆《ゆうたん》や薬草などを原料に製造した、薬物の行商に出る人が多かった。マタギといえば秘境というように一般にはとられてしまうが、むしろ彼らの生活範囲は普通の農耕民などにくらべてはるかに広く、それだけ外部からさまざまな文化や技術などを吸収してくることが出来た。一般に言われているように、秘境の民などではなかったのである。

もう一つは、阿仁部での鉱山の開発であった。口承によると延慶年間（一三〇八〜一〇）に湯口内沢ではじめて炭焼きが砂金を採取し、その採取に従事した人びとが湯口内という集落を構成したもので、これが阿仁町でもっとも早い集落であると伝えられているが、このことを裏付ける資料はないという。正確には天正年間（一五七三〜九一）に阿仁向山が発見され、つづいて阿仁の板木沢（いまの糖内沢支流）が金山として栄えたが、寛文一〇年（一六七〇）に銅山となった。同年に秋田で茶船店を経営していた大阪の吹屋（精錬業）兼銅屋の北国屋右衛門の手代だった高岡八右衛門がいまの小沢地区極印沢に銅山を発見し、さらにそれと前後してつぎつぎと銅鉱床が見つかって一一の銅山となり、それらが総称されて阿仁鉱山と呼ばれるようになった。

当初の阿仁銅山は佐竹藩の直営ではなく、一一の銅山が一一人の山師によって経営されていた。直接に採掘にあたる金子や掘子たちは、紀州の熊野銅山からやって来た人が多かった。そのほかには、越中、越前、越後などをはじめ、備前や備中などのように、全国各地のヤマから集まって来たが、やはりその山師の出身地から坑夫を連れてくる場合が多かった。この人たちは阿仁まで陸路で来た人もいたが、北前船で能代港に着き、さらに米代川を船便に頼った人も多かった。

阿仁銅山は元禄一五年（一七〇二）に佐竹藩の直轄となり、享保一五年（一七三〇）の大阪廻銅一四〇万斤は、別子の一三五万斤を凌いで全国第一位となっている。これらの大量の銅は米代川を船で下り、能代港から船積みされたのだが、最盛況期には阿仁銅山の人口が二万人を越したとまでいわれているが、こうして阿仁部には、銅山の盛況とともに多くの人たちが入り込んで来たのだった。そして当然この人たちの手によって、他地域の優れた文化や技術などが阿仁部に運ばれてきたのである。

四方を山々に囲まれている阿仁へ入るには、四つの入り口があった。秋田からは五城目を経て沖田面より、比内は高陣街道より、能代からは米代川と阿仁川をたどり、仙北からは大覚野街道を通じてそれぞれ入った。銅山が栄えるとともに、山相学の佐藤信景や平賀源内といった人たちがこれらのルートを通って次々と来山し、技術以外のさまざまな文化も残していったし、また文人や芸人たちの来山も多かった。また明治に入ると、一五年（一八八二）には熔鉱炉、三〇年（一八九七）には電話、三一年には電灯がきらめくというように、江戸時代も、また明治に入ってからも、阿仁は秋田の近代文化の中心地であった。洋風建物、ガス灯、ランプ、こうもり傘なども比較的早くから入って人びとの目を見はらせたが、しかし一方の奥地の農村地帯では農民たちが狭い田畑にしがみつき、鉱山などへ日稼ぎに出てようやくその生活を支えるといったように、近代的文化と後進性とが共存しつづけたのが阿仁部であった。

こうして阿仁部の歴史をひもといてもわかるように、秘境とか僻地などと呼ばれながらも、かなり早くから拓けた地域であり、マタギや売薬、あるいは鉱山などを通じて、土地の人たちも遠くへ出歩いたし、また他国からも多くの人たちが入り込んで来た。それだけに阿仁部に伝わる民俗芸能や習俗、また口承文芸などにしても、阿仁部独自のものもないわけではないが、かなり全国的なひろがりを内蔵したものが多い。このことは、昔話とて同様である。阿仁部には多くの昔話の採集者が足を運んでいるが、阿仁独特な昔話をなかなか聞けないという苦情をよく耳にするのも、こうした阿仁部の歴史の変遷を知らないためである。かつて栄えたマタギも消え、日本の三大銅山といわれた阿仁鉱山も、いまでは稲荷坑一カ所だけが細々と掘られている現状では、とても往古の繁栄した姿は思い浮かべることが至難だからである。

先にも触れたように、阿仁部はマタギたちの幅広い行動とともに、この地域に豊富にあった鉱石や天然秋田杉などという商品を通じて、上方市場と深く結びついていた。そのため阿仁部には、上方や北陸地域からの商人や職人たちの移住や来往も激しかったし、僧侶、修験者、諸芸人たちの入国も多かった。阿仁部の昔話の伝播はこうした人たちと密接に関与しており、彼らが伝え残したと思われる昔話が多い。この集に収録した昔話の中にも、修験者が伝えたと考えられるものがしばしばある。また古い説話や、歌舞伎などに基礎を持っていると考えられる昔話がかなりみられるのをみても、こうした人たちの存在をぬきにしては、阿仁部の昔話は考えることが出来ないことを語っている。

　また、類型を全国的に見出し得る昔話が多いのも、こうした阿仁部という特殊性を語ってはいないだろうか。とくに阿仁部を特色づけているマタギや鉱山についての昔話が、実際にこの仕事にかかわってきた人たちからはもちろんのこと、話者たちからも聞けないのはどうしたことなのだろうか。わたしも多くのマタギや坑夫たちと会ったが、「むがしコ聞がせでけれ」と頼んでも、世間話を語り出す人がほとんどである。「それでなく、むがしコ」とねだっても、「さァ」と首をかたむけるのだった。聞いたこともないし、知ってもいないのである。なぜそうなのかは、これからも阿仁部の昔話の採集をつづけていく過程で考えたいと思っている。

語りはじめの句だが、

「むがし、むがし」
「むがし、ある所《どこ》に」
「むがしこ、あったずおん」
「むがしに」
「むがし、むがしに」
「むがし」
「むがしこ、あったぞなァ」

というのがほとんどである。しかも最近では、語りはじめの句を語らない人もいる。わたしがはじめて阿仁部に入ったころは、語りはじめの句を語らない話者は皆無であった。それなのにそういう話者が出てきたというのは、やはり昔語が崩れはじめていることを意味してはいないだろうか。永年阿仁部に通いつづけて来たわたしにとっては、寂しい変化である。

語りおさめの句は、

「どっとはれ」
「これでどっとはれ」
「これでどっとはらったの」
「それで、どっとはらった」

というのが多く、非常に語りおさめの句が乏しい。しかも語りはじめの句と同様に、語りおさめの句を語らない人が多いのである。これは、わたしが阿仁部に入った当時からそうであった。また、秋田県の中央部から南部にかけて多い「とっぴんぱらり」が、阿仁部ではほとんど聞けないことである。「どっとはれ」で終わるのは岩手県や青森県に多いが、鹿角郡は藩政時代は南部領であったから阿仁部もその隣接地であったためだろうか。

また、阿仁部の話者たちは、はじめのうちは口が重いが、いったん語りはじめると、長時間にわたって実に流暢に語ってくださる人が多い。阿仁部で会った多くの話者の中でも、とくに思い出に残っているのは根子の村田スヱさんと、戸鳥内《とりない》の高堰《たかせき》祐治さんの二人である。村田さんの場合は、わたしが阿仁部でいちばん最初に訪れた話者であった。もう七〇歳を越していたが、心臓が悪いということで、長く話をしていると息切れをした。そんな事情のため、一日に二話とか三話より聞けなかったが、それでも四回ほど通って十話近く聞いた。この集にも収録しているが、いかにも密度の濃い、きめのこまかい語り口の人であった。ところが、わたしの個人的な理由で半年ほど行けずにいて、再び訪れた時はひと月ほど前に亡くなっていた。村田さんは一〇〇話近く持っているといわれていただけに、そう知らされた時は残念な思いをしたと同時に、いつも親切に語って下さった村田さんにたいして、申し訳ないことをしたなと思った。

高堰祐治さんも、そうした一人である。高堰さんのところにも九回ほど通い、七一話を採集した。一〇〇話は持っていると思っていたし、高堰さん自身もそれくらいは知ってると言っていただけに、わたしも期待をかけていた。高堰さんを訪ねる時は、朝の五時半に起きて汽車とバスに乗り、家に着くのは九時半ごろであった。一〇時から話を聞いても、昼になるともう酒が出てくるので、二人で一緒に飲むためにもうダメだった。それでもわたしは根気よく通いつづけたし、高堰さんも知っている全部の話を知らせると言っていたのに、ある日、電話で突然の死を知らされた。わたしはこの時も、貴重な話者を失った悲しみに、胸がつまった。採集者にとって、親しい話者の死ほど悲しいものはない。

なお、いま整理して思うことは、話の語り口が大人に向かっているなということである。わたしが子どもだったころは、炉辺《ろばた》で母や爺さんなどから聞いたのに、いまは話者に大人が聞き手となって対するのだから、当然のことかもしれない。それだけ話者が構えてしまうのだが、これはわたしの採集の未熟さにもつながっていることでもあり、深く反省している。

ただ、もう一つ言えることは、昔話は聞くものであって、読むものではないのだなということも、こうした仕事を通じて感じさせられた。とくに阿仁部の言葉には、訛音と鼻濁音が多いのである。わたしは近くに住んでいるので言葉はだいたい理解できるが、これを表記するにあたっては実に苦労した。語り口は生かすようにしたいし、他地域の人たちにも理解できるような表記にしたかった。たいへん欲張った考え方だが、この二点にはできるだけ気を配ったが、まだ徹底していない点も多くあると思う。申し訳なく思っている。

最後に、阿仁部の昔話の採集だが、マタギの研究などは早くからはじめられているのに、昔話に関しては部分的な採集よりおこなわれてこなかった。これまで採集された昔話は、瀬川拓男・松谷みよ子編『秋田の民話』

（未来社）、秋田魁新報杜編『秋田民話集』（秋田魁新報社）、今村義孝・今村泰子編『秋田むがしこ第二集』（未来社）、今村泰子編『羽後の昔話』（日本放送出版協会）、『秋田県の昔話・伝説第二集』（秋田県教育委員会委託調査報告書）、阿仁町教育委員会編『阿仁町伝承民話一～四集』（阿仁町）、『阿仁の昔話』（民話と文学の会）などに収録されている。とくに、阿仁部の昔話に興味を持たれたのは故瀬川拓男さんで、数回にわたって阿仁町を訪れて採集され、阿仁物語をまとめたいという雄大な構想を持っていた。しかし、急死によってその志は生かされず、『民話』創刊号に「女房の首」として三編紹介されている。瀬川さんの急な死がなければ、阿仁の昔話はさらに深く掘り起こされたのにと思うと、何度か阿仁町で一緒になっただけに、残念に思えてならない。

わたし自身、阿仁部に昔話の採集に入るようになってから、もうかれこれ一五年近い歳月が流れている。かつてはジープがようやく通れる道よりなかった典型的なマタギ集落である根子には歩いて通ったものだが、現在はトンネルが掘られていて一気に行くことが出来るようになったことでもわかるように、阿仁部の様相もこの一五年ほどの間に一変した。そのことは、昔話の語り手たちにもいえる。すでに鬼籍に入られた方もいるが、優れた昔話の語り手たちがこの間に次々と姿を消していった。心からその冥福を祈ると同時に、貴重な時間をさいて昔話を語ってくださった多くの人たちに対して、改めて心からお礼を申し述べたい。

※注　この文章は、『阿仁昔話集　全国昔話資料集成28』（野添憲治編、岩崎美術社、一九七八年）所収「編者ノート」を一部変更して収録した。

むかしばなし①

若い娘に化けた狐がマタギの家に救いを求めに来る。はたしてその事情とは……

狐の映画会

むがしに、戸鳥内《とりない》の爺様《じっちゃ》のマタギが、山さ兎獲りに行《え》ったわげだァ。したば、ある岩の間コさ、狐が一匹《えっぴき》入《は》って、隠れだどご見つけだわげだ。

「んにゃ、今日《きょう》はなんだな、むらの寄り合いがあるし、これさかまってえらえね。明日来て獲るべェ」ど思って、穴止めしたわけだな。

びっしり穴止めして、家《え》さ来て、むらの寄り合いさ行《え》ったわげだスな。

こんだ、ちょうど暗々《くらぐら》になってきたば、どごから来たもんだが、若ェ《わげ》娘《あねちゃ》が被り物被ってな、

「ここがマタギの爺様《じっちゃ》の家《え》だべがなんス」

と来てあったど。

「はァ、そだス」

「爺様《じっちゃ》居《え》だべがなんス」

「今日《きょう》はせな、むらの寄り合いさ行《え》って、まだ来ねでば」

「はァ、そだスか。どこの家《え》さ行《え》ってらスべがァ」

「親方《おやげ》の家《え》さ行《え》ってら」

「そうだスか。せば（それなら）、俺そごさ行《え》ぐじゃ」

「こうこうこの道路《けど》上がってで、大っきい家《え》が、親方の家《え》だんてェ」て聞《き》で、こんだ親方の家《え》さ行《え》って、

「ここさ、マタギの爺様来てらべが」って聞《き》だば、

「ああ、来てら来てら。来てらども、な

に用だがァ」

「さっとお願《ねげ》えしてごとあって、来たったァ。なんとがさっと、ここさ呼び出してもらねスか」ったど。

「ああ、ええ。爺様、お前《めえ》どこさ、若《わげ》ェ娘《あねちゃ》、用あって来たど」ったど。

「誰《だん》だべェ」って来たば、被り物被った、若ェ娘が居《え》で、

「呼び出して申し訳ねども、貴方《あんた》のどごさ、折いってお願《ねが》えに来たったァ」

「お願えもえども、お前《めえ》どこの人《ふと》だァ」

「俺ァ、山の者だどもしゃ」

「んだがァ、用っコて、なんの用っコだがァ」って聞いだど。したば、

「実はこれはしゃ、あんだに一生かげでのお願えだんて、なんとが聞いでけれ」って喋《さべ》るど。

「なんだがわがらねども、話してみればえんでがァ」ったど。

「きょうあんだは、山さマタギに行《え》ったスべなス」

「んだ、俺行《え》ってきたァ」

「ところで、狐が入《は》ったどこさ、穴止めしてきてけたスべなんス」

「穴止めしてきたァ。俺ァ生き物獲るの、商売だものしゃ」

「実は、俺ほんとの話すども、今《えま》こうして来てるども、俺は人《ふと》ではなぐ、狐の子供《わらし》だんて。んだども、俺の母さんに使われで来たんて、なんとがお願《ねが》えごとコ、聞きとどげでけれ。父さんはしゃ、貴方《あんだ》のために穴止めされだほがに、足止めの法かげられでしまったたえに、動ぐごども出来ねス。明日はあんだに来られれば、

なんでかんで（どうしても）俺の父さん獲られるごとになってしまうでば。そうせばしゃ、母さんはもぢろんのごと、俺ら子供《わらし》ど四人《よったり》の五人が、生《え》ぎ死にになってしまうし、そごんどこをなんとがして、助けでもらいてェのだど。そのかわり、むがしの源氏と平家の話を見でもらうんて、なんとが出来ねごとだべども、助けでけれ」ったど。

「ん、そだてな。んが（お前）、狐だってな、使われで来たってな」

「んだ、そのとおりだス。嘘は喋《さべ》ねス。ほんとに父さん居《え》ねぐなれば、俺ら皆死《んな》んでしまうたえに、なんとか助けでけれ」ったど。

「んだどもしゃ、お前《めえ》に悪《わり》いんだど。人《ふと》の時いでおぐ畑がら、とっきび（とうもろこし）でも豆でも全部《んな》食ってえぐんでねがァ。だがらお前だちどこ、許しておがえねど思って、ほんとは狐獲る気になったんだど。んだどもしゃ、人《ふと》には情《なさけ》どいうものがあるんて、たいでいの願《ねげ》えごとだば、聞がねでわげでねェども、俺どこ騙がしていぐ気だば、絶対許さねんて、えがな」

「いや、そういうごとは絶対しねんて、どうが許してけれ。俺らどこ、助けでけれ」ったど。

「ん、そうだがァ。そうであればええども。したら、足止めの法も許してやるし、そうせば晩《ばげ》にも出られるべんて、お前《めえ》だち親子も助かるごとだべんて、嘘つくなや」

「これがらだば、絶対に嘘つがね」

「んだがァ。それだばええ。今、むらの

寄り合いの最中だんて、皆《んな》さ俺話するんて、ひば（そうすれば）、どごでどうして源氏と平家の戦見《いくさめ》せるんだァ」

「んにゃ、どこでも見《め》せるにええども、見ればここに神社が二つあるし、どっちの神様でもええども、染前様の前《めえ》が広くてええようだし、そごさむらの人《ふど》皆《んな》明日の八時ごろまで集めでおいでければ、源氏ど平家の戦見《いくさめ》せるんてがァ」と喋《さべ》るわげだスな。

「ほんとだべな。嘘つがねべな」ってしたば、

「嘘だっけやつがね」したば、

「よし、ひば許してやるんて」どしゃべって、その狐の若《わげ》ェ娘《あねちゃ》ァ、山さ戻ったど。

　それがらこんだ、その寄り合いの場でな、

「んにゃ、今《えま》しゃな、どごがのあねちゃなんだがど思ってらば、狐使われで来て、俺ァ今日《きょう》狐の親どこ穴止めしてきたば、そうされれば自分の父親《てで》殺されでしまえば、子供《わらし》四人《よったり》ど女房《かが》ァの五人というものァ、死んでしまわねばなんねんて、なんとがして助けでけれど。そのかわりに、源氏と平家の戦《いくさ》を見《め》せるずんて、皆《んな》でまず、明日の八時ごろまでに、染前様さ集まってけらえねべがァ」と、こう喋《さべ》ったずおんな。

　したどこで、「ねえんに、狐の話だの本当してれば、おがしんだど。んが（お前）まだ騙されっとこなんだど」と喋《さべ》る人《ふと》もあるど。

「したどもしゃ、絶対に畑さだばいたずらさねし、それ見せるんてが、俺ら五人

どこ助けでければどいうごとだたえに、まず嘘だが本当だがわがらねたて、なに、そごさえっとま（ちょっと）上がって行《え》って、降りでくるのだばなんともねがべんてがァ、まず行《え》って見ねがァ」ったば、

「んだな、それ見にえずごったば、ええどったどもな。したら、見るごとにスがァ」なんず人《ふと》もあるわげだァ。

「それだばはァ、騙されだど思えばえんだな」なんず人《ふと》もあるど。

　んだどもこんだ、次の晩《ばげ》になって、

「どれ、七時だァ。八時だしけがら、行《え》ってみるがな」って、行《え》きてェ人《ふと》ど、皆《んな》して染前様さ行《え》ってみだど。

　したばこんだ、比立内の方がら、

「なむなむなむなむ……」どこんだ、沢がいがって（水が溜って）きたわげだな。

　さァ、打当の方がらもこんだ、

「なむなむなむなむ……」ど、そうなってきたわげだァ。

　そしてこんだ、これがほりゃ、むがしの源氏ど平家の戦《いくさ》の場になってしまったわげスな。上《かしら》がらは、こんだ赤旗が出てくるし、下《しも》がらは白旗が出てくるし、こんだ、戦《いくさ》がはじまったァ。

「んにゃんにゃ。こういうまず水来たら、俺りゃの家《え》っコなんとなっぺがァ」ど心配《しんぺぇ》する人《ふと》も居《え》っと。

「んにゃんにゃ、それだばしゃ、狐見《め》せるったがら、家《え》っコァ水の下にならってもねし、なんともねんて、まず黙って見でれ」っても、

「だってな、どだべがァ」なんていう人《ふと》もあるでおな。

そして見でらどこで、こんだ、赤旗、白旗の船が近づいで来て、戦《いくさ》がはじまったども、ちょうど目の前《めえ》さ来て、赤旗の船がずうっと沖《おぎ》さ、出はって行ったずおんな。こんだ、白旗の船はそごに居だど。したば、一人《ふとり》の若《わが》武者がしゃ、見方の船に乗り遅れでこんだ、馬《んま》さ乗《ぬ》ったままこんだ、見方の船まで行ぐずど思って、「ずる、ずる、ずる……」ど泳《こ》えで行《え》ったど。

したば後《うしろ》から、髭《ふげ》武者だ人《ふと》が来て、「敵の大将、人に背《せ》を見《め》せで行《え》ぐがァ」どいうもんで、叫《さが》んだわげだスな。

したどころで、一町ほども泳えで行《え》った若《わが》武者がこんだ、戻って来たわげだァ。さあこんだ、波打ちぎわで、斬り合いがはじまったど。斬り合いがはじまったども、ながなが勝負がつがねして、馬《んま》の上でこんだ、むんずと二人ながら組みついだわげだァ。んだども、馬の上だもんだし、こんだ二人ながら、馬の間さ、ぼったり落ぢでしまったァ。

ところがしゃな、若武者の方は、若《わげ》えがら力あるつもりだども、髭《ふげ》武者にかってはァ、伏せられでしまったわげだァ。「おや、おや、おや、おや、まずあの若ェ者がやられでしまったじゃ」って、見でらわげだァ。

したがこんだ、髭《ふげ》武者だ人《ふと》が上さあがって、若《わが》武者の顔《つら》見だどこで、まだどして、子供《わらし》みだいだもんだど。十六なるもんだわげなんス。

「お前《めえ》はしゃ、なんという者《もん》だァ」ったば、

「敦盛どいう者《もん》だァ」と喋《さべ》るど。

「ああ、これをしゃ、俺ァ今《えま》、殺せば殺しにえども、俺どこにも、十六なる子供《わらし》があってしゃ、この戦《いくさ》さ出はってらども、今《えま》どこにが居《え》るもんだだが、二度と顔《つら》も合せだごとねェが、これだば殺さえねでな」ど思って、

「えど（いいから）、助けでやるんて、行《え》げェ」ってこんだ、起ごして、ごみ払って、

「さァ、馬《んま》さ乗《ぬ》って行《え》げェ」って喋《さべ》ったどごさ、こんだ後《うしろ》さ、見方の軍勢がのろっと来てらわげだァ。

「おお、熊谷、ふた心だな」ど、叫《さが》ばれだわげだァ。

「こりゃ、やむ得ねェ。敵《かたき》を生がしてやるごとは出来ねェ」と思ったば、その十六になる若《わが》武者が、

「なんとが首《くんた》とってけれ」って、兜をぬいでこんだ、首《くんた》のべだもんだなんス。

「んにゃ、斬らえねども、斬ねばねがべでな」ど思ってだば、その若武者がこんだ、腰がら笛コ抜がして、

「これを桂ってばわがるんて、俺の女房《かがぁ》だんて、この笛コ渡してけれ。そして、俺の首《くんた》とってけれ」って喋るど。

　こんだ仕方ねェ、味方がらはふた心だどいうもんで叫《さが》ばれるし、斬らえねでおがえねったわげだァ。それでこんだ、ムッチリど斬ったげだァ。

　したどこで、ある婆様《ばば》もそごさ来てで見でで、

「あえん、あえん、可愛想《かなつけね》じゃ、可愛想《かなつけね》じゃ。これだば可愛想《かなつけね》じゃ、南無阿弥陀

仏、南無阿弥陀仏……」って念仏コ唱《もう》したど。

したばどして、狐がそう見《め》せでるもんであったがら、南無阿弥陀仏ってそえば（唱えれば）どして、消えでしまうもんであったど。全部《んな》消えてしまったどしゃ。

（高堰祐治）

むかしばなし②

敵の首

マタギの広吉は賊の首をとった褒美を求めたのだが……

むがし、村に広吉どいうマタギがえであったど。

ある時《じき》、南部ど秋田どが戦ったど。その時《じき》に、戦争さ行《え》った時《じき》の話なんだどしゃ。

相当に戦いしてしまったが、秋田勢はよぐねんだど。それで比内あだりの女《おなご》たちが、酒コだ魚コだの持って、秋田勢に勝って貰いてどて、ご馳走に来た訳だでおんス。それをご馳走なってえだどこで、ちょうど家《え》の前《めえ》を、つらっと通った人《ふと》があるわげだスな。んだどこで隊長が、

「あッ、あれは賊《くんた》だァ。誰《だ》が行《え》げェ、誰《だ》が行《え》げェ。首取た人《ふと》には褒美けるんて、誰《だ》が行《え》ぐ人《ふと》がえねがァ」ったど。

んだども、誰《だ》も行《え》ぐ人《ふと》がねがったど。

こんだ、隊長が、

「広吉、お前《んが》行《え》げェ」ど喋《さべ》るでんて、鉄砲持って行《え》ったど。

追《ぼ》って行《え》ったば、後《うしろ》姿を見つけだので、町角の柱さ鉄砲つけで撃ったども、火が移らねして逃がしたど。まだ、追《ぼ》っかけ

で行《え》って、まだ見つけだどな。こんだ、立木さ鉄砲つけで狙ってみだが、まだ火が移らねで、鉄砲がとばねがったど。したども、まだ追《ぼ》って行《え》ったど。相手また、うしろを見、うしろを見して逃げで行《え》ぐけどしゃ。

したば、田の杭さ足をからめで、ばったりと転んだど。転んだ敵をつかめで、鉄砲で叩いだきゃ、どうして金槌で叩がれるえんたもんだがら、たまったもんでねんだァ。ぐったりなったどこを、ずわりと刀抜いで、敵の首《くんた》を取ると、陣地さ持って行《え》ったど。女《おなご》どァ、皆《んな》逃げだど。

広吉こんだ、

「褒美けるでども、俺さまんず、その墨付きをけでけれ」ったば、

「墨付きなんてものは、俺らが出すもんでねんて、さっと待ってけれ」って隊長あ喋《さべ》るど。

「なんと、すぐ首《くんた》取んに行《え》げって言《さべ》って、墨付きもすぐけらえねって、何事だべェ」ったば、

「確かに俺ァ喋《さべ》ったども、墨付きあくるまで俺の馬《んま》やるんて、乗って歩《あ》ってでけれ」ど喋《さべ》るのを、

「馬《んま》なんかえらねェ」

どて、なんも貰わねで、じらじらど家《え》さ帰ってきたけど。


（高堰祐治）

むかしばなし③

安兵衛は山で動物たちの集まりを目撃する。遅れてやってきたのは彼の飼い猫だった……

安兵衛の猫

むがし、むがし、ある所《どこ》に、安兵衛という家《え》があったどス。

したども、そごの家《え》で、不思議なことが起ぎるのだど。なぜがと言《ひ》ば、子供《わらし》の着物が毎晩《まいばげ》のえに濡れでるのだどな。

「小便コさせで、裸コにして着物はかけで寝だのに、なんして毎晩《まいばん》、着物コ濡れでるもだべがァ」って、不思議に思ってたど。

どうしたべェ、こうしたべェってえだが、ある時《じき》、安兵衛どいうその家《え》の親父《てで》が、用コあって町さ行《え》ったど。帰りがはァ遅くなったので、山さ入《は》ったば暗ぐはりはじめたどしゃ。これだば大変だとて、近道とうったど。したば、山の道《きゃど》のわぎに、ずっぱり火焚いで、がやがやどなんだがものしゃべるえんた音がするのだどしゃ。

「なんだべェ。誰《だ》だもんだべェ」ってのぞいで見だど。

したどころで、キツネだのヤマドリだの、いろんた獣どが居《え》で、

「んにゃ、安兵衛ぁ来ねな。なして今日は、安兵衛は遅いのだべェ」

「んだな、どうしてたべな。えっちも安兵衛は早いんだどもな」って喋《さべ》ってるど。

「安兵衛、安兵衛って、俺のごとをなして喋《さべ》ってるもんだべがあ」って、草さ隠れで、黙って見でらど。

したどころでこんだあ、猫ァ来たわげ

だスな。赤い着物コ着て、手拭を頬っかむりしてえるど。

「おや、なんだか俺ら家《え》の子供《わらし》の着物コさ似でらな」ど思ってだば、獣どあ、

「安兵衛、今日はまだ遅がったな。どうしたったばァ」

「どうしてってしゃ。俺の家の親父ぁ町さ行《え》って、どうしたたんでがァ、まだ来ねェでば。ハタハタ買ってくるっていうがら、そしたら少しぐりゃ盗んでくるべど思ってだども、なんぼ待ってでも来ねェし、仕方ねして俺ぁ来たじゃ」

「まず、ハタハタ持ってこねのは残念だども、えっちもやる踊りコやるべスよ」

というもんだど。

　こんど、ムジナがトントコトントントン、トントコトントントンと太鼓叩いだどな。ヤ

マドリまだ尾っぽコくっちめェで、三味線をやったずおん。こんだ猫ァ、赤い着物着て、手拭を頬被りして、踊ったずおん。

「んにゃ、んにゃ。あれは俺の家《え》の猫だじゃ。なして着物コ濡れるもんだべがど思ったきゃ、この猫が着て歩《あ》ってるがら濡れるんだなァ」ど、はじめて気がついたんだど。

「まず、ええど。そういうごったば、俺も考えがある」どて、家《え》に帰ってその話コしたどこで、

「んだがもしんねェ。小便コもたれねェず、こんたに毎晩《まえばん》濡れるはずがねェ。猫の奴が着て行《え》ぐったな」とわがったど。

「よし、よし。マタギどこ頼んで、猫取らねばやずね」どいうごどになったど。

こんだ、こっそりマタギ頼んでくると、猫ァ眠るのを狙ったども、飛んで歩《あ》ぐもんだけずおんな。とうとう空窓やぶって、猫ァ逃げでしまったど。

さあ、それがらこんだ夜間に、

「安兵衛やーい」って、叫んで来る者があるど。

こんだ、あっちがらも、こっちがらも、

「安兵衛やーい」と叫んでくるど。

「この安兵衛に、なんの用がある」どて、鉄砲わぎさ置いて、どどーん、どどーんと撃つ撃つしたば、猫も獣も来ねぐなったけど。

（高堰祐治）

むかしばなし④

ひとりっ子どうしの判官と照君姫にふりかかる悲劇。死に別れたはずのふたりだったが……

判官と照君姫

むがし、むがし、あっ所《とご》に、七五人の家来を連れだ、たいした男ぶりええ判官ば居《え》であったずおんなんス。その隣の村にまだ、照君姫でいう、まっぷくて（まぶしくて）見られねェほどきれいだ娘ァ居であったずおんしゃ。

判官ど照君姫ァ、たえしたええ仲《なが》になったども、判官は一人《ひとり》息子だし、姫は一人娘だんて、家《え》の人《ふと》たちァ、一緒《ふとじ》にさねがったど。

ずっと一緒にされねで居だども、二人の仲《なが》ァ、だんだんど深《ふけ》ぐなるずおの。これだば駄目だって、親戚《おやこ》の人ど集まって話したっきゃ、判官の家でおれで、照君姫どこさ聟に入《は》るごとになったどしゃ。どしてな、七五人の家来を持った判官だおな。たいした大っきい祝儀してなんし、聟《むご》になったど。

聟になったども、姫ど判官だば仲《なが》えええったて、親どさっぱり気が合わねずおんなんス。日がたちにつれで、親ど判官ァ、だんだんど悪《わり》ぐなってえぐど。親ァこんだ、

「なんぼ憎いたって、手かけでだば、殺されねェしな。どがごがして（どうにかして）、殺すごど出来ねべが」ど、相談したずおんなス。

聟振舞《ぶるまい》って、昔だば、親戚《おやこ》どァ家《え》さ聟どこよばって、飲ませ食わせしたもんだど。その聟振舞やって殺しべして、親だ

の親戚《おやこ》だの相談したど。そしてこんだ、聟振舞だどで、判官ばどこよばったずおんなんス。

使《つけ》え（知らせ）を受けで、判官ばごっそうなるに行ぐ時《じき》、なんだかおもしろくねェずおんなんス。したっきゃ、姫も気がすすまねェで、

「昨晩《ゆべな》の夢の中《なが》で、弓の矢が三つに折れでなんし、一つァ天さとび、一つァ地さくぐり、一つァ水さくぐるでの見たから、かげんして（気をつけで）けれ」ど、喋《さべ》ったずおんなんス。したば判官まだ、

「俺の夢まだ、姫が使ってる鏡ァ三つに割れで、一つァ天さとび、一つァ地さくぐり、一つァ水さくぐるで夢見だんて、確かこれァええごどでねェ。もし俺達《ど》ァもどらねェたって、相手にしな」って、ごっそうになんに行《え》ったずおんなんス。

親だの親戚《おやこ》どァ、うんとんめぐ（うまく）あずき餅コ作《こしゃ》で、それさ毒入れだど。そのあずき餅食ったば、よばられで行った七五人ど判官どァ、皆《んな》そっくり死んだずおんしゃ。

死んだってなに、いまみだいに厳しわげではねェし、死ねば死にっきりであったもんだど。親ァ喜んで、

「土葬にしたらえがべが、火葬にしたらえがべが」ど、お上《がみ》さ相談したば、

「判官どこァ土葬にし、七五人の家来どこは、火葬にせ」ど、こうお上《がみ》からきて、七五人ば火葬にし、判官ば土葬にしたずおんなんス。まんず良《え》がったなって居《え》だば、お上《がみ》からまだ使い来て、

「判官ど照君姫どァ、たがいに好きづれ

したのだがら、判官ば死んだら、姫ばァどこ流してしまえ」ど、来たずおんしゃ。したば親どァ、聟だば憎いたて、自分の娘だば可愛想《かなし》どて、流したくねずおんなんス。

「そういっても駄目だがら、なんでもかんでも流がせ」って喋《しゃべ》られで、泣ぐ泣ぐ流しごとにしたど。

外《よな》のものだば沈むどて、桐の箱コ作《こしゃ》でなんし、十二単《ひとえ》着せで、金のかんざしさして、流すごとにしたずおんなんス。そしてこんだ、水ァ出だ日に、箱さ姫ば入《ひ》れで流したどしゃ。

したば、姫ば入《は》った桐の箱ァ、どこまでもどこまでも流れたベス。海まで流れで、浜さ上がったどス。したば浜には、浜番人でもの居るずおんなんス。番人の爺様《じっこ》と婆様《ばんば》ど、わんずかな（狭い）浜小屋に居だずおの。朝《あさま》に爺様ァこんだ、見回わり行《え》ったば、立派な桐の箱コ、浜さ上がってるず見つけだど。

「はてな、なんだべ。まさか魚箱でもながんベス」ど思って、がりがりと破ってみだば、なんと一七、八のまんず見たごともねェ、まっぷしだきの女《おかご》ァ、入《は》ってらっけずおんの。

「はてな、こりゃどうしたことだべ」ど、どでん（びっくり）したど。

こんだ、浜小屋さ連《つ》れでもどったば、婆様《ばんば》もふっくりけえるくりゃ、どでんしたずおんしゃ。

「どっから、こやな女連《おなごつ》れで来たや」って喋《さべ》るど。爺様《じっこ》ァ、流れできてらっけの、箱コさ入《は》ってらっけの、拾《ふる》ってきたのたて、婆様《ばんば》ァほんとにさねで（しないで）、「嘘だべ。かぐす女《おなご》だべしゃ」って、うんと嫉妬《りんき》しずおんス。

こうしてればうまぐねェど考えだ爺様《じっこ》ァ、女どこ連れで、江戸の吉原さ売りに行ったずおんなんス。江戸の吉原でも、一番でどこの大っきな女郎屋さ売りに行ったば、親父ァ大喜びだずおんなんス。

「この女《おなご》に客とらひだら、野さも山さも、倉建てんにえがべ」ってはァ。そしてこんだ、昔の銭《ぜんこ》でなんし（なんと）、二百両出したど。家《え》さもどったば、爺様《じっこ》こんだ婆様さかぐして、その銭をかめの中《なが》さ入《ひ》れで、

「婆様が来たら、蛙《もっけ》になって跳ねれよ。俺ァ来たら、銭になって出はれ」っ聞がせながら、小屋の隅《しまっこ》さしまったど。悪《わり》いごとに、こう喋《しゃべ》ってるどこ、隣の人《ふと》にきがれだど。

「こりゃ、ええごと聞いだ。その銭《ぜんこ》を盗んで、蛙《もっけ》コ入《ひ》れで置いでやれ」って、銭《ぜんこ》盗んで、蛙コ入《ひ》れでおがれだど。

それがらしばらくしてから、爺様《じっこ》こんだ、銭《ぜんこ》そのままになってらべかど思って、かめの蓋コ取ってみたば、蛙コァぶんぶんど跳ねだずおんス。

「婆様《ばんば》でねェ、俺ァ爺様《じっこ》だじゃ。婆様でねェ、爺様だじゃ」と追《ぼ》って行ってもはァ、ぶんぶんど逃げて行ってしまったど。銭ァ盗まれで、ほんとの蛙コァ入《は》ってらもだおな。

「あいあい、欲張《ほい》どたげねで、婆様さも教《おせ》えでおげばえがったやず」って、爺

様ァ、ほろほろって泣いでしまったど。

　一方では女郎屋の亭主ァ、この女《おなご》さ客とらせれば、野さも山さも倉建てんにええどて、客とらせるど思っても、その女ァ、なんぼしても（どうしても）客とらねって喋《さべ》るずおんしゃ。

「客だばとらねたて、なんでもするんて、使ってけれ」ど喋るど。

「なしてそう喋るのだば」ってきいだば、

「俺ァ、むごう七年のあいだ、男猫も抱がねで願かけしてるんて、神様さ嘘つかれねェ」と頼むど。そしてこんだ、トンビと喋ればええが、カラスと言《そ》えばええがくりゃ（いいくらいに）、身をやづしてしゃ、庭はぎだの、ふぎ掃除だのするずおの。

　それがらだんだんと、暮らし暮らししたばなんし、判官の墓石《ひぎど》ァ、真ん中《なが》がらぎゃぐっと割れで目も鼻もねェべろっとした者が、車さ乗《ぬ》って出はったどしゃ。手さまだ巻き物持ってで、それにまだこう書がれであったど。

「この車を引《ふ》いで、四十八滝の滝さうだせてければ、元のからだになってあらわれる」

　こんだァ、根子の人《ふと》ァ萱草まで引ぎ、萱草の人《ふと》ァまだ荒瀬まで引ぎして、途中で滝コあればうだせではァ、ずうっと引《ふ》いで行ったずおんなんス。引《ふ》ぎ引ぎして、だんだんに江戸さ近くなったどしゃ。江戸でまだ、墓石ァ二つに割れで、こうこういう者が出はり、四十八滝うだせれば出はるどて、たいした評判聞こえだど。

　その車ァこんだ、ずうっと行《え》ぎ行ぎし

て、その女《おなご》の居《え》る女郎屋の前さ来たずおんしゃ。それ見だっきゃ、小萩と名代えした姫も、引《ふ》ぎたぐなったど。小萩こんだ、一週間ばかり引がせでけれって頼んだば、女郎屋の亭主ァ、

「一週間だばやつがね（駄目だ）から、三日ひまけるんて、三日引《ふ》げ」ったど。

小萩こんだ、飯も食わねで、三日のあいだ一所懸命になって、引《ふ》えだずおんなんス。三日間引《ふ》えでもどって庭はぎしてらっきゃ、とろっと居眠《ねぐがぎ》したでおんしゃ。したば小萩ァ夢見で、四十八滝うだせで出はった人《ふと》ァしゃ、判官であったど。

そごまで見たば、

「小萩、小萩」って呼ばられだずおん。

「あえ、悔しでェ。判官どこだば、夢でもえんてもっと見てェがった」ど思いながら、まだ庭はぎしたど。

そして暮らし暮らししたば、車さ乗《ぬ》ったべろっとした人《ふと》ァ、四十八滝うだせだば、立派な判官になってあらわれだど。七五人の家来も、ちゃんとあらわれで、たいした評判になったどしゃ。

こんだその判官ど家来ァ、戻りがけに女郎屋さ泊まるごとになったどしゃ。その晩《ばげ》に、女郎屋の亭主ァ、人足りねんて、小萩に客とってけれど頼んでもはァ、むごう七年の願かげァ駄目になるどて、聞がねがったど。

「んだら、客ばとらねてもええんて、酌とりに出でけろじゃ」ったど。それまでもことわれねして、酌に出るごとにしたずおんしゃ。

小萩どこァ湯さ入《ひ》れで、髪結いどこァ

頼み、来た時の十二単《じき》の着物着せだば、まっぷしぐてはァ、誰《だ》も見られねェほどの女《おなご》になったど。それがらこんだ、褄とって客の前《めえ》さ出だば、なんと判官だでおんしゃ。

「んにゃ、んにゃ。判官ばだっきゃ死んで、俺ァ埋《え》げたもだおの、なんぼしたって生ぎでるわげはねェ。なんとまんず、そっくり似だ人《ふと》も居《え》るもんだな」ど思いながら、酌したずおんなんス。したば判官ばも、

「まんず、照君姫さそっくりだな。んだども、姫だばここさ来るような人ではねェし、人違いだべがな」ど思ったずおんしゃ。判官ばこんだ、一杯《えっぺえ》やるどて小萩さ盃のべだどしゃ。

「むごう七年のあいだ、男猫も抱がねェで願かけしてるからだだんて、神様さだば、嘘こがえ（つかれ）ね」って、盃とらねで、ついっと立ったずおんしゃ。したば判官ば、脇差しの鍔で、着物の裾をぱっと押さえで、

「俺、えぐでんがば（行くというのを）押さえるわげではねェども、んが（お前）は、照君姫ど違うがァ」ったど。そだもだおな。

「そうだェ」ったば、

「どうして、こごさ来てらのだ」ずでんて（ときくので）、判官ばと死に別かれでがらのごとを、語ったど。したば、判官ァ、

「俺がその判官だ。んがの夫だ」ど喋《さべ》ったど。二人ァ抱ぎあって、喜んだどしゃ。んだべね、生ぎでだっきゃ会えね人ど、

会ったもだものね。

こんだその女郎屋で、大っき祝儀をし直して、一緒《ふとづ》に帰ったど。したば、照君姫の親だの親戚《おやこ》だのァ、皆《んな》死に絶えでだばって、判官ば方だば、栄えでだっけどしゃ。

正月の一六日のな、あずき餅で毒殺《げ》しされだのだんて、根子でだば、一〇年ばかり先までだば、一六日の朝《あさま》に、早ぐ掃除したもんだァ。そしてしゃ、あずき餅をしゃ、その朝《あさま》に、馬さでも犬さでも、猫さでもニワトリさでも、食わせだもんだでば。毒入《は》ってるが、試したもんだべな。んだばっていまの人《ふと》だば、そんたごとあるもんだかって、誰《だ》もしねェぐ（やらなく）なったどもしゃ。

どっとはれ。

（村田スヱ）

雪おろし

第5部

阿仁のむら・根子だより 続

念願の地、阿仁へ

朝起きると、わたしはまず窓をあける。二階からは山奥の小さな集落の半分ほどと、集落を囲んでいる山々が見える。

まだ夜明け前の時もあるが、夜がしらじらと明けはじめたころに起きることが多い。それは、この時刻の朝がもっともさわやかだからだ。ときどき、あわてて起きて窓をあけると、小学生たちが学校へ急いでいる時もあるが――。（そんな朝を迎えた時は、前の晩に集落の青年たちと、遅くまで酒を飲みかわしている）

わたしは一九八五年の五月から、秋田県北秋田郡阿仁町の根子《ねっこ》という集落に、小さな家を借りて住みはじめた。とはいっても根子に住み着いたのではなく、ひと月のうちに約一週前後を根子で暮らし、あとは秋田県能代市の自宅で家族たちと生活している。山村と海辺の地で二重の生活をはじめたのだが、阿仁町のような歴史の深い山村に住むことは、わたしの長いあいだの夢であった。その夢が地元の人たちの協力によって実現し、一九八五年の五月から住みはじめたのである。

知人のなかには、「物好きだな」とか、「山で仙人暮らしですか」などと笑う人もいる

上は根子山荘のようす。下は根子暮らしの頃に森吉山へ登る著者家族。

が、生活の面でも経済的にも負担が重くなる二重生活をはじめたのは、わたしなりの計画があってのことだった。わたし自身も、もともとは海辺で生まれ育ったのではなく、二八歳まで山村で暮らし、その後に海辺で生活するようになったのだが、だんだん年をとってくるにつれて、再び山村で暮らしたいという思いが強くなってきた——。

わたしが住みはじめた阿仁町も、また根子集落も、ついこの間までは、東北の秘境の一つに数えられていた。はじめて根子へ行ったのは一九六〇年だが、そのころの根子は秘境と呼ばれるにふさわしいような環境であった。

奥羽本線の鷹巣駅からのびている阿仁合線（いまは秋田内陸縦貫鉄道）は阿仁合駅が終点で、山かげの田沢湖線の角館駅からのびている角館線の終点の松葉駅との未開通区間は工事中で、一九八五年には全線開通が予定されている（一九八九年、秋田内陸線として全線開業）。そこから一日に数回走っているバスに乗って萱草に下車した。阿仁川にかかっている木橋を渡ると、急な坂の曲がり道を登り、通称「掘りキリ」（掘り割り）といわれる根子川に沿って崖を拓いてつくられた道を、歩いて行ったものだった。

道幅もジープがようやく通れるほどの狭さで、もちろん舗装などされておらず、心細い思いで奥地へとすすんだ。狭い山峡をたどって一時間、忽然と目の前にひらける萱《かや》屋根の大きな家の群れと田畑は、いかにも秘境にふさわしい驚きをあたえたものだった。

だが、この交通難は根子の人たちには大変なことだった。とくに深く雪の積もる冬は、なだれが起きるので通ることができず、病人がでたりすると根子の人たちが総出して山越えに雪道をつくり、病人を運んだものだという。

それがいまでは、一九七五年に笑内《おかしない》から五七六・八メートルの根子トンネルが開通してからはそんな苦労もなくなり、大型トラックも根子に入るようになった。道路に象徴されるような近代化の波は、日本の高度経済成長とともに根子にも押し寄せ、いまでは萱屋根も六軒くらいになり、農作業もトラクターやコンバインを使っている。ほとんどの家で車は乗用車と作業用の小型トラックを持ち、毎日のように町の福祉バスが病人を運びにくるし、物売りの車がスピーカーを鳴らしながらやってくる時代になった。

だが、長い期間にわたって孤島のように隔絶された集落であったため、根子の人たちの心は温かく、古い民謡、民話、民俗などが、まだ消えずにたくさん残されている。根子は平家とも、源氏の落人集落ともいわれるが、毎年八月一四日に演じられる「根子番楽」の勇壮な踊りと、優雅な歌詞を聞いていると、あるいはという思いにかりたてられる。

また、かつてはきびしい狩猟で知られた「阿仁マタギ」も、もともとは根子が本拠地であった。彼たちは集団で、冬は信越国境を越えて奈良県の吉野の山まで足をのばしている。また夏は、自分たちでつくった薬を売りに、東北だけではなく、関東までも行っている。そのほか、阿仁部は資源にも恵まれ、藩政時代には日本一といわれた阿仁銅山があり、この宝を求めて多くの人たちが往復した。

天然秋田スギは米代川《よねしろ》を筏《いかだ》でくだり、北前船航路で京都などに運ばれ、帰り荷では京の文化や技術などが阿仁に運ばれた。新しい文化と土着の文化が交流するなかで生まれたのが、阿仁の民俗であり芸能なのである。阿仁町全体が民俗博物館だといってよい。

それらを伝えてきた阿仁の人たちの懐に入り、暮らしの息遣いが聞こえる場所に自分を置きながら、急ぐことなく丹念に、調査を重ねてみたいというのが望みであった。その調査も、阿仁部でも最後の時にきているのだから——。

阿仁町の人たちの生活は、近代化によって大きな恩恵を与えられたが、その一方では、山村の過疎の波を集中的にあびている。若者は次々と阿仁を去り、萱屋根からカラートタンになった家には、老人だけが残されている家も多い。

数字でみると、最盛時には一万三、〇〇〇人もいた人口が、一九八五年国勢調査では五、五九六人にまで減ってしまった。日本で唯一の人口減少県である秋田県のなかで、減少率は第一位である。また、高齢者率も約二〇パーセントと、県内でこれも第一位である。やがてくる二一世紀にむかえる高齢化社会を、阿仁町はすでに背負っているのである。

わたしの住む根子集落も、かつては一三〇もの戸数があったのに、いまは七五戸に減り、住民も二九〇人になった。でも、このなかには正月とお盆に家へ帰るだけの、長期出稼ぎ者もかなりいるほか、朝夕は田畑で働き、昼はトンネルを抜けて他地区へ働きにでている人がほとんどだ。

子どもたちは保育所や学校へ行くので、日中に根子を歩いているのは、幼児と年寄りとわたしだけということもある。根子に残った若者たちも、嫁を迎えられないままに三〇歳を超しているのが五人もいる。これで活力のある山村にしろといっても、無理というものであろう。

しかし、だからといってしょんぼりしているだけでは、人口が減ることにも、高齢化の進行にも歯止めはかけられない。また、この不吉な数字を追いながら沈んでいても、何も生まれてはこない。

それだったら逆に、「人口が減ったっていいや」「高齢化社会よ、どんと来い」とひらき直り、新しい方策を生みだしていけないものだろうかという狙いも、実は阿仁町に住みはじめたもう一つの望みであった。これとても緊急の課題だが、しかし急がず、すぐに絶望しないで、阿仁の人たちと温かい付き合いを深めながら考えていこうと思っている。

わたしの阿仁での暮らしは、いささか不遜な思いをひそめながら、表面的には仮住民としてはじまったばかりである。

男たちの後を雪が追う

ストーブに薪《まき》を入れてから、わたしはカーテンを少しあけ、ガラス窓越しに外をのぞいた。暗い闇をバックにして、隙間もないほど降る雪に、明かりがあたっていっそう白く見える。小さな雪もあれば、太い雪もあるし、素直にさーっと落ちていくのもあれば、くるくると舞いながら降るのもあってさまざまだ。

阿仁部のような山村に降る雪、とくに根子のように四方を山に囲まれているところに降る雪は、風がないので空から地上へすうーっと降ってくる。わたしが暮らしている能代市は海岸にあるので、シベリアから日本海を渡って激しく吹きつける風に乗ってくる雪は、横なぐりに降ってくるのだった。空からさらさら降ることは、ひと冬のうちに何日もないので、根子で冬を過ごしながら、静かに降る雪を見ていると、あきるということがない。

しばらく降る雪を見ていたが、少し寒気を感じたので、「今晩も積もるな」と思いながら、カーテンをしめてまたストーブのわきに坐った。ストーブの上にあげているやかんが、キンキンと音をたてている。時計を見ると、もう午後一一時をまわっていた。

「ようし、もう仕事は終わりだ。一杯やるかァー」

一人暮らしのわたしは、わざと声を大きくしながら言うと、支度にかかった。支度といっても、焼酎の一升ビンと、番茶をいれた急須に、漬物がそろえばいいのだ。きゅーっと酔いが体にまわるのを感じながら、火の燃える音とやかんの湯がたぎる音を聞いて、雪の降る夜が更けていくのを楽しむ。ときどき、ストーブに入れる薪を手にして、「これを割った時はうまくいったけな」と秋に薪割りをした時のことを思いうかべる。

やがて、ストーブも電気を消して布団に入ると、しんしんと雪の降り積もる音が、枕元に伝わってくる。「あすの朝は、雪かきをしなければ……」と思いながら、眠っていくのだった。

それにしても、昨年の晩秋は雪のくるのが早かった。秋の長雨で山々の木々は紅葉もしないで散った一一月末に、もう初雪があった。この雪はすぐ消えるし、秋が過ぎると冬がくるのだと覚悟を決めている阿仁の人たちも、しかし、実際に雪が降るとあわてる。

「早い雪だんスな」

「んだァ。もう冬だスな」と、会う人ごとにせわしく声をかけながら、畑に行って取り残した野菜を集めたり、田んぼの畔《あぜ》に置いたままの稲杭《いなぐい》を片付けたりする仕事に追われる。男たちは農機具を小屋にいれたり、庭木や家の冬囲いに忙しい。わたしはなんにもすることがないのだが、根子の人たちがせわしそうにしていると、なんとなく気持が落着かなくて、長靴をはくと集落のなかを行ったり来たりしていた。

こんなことを何度か繰り返しているうちに、根雪《ねゆき》になるのだった。この冬は一二月の初旬に降った雪が根雪となり、九日には最初の雪除けのブルドーザーが根子トンネルをくぐってやって来たが、地元の人たちに聞くと、根雪もブルドーザーも、例年にくらべると一〇日は早いとのことだった。

最近は道路の除雪なども手際よくやられるので、以前にくらべると山村の冬の生活はよくなっているものの、それでも一〇日も早く根雪になると、冬を迎える準備とテンポが合わないので、いろいろと狂ってくるのだった。

落葉してから寒々としていた野山は、雪の季節になると銀色の世界へと変わった。ある朝、どんよりと曇っていた空が急に碧空《あおぞら》になったので、わたしは急いで起きると、小高い丘に行った。昇ったばかりの朝日が周囲の山や野に積もった雪にハネ返って目が痛くなるほど美しく、そして峻烈《しゅんれつ》だった。わたしは寒さで体がふるえてくるまで、丘に立ってその光景を眺め続けていた。

しかし、冬になると自然だけではなく、阿仁の人たちの生活も一変した。働き盛りの男たちの多くは、家族を残して出稼ぎに行くのである。

一一月になると　男たちは
庭木を囲い　家を囲い

その中に家族を囲って
慌しく村を出る
男たちの後を雪が追ってくる
煙のように雪がふり
夜も昼もふり
残された女たちの上につもる

（菅つぎ著『春を待つ』より）

出稼ぎ問題は、ひところのようには騒がれなくなったものの、いまだに出稼ぎのもたらす問題は深刻である。秋田県内の農家戸数約一四万五、〇〇〇戸のうち、この冬も約三万人が出稼ぎに行った。年々減少する傾向にあるものの、決して少ない人数ではない。とくに、阿仁町のような山村では平野部の農村にくらべると、出稼ぎに依存する割合は非常に高い。

わたしの住む根子からは、盆と正月だけ家に帰る、通年出稼ぎをしているのが十数人いる。ほかの男たちは、学校の教師をしていたり、役場とか農協に勤めたり、誘致工場へ行ったりしながら、朝と晩に農作業をしているが、これはごく少数である。

大半の人たちは、土木現場へ働きにでているが、丈余《じょうよ》の雪が積もる冬期間は、その仕事もなくなってしまうのだ。農外収入がなければ生活していけない農民たちは、雪が降って土木工事が終わると、次々と出稼ぎに出て行った。通年出稼ぎの人たちは正月に家に帰るが、この人たちは雪が消え、田畑の仕事や土木作業がはじまるまで帰って来ない。働き盛りの男たちがいない根子の冬は、家庭も、地域もまた活気がない。

根子にも、酒屋とたばこ屋が一軒ずつある。しかし、冬になって男たちが出稼ぎに行くと、売り上げが三分の一にも減ってしまうという。

「俺らたちも、酒とかたばこを背負って、行商に行かねばなんねェ」

と言いながら声は笑っているが、目はギラギラと真剣である。一軒だけある理髪店も、冬になると客のない日が何日も続くというが、これは阿仁町全体にも共通しているし、また、雪国の農山村がかかえている問題でもあるのだ。

人間たちのこうした生活を知っているのかどうか、一月から二月にかけては、休みなく雪が降り積もるのだった。雪が深くなるほど、家々は雪に埋まるので、生活の響きもあまり聞こえてこなくなる。それでも日中の午後になると、学校から帰った子どもたちの騒ぐ声が聞こえるものの、夜になるとしーんとして物音一つしない。

今晩も、雪はしんしんと降り積もっている。

根子トンネルで聴いた歌声

阿仁のような山村では、六月が新緑の季節である。稲は活着して青々と波打っているし、花が終わった順に葉っぱをつけた木々は、もう四方を囲む山頂まで登った。夏になると緑も濃い一色になるのに、この季節の若い緑は、どの木も個性がいっぱいだ。ブナは萌黄色《もえぎいろ》だし、ナラの葉はまだ白く光る産毛をつけている。それぞれ自分の色彩をもった木々たちが野山を埋めるこの季節を、わたしは好きでたまらない。まだ、あまり草ものびてない野山を駆け、ガラスのように澄んだ小川の流れをとびながら、

「木も人間と同じやな。生まれた新緑の時と、死ぬ前の紅葉がいちばんきれいだわ。夏は人間の中年や。みんな自分を忘れて、濃く生きてるわ」と、青空にむかってつぶやく。

わたしは阿仁町根子の家へ行く時は、いつも汽車に乗って行く。阿仁合線の笑内駅に降りるのは、一人のことが多い。通学や通勤列車にあたる午後七時五四分着の時は、それでも七人くらいは下車する。駅前から根子トンネルに向けてゆるい坂道を登って行くが、わたしの足では根子まで五〇分はかかる。根子の人たちから、

「わしらの倍はかかるな。どんな歩き方してるんだァ」

と不思議がられる。でも、途中でひと休みしたり、山菜とか草花を採ったりしていると、これくらいの時間はかかる。そして五七六メートルの根子トンネルの入り口に着くと、「さあこれから根子の人になるのだ」と、自分に言い聞かせてから、トンネルに入るのだった。

野山は新緑だが、六月に入ると阿仁部の奥地でも、日中はかなり暑くなる。ハンカチの汗をしぼりながら、トンネルに入ることが多い。急にひんやりとなったトンネルのなかの涼しさは、まったくの別世界のようだ。一〇〇メートルほど入ると、車がすれ違えるように広くなっているので、初夏から晩夏までのわたしは、背負っているリュックサックをおろして坐わる。上からポタポタと落ちる水滴が、トンネルのなかでささやき合っているように響くのが楽しい。

ある日、静かだなと水滴の音を聞いていると、ふいに歌声がしたかと思うと、トンネル一杯に響きわたったことがあった。わたしは驚いて立ち上がった。トンネルは中ほどが高くなっているので、根子側の入り口は見えないのだ。すぐに、トンネルに入った女性が、民謡をうたっているのだとわかったものの、その歌声が胸を押してくるように響くので、わたしはこれから、遠い知らない国へ行こうとしているのだという錯覚に、ふととらわれた。わたしはリュックを背負うと、また歩きだした。わたしの姿が見えると歌声は小さくなり、まもなく歌は消えた。

途中ですれ違った女性は、四〇歳を少し超したくらいの人だったが、「青物（山菜）を採りに来たスか」と言いながら、軽い足どりで通り過ぎると、また小さな声で歌いはじめた。その歌声に押しだされるようにして、トンネルを抜けた。

根子トンネルは山の中腹にある。トンネルをでると、根子の集落も、学校も、田畑も、一望のもとに見える。わたしはここから見る根子が好きだった。またリュックをおろして眺めるのだが、車ですうっとトンネルを抜けてくると、ぱっと根子が見えた時は喜びが半減する。とくに歌声を聞いてからは、歩いて根子に入ることにしているが、六月は個性をきらきらとさせた新緑とセミしぐれが、わたしを迎えてくれるのだった。

根子住まい二年目のことしは、畑を少し借りて作っているので、それなりに忙しい（？）が、最初の年は日中は家で仕事をして、午後五時ころに外にでる。その日によって山へ青物採りに行ったり、川へ釣りに行ったり、田畑を見たりして、一時間半から二時間ほど歩きまわる。この時刻の気温は六月から九月にかけてがもっともよい。次第に暮れていく山や空を見ながら、うっとりとしてしまう。

だが、それは仮住民のわたしだけのことで、根子の人たちにとってこの時刻は、一日のうちでもっとも忙しいひと時である。田畑だけで食べられる家は一軒もなく、また根子には働く場所がないので、ほとんどの家で夫婦ともども働きにでている。

朝明け前から起きて田畑で働き、食事をとるとすぐ働きにでて行く。自分の車で行く人も多いが、何台ものマイクロバスが迎えにくる。そのため、昼に根子を歩くのは、幼児と年寄りとわたしだけという静かな集落となり、たまにやってくる車のほかは大きな物音がしない。

夕方になると、トンネルを抜けて働きにでていた根子の人たちが、車やマイクロバスで次々と帰ってくるのだった。これと前後して、学校や保育所からも子どもたちが家に帰ってくる。大人たちはそのまま田畑へ行くと、暗くなって手元が見えなくなるまで、せっせと働くのだった。日中はほとんど人影の見えない田畑が、急に活気づくのだった。

そしてもう一つは、マイクのボリュームをいっぱいにした移動販売車が、音楽と叫び声をこだまさせながら、根子に入ってくる。少ない日でも一車、多い時は三車も入ってくることもあるが、車を囲んで女たちの言い合う声が、遠くまで聞こえてきた。

ちょうど夕刻のこのころが、根子がいちばん賑わう時でもあった。かって根子に家が一三〇戸もあり、マタギや炭鉱で栄えたころもこうだったろうと思いながら、せわしい根子の夕刻を見るのだった。田畑へ働きにでた人は八時ころに家へ帰り、それから食事というように、かなり厳しい生活をおくっている。

ひとり暮らしのわたしは、七時ころに食事をとると、また机に向かったり、横になって本を読んだりする。テレビもラジオも新聞もない生活だが、二〜三日して馴れてくると、なくたってべつにどうということがない。電話だけはつけているので、何か事件があれば、女房が知らせてくれることになっているが、それもほとんどこない。そして一〇時半ころになると、台所に行って支度し、酒を飲むのだった。

部屋の電気はぜんぶ消し、窓は網戸もひらき、涼しい風と、虫たちの鳴き声を部屋にいっぱい入れて、ひとりで酒を飲む。この時間になると、朝の早い根子の人たちは、みんな寝てしまう。わたしのいる二階の部屋から、根子トンネルが見える。山の中腹に、丸い薄赤いのが見えるのは、トンネルのなかの灯がもれているからだった。たまに薄赤い輪がパッと明るくなり、車が根子に入ってくる。

「根子の人口が、また一人増えたな」と、根子の仮の住民であるわたしは、そのたびに喜びながら、盃をはこぶのだった。

七月は草との戦い

梅雨が過ぎると、雪国の夏は一度にやってくる。夏だけではなく、春も秋も、そして冬も一度にやってくるが、雪国では冬が長い分だけ他の季節が短いので、その間に一つの季節が充分にはばたくためには、自然も急がなければいけないのだ。

梅雨が終わってカッと夏の太陽が照りつけると、草がぐんぐん伸びる。風が走る日などは、向いの山でも、うしろの草地でも、また農道でも、草が波となってうねるのが見える。だから阿仁の人たちは、夏になると毎日が草との戦いである。田や畑へ行くにも、山へ行く時も、山ナタと鎌をかならず持って行く。葉の重くなった枝が道に伸びてきていると、鎌で刈り払う。誰もそれをやらないと、道はすぐに草のトンネルになってしまうのだった。

水路もまた畦も、山村ほどきれいに刈っている。稲の成長に大切な水温を上げるためだが、その他にもいろいろ工夫している。ガラスのように澄んだ水ほど冷たく、稲にとっては敵なのである。水口の一枚の田んぼは半分ほど稲を植えつけないで、刈った草をどっさり入れている。また、黒いビニールのホースを田んぼにくねくねと曲げて水を通し、水温を高めている。普請をした家では、トタンの切れはしで細い水路をつくって水を流しているが、山村で稲をつくる人たちは、それほど水の管理に心をこめているのだった。

だが、残雪が融けたり、湧きでた水がそのまま流れてくる、白い泡のくだける水は冷たいが、根子集落の夏は山村と思えないほど暑い。四方を山に囲まれ、すり鉢状の底の部分に民家や田畑が集まっているため、日中は風が少ないうえに、しかも湿気が多いので、大変な暑さなのだ。根子に住む前は、山奥の集落だからさぞ夏も涼しいだろうと、特殊な地形も考えずに勝手に思っていたのが間違いだったことを、いやというほど知らされた。

日中の根子は確かに暑い。だが、周囲は濃い緑にあふれ、蝉の鳴き声が四方から聞こえるし、川瀬の音も近くでしているというように、豊かな自然に囲まれていると、同じ暑さでもだいぶん違うのだった。

いま、都市部の樹木は年ごとに伐られて減り続けているし、道はほとんどが舗装され、神社や寺の境内などもアスファルトで固められているため、蝉の鳴き声もめっきり減ってきた。これに加えて、車や電車などの騒音のひどさが、いっそう都市部の夏を住みにくくしている。

暑さと夏の自然が一緒に訪れないと、どんなに人間は夏の暑さに痛めつけられるかを、しみじみと感じた。夏草が伸びるのは、暑さと比例していることを知らされた。

夏は田畑へ行く朝晩はもちろんのこと、無料の福祉バスで病院に行かない老人たちも、庭先や畑で草と戦っているが、一ヵ所だけ、夏草が茂るのにまかせているところがある。民有林の植林地である。田植ごろまでは、よくワラビやゼンマイ採りに入った植林地だったが、夏草が伸びて山林に入って行けない状態になっている。植林してから三五年前後のスギが、間伐や下刈りなどの育林がほとんどされていないため、線香林が続いている。そして冬が終わると、幹が雪の重みで折れたり、曲がってしまった木をよく見かける。

阿仁町は秋田県内でも国有林の多い地帯で、集落によっては家の軒下から国有林というところもある。だが、その点で根子は、奥地が国有林で、集落の近くは民有林と恵まれている。しかし、植林はほとんどされているのに、手入れがされていないのだった。もっと間伐や下草刈りをしないと、せっかく植えた木が死んじゃうよと、根子でも多くの山林を持っている山田佐吉さんに言ったことがある。

「弁解になるかもしれんが、そのことはみんなわかっとるよ。でもね、木材の値段はいま最低じゃろう。手入れして育てたって、どうしようもないって気持が、みんなにあるんだよな。それから、ほら、みんなトンネルを抜けて働きに出ているじゃろう。朝晩とか、休みの日は、田とか畑の仕事で精一杯なんや。いつカネになるかわからん山には、気にはなってもなかなか足は向いていかんのや」と、タメ息をつきながら言った。

「それもそうだが、このままじゃ山が荒れていって、山菜も採れなくなるじゃないの」

「ああ、いますぐっちゅうことはないが、いずれそういう時が来るだろうな。俺も二年前まで、下刈り鎌を持って山に入っとったが、腰が痛くて昨年からは行っとらん。もう、このあとは、山を見ることもないだろう」と、話をしていくにつれて、佐吉さんは涙声になってきた。父から立派な林を渡されながら、成長もおぼつかないような植林地を子どもに残していく無念さが、ひしひしと感じられたので、それでもう話は終わりにした。

いま、根子に残っている若者たちも、兼業で田んぼづくりはしているが、植林地に手入れをしている姿はほとんど見かけない。確かに、みんな生活に追われている。いつカネになるのかわからない山林に手をかけていたのでは、飯が食えなくなる。そのことは、山村に住んでみると、実感としてよく判る。それではどうしたらいいのかと考えるが、ときどき阿仁町の人に話しかけても、「その話は後だ」といつも逃げられている。

こうした現実をいつも見ているわたしにも、対策案があるわけではない。でも、これだけは言えると思う。まず第一に、都市生活者以上の高収入を、山村に住んで生活し、働いている人たちにもたらすことではないだろうか。もしそうなったら、かなりの人たちが山村に定住するようになり、植林地の手入れもしていくようになるだろう、と。

でも、実際はその逆な形で、世の中は動いている。二〇一〇年の「秋田県年齢別人口流動調査結果・速報」によると、阿仁町も合併した北秋田市の老年人口割合は、県内で四番目に低い三六・四パーセントになっている。秋田県全体では二九・五パーセントである。

また、この老年人口の増加は今後も加速度的に増加することは、生産年齢人口の大幅な低下が示している。こうした数字を見せられると、わたしが考えている対策案などは、間伐されないスギと同じにひ弱で、現実性に欠けているのを知らされる。

でも、七月の輝く太陽の下で、畦に立ってすくすくと成長している稲を見るのは嬉しい。蝉しぐれのなかで、シオカラトンボが右へ左へと飛びまわっている。いま、わたしが立っている山村は平和で、夏草と同じに自然も成長していて、この山村が次第に崩壊に瀕しているとは、どうしても考えられないのである。

お盆　年に一度の盛大なうたげ

五月下旬の早朝、根子集落会長の佐藤国男さんに、窓の外から声をかけられた。

「きょうの午後、根子川の上流に行くども、一緒に行ってみるスか」

わたしは急いで窓をあけると、「行く、行く」と大声で返事をした。国男さんは六一歳とは思えない若さだが、かつてはマタギのシカリ（統率者）だったし、山菜採りや川魚獲りなどにかけても、根子では一、二番という腕を持っていた。一度、山菜採りに連れて行ってもらったが、どこの山には何が生えるとか、その山へ行くにはどう行けばいいとか、ここは熊の通り道だから注意しろなどと、山を実に詳しく知っているのに驚いだものだった。山に入って一時間もしないうちに、わたしのリュックも山菜でふくらんだ。わたしが一人で行ったら、三日かかっても採れない量だった。その晩はわが家に招き、手製の料理で一献かわしながら、こんどは川にも連れて行ってくださいと頼んでいた。

そんなことがあったので、川に行かないかと誘われた時は、「魚獲りに行くのだな」と思って、つい大声をあげたのだった。ところが午後に、国男さんが運転してきた軽トラックに乗ってから目的を聞いた時はがっかりした。国男さんは隣町からヤマメの稚魚を

一、〇〇〇匹買ってくると、根子川に放流するというのであった。

トラック道の終点で停まり、積んでいた稚魚を放流しながら、

「ほれ、早く大っきくなれ。盆に東京の孫たち来っから、その時に釣れてけろ」と、祈るように言っていた。

そんな国男さんをそばで見ながら、「これじゃ、とても魚獲りはやれないな」と思ったが、「やっぱり国男さんもな」と気がついた。国男さんには四人の子どもがいて、末娘が婿をとって家を継ぎ、二男一女は東京で生活していた。七人の外孫たちは、お盆に両親たちと根子へ来て、一週間前後を暮らす。国男さんはそのための準備をしているのだった。

根子には老人だけの家族が、六世帯もある。どの家族も子どもたちが家を離れて家庭を持ち、雪の深い正月は帰らず、ほとんどがお盆に帰っている。老人たちの家へ行った時に、孫の話を先にされたら、もう終わりである。延々と二時間くらいも続き、それから酒を持って来て飲みながら、またその続きがはじまるのだった。お盆が終わって子どもや孫たちが去ると、もう翌年のお盆がくるのを待つのである。わたしは老人たちによく聞く。

「いま心で願っていることは」

「早く盆が来てくれないかなだス」と答える声は、寂しく、せつない。子どもや孫たちが、根子の家に帰って一緒に住むなどとは、願っていてもかなえられないことを、自分たちがよく知っているだけに――。

その盆になると、確かに普通の日の根子とは、まったく違ってしまうのだった。八月一〇日ごろになると、県外ナンバーの車が根子トンネルを抜けて次々と入ってくる。東京周辺はもちろんのこと、北海道から九州ナンバーの車まで走り、根子出身者たちが日本全国にちらばって生活していることを知らされる。広い駐車場もなく、道幅の狭い根子は、どこへ行っても車であふれるのだった。

いつもは三〇〇人弱が住んでいるのに、お盆は普段の三倍近い人口になる。根子を出た息子や娘が、妻や夫や孫を連れて来るほかに、出稼ぎに出ている人たちも帰るからだった。正月とお盆にだけ家に帰る、専業出稼ぎ先から帰った親父さんと道で会うと、いかにも根子の人という感じで歩くわたしの顔をしげしげと見ながら、「お前さんは、どこの家の人だっけか。ちょっとわかんねェな」と、不思議がられることもたびたびだった。

いつもは寂しいほど静かな道を、いかにも都会っ子とわかる子どもたちが、道を往き来している。釣竿とバケツを持って根子川へ行ったり、虫かごを手に畦道を駆ける子どもなどで、根子の自然はいっそう生き生きしてくるのだった。道を歩く男女の服装も、カラフルに変わった。

そして八月一三日、まだ薄暗いうちから、ボリュームをいっぱいに上げたスピーカーが鳴り響く。

「さかなアー、やさいイ、にくウー、メロンー。さあァ、いらっしゃい、いらっしゃい……」

お盆の買い物をする根子の人たち。

かつては四軒もあった店が、いまでは二軒だけになっている。いつも閉ざされている旧店舗の戸があけられ、大型トラック一杯に積んできた生鮮食料品を、ところ狭しと並べて、お盆用に売るのだった。どこの家からも、二、三人がかごを持って集まってくる。「その魚一匹」「肉を一キロ」「メロン一〇個」といった具合に、売り手と買う人の言葉がとび交う。一年のうちで、根子がもっとも賑わう時だった。そして朝が明けきるころには、山ほど積まれた生鮮食料品のほとんどが売りつくされ、少し遠い家では軽トラックで買った物を運びにきた。それほど人口が増えているのと同時に、お盆は年に一度の、盛大な宴の時でもあった。この日を待っているあいだが長ければ長いほど、短い期間を食べて飲み、語って笑いあう日にしようと、どこの家でも精一杯なのだ。

そして午後三時ごろになると、新しい涼衣に着替え、花や赤飯などを持ってお墓に行く。遅い家では陽が落ちるころに行くが、墓地が花で埋まり、線香のけむりが夕空にのぼっていく。どの家の縁側も開け放され、居間や座敷にはあふれるほどに灯がともり、夜が更けるまで宴会が続くのだった。

一四日の夜は根子小学校の体育館で、秋田県内ではもっとも古く、勇壮な郷土芸能として知られている「根子番楽」がおこなわれる。ふるさとに帰った人たちは、その番楽の囃子《はやし》や踊りに昔を想い、ふるさとの味を感じとるのだった。彼たちはあらそって御花（祝儀）をあげ、

「ひとつ金、一万円也。東京の○○さあーん」

「ひとつ金、二万円也。千葉県の××さあーん」と呼びあげられ、ふるさとに錦を飾った気持になるのだった。

だが、一五日ころになると、ふるさとで思いっきり生活した都会人たちは、また車に乗り、根子トンネルを抜けて、雑踏のなかへと帰って行く。出稼ぎ先から帰った人たちも、現場へと戻っていく。そして二〇日ごろには、いつもの静かな根子になるのであった。

お盆が過ぎると、もう秋である。それは自然だけでなく、山村の人たちの心も、秋になるのだった。老人たちは胸のなかをしゅうしゅうと走る寂しさをなでながら、また、来年のお盆を待つのであった。

冬仕度　薪割り・ブナの実拾いを楽しむ

晩秋の日があふれる朝、前から頼んでいた薪が小型トラックで運ばれてくると、軒下の道路わきにゴトン、ゴトンとおろされた。

長さもちょうど、ストーブで焚けるように切られていた。わたしはさっそく着替えて、大家からマサカリを借りてくると、薪割りにかかった。薪はナラ、ブナ、シラカバなどさまざまだが、マサカリを振りおろすたびに、コカーンと響きのいい音をたてて、小気味よく割れる。久しぶりに味わう薪割りを楽しみながら、なんだか阿仁の住民になったような気持になった。そばを通る人たちも、

「おや、薪割りだんスか」「冬もえるんだスかい」「ええ薪を仕度したんスな」などと、声をかけてくれる。

だが、その元気が続いたのも一時間くらいのもので、そのあとは額に流れる汗をふいたり、水を飲みに行く回数が多くなったり、薪に腰をかけている時間が長くなった。

午後になるとそれがいっそうひどくなり、大根抜きから帰ってきた友人や、仕事から戻ってきた知人に助けてもらい、暗くなってようやく終わった時は、ぐったりとなった。

でも、高く積まれた薪の山を見ていると、なんとなく豊かな気持になった。また、根子集落の人たちも、この男はいつ逃げだすんだろうと見ていた人もいたようだが、冬も住む支度をしているのを見て、わたしを見る目も少し変わったように思われた。

阿仁のような山村だと、寒い年は一〇月の初旬ごろから暖房が必要となる。わたしが阿仁のむらを最初にたずねたのは一九六〇年だが、そのころは朝晩になると、どこの家からもたつきの煙りがのぼったものだった。いろりやかまどで薪を焚き、煮物をしたり暖をとったりしていた。

それがいままでは、わたしの住む根子でも七五軒のうち、薪を焚いている家はわずか三軒

になっている。この三軒の家も、薪ストーブを焚いているのは居間だけで、台所ではプロパンガスや電気釜を使い、風呂も石油で沸かしている。新築した家に行くと、いろりやかまどが消え、こたつさえ見ることがなくなった。阿仁でも薪や炭などに代わって、石油が燃料の王座についてから長く、薪とか炭ということばさえ知らない子どもが多くなった。

薪炭林用の雑木林は、木を伐採する人がいないのでどんどん伸びているし、いろりや薪ストーブがなくなったので、それまでは燃やしていたゴミがどんどん増えて、根子にも燃えるゴミを集める車が週に二回、燃えないゴミの車は二週に一度のわりでくると、ゴミを満載して出て行く。

もちろん、ゴミが運びだされると同時に手数料も取られるが、山村にいても自給自足の生活はだんだんと消えてきている。そして、ますますカネの必要な生活になり、田畑は朝晩と日曜の仕事になってしまい、日中はカネを稼ぐ仕事にでているのだった。

わたしが阿仁生活をはじめた時は、やはり石油ストーブを持ってきた。阿仁の人たちは冬に入る前に、ドラム缶で何本を買って小屋に入れているが、わたしのように一回に一八リットルのポリ容器に一つだけ買う場合も、朝に電話をすると昼ごろには配達してくれるので、非常に便利になった。

しかし、海辺の小都市で暮らしている時は、石油にどっぷりと漬かる生活をしていてもべつに気にならなかったのに、阿仁に住みだしてから妙に気になりだした。

周囲にはいくらでも薪炭林があり、手間さえかければいくらでも手に入れられるのに、肌に突き刺さってくるような温かい石油ストーブにあたらないで、温かさが肌に語りかけてくるような薪ストーブを、どうして使わないのだろうかと思った。海辺の小都市だと、薪を用意するのが大変だが、阿仁だったらいくらでも薪が集められると思ったからだった。わが家で飲んだ時にそのことを根子の友人に言ったら、「薪ストーブを焚くなんてのは、いまはここでも最高のゼイタクだよ」と一笑された。

確かに彼の話を聞くと、山で木を伐り、積んでおいて冬に雪を利用して家に運び、さらに短く切って割り、また小屋に積むという作業は大変だと思った。それだけの手間をかけるのだったら、働きにでてカネを取り、それで石油を買って暖房に使った方が、はるかに安くつくというのである

わたしもひと晩計算をしてみたが、彼の言うとおりに安くつくのがわかったので、石油ストーブにくらべると、薪ストーブの温かさはいいよくらいでは、他人にすすめてもあてにされないと思い、晩秋から自分で薪ストーブを焚くことにした。四分の一棚という少ない量だが、ひと冬は十分にわたしを温めてくれるだろう。その晩は少し体が痛かったが、冬住まいの準備ができて、わたしの心は満足だった。

薪割りをしたその翌日も、一一月小春であった。昨日の疲れでいつもより遅く起きたところに、家主の婆さんが来て、

「きょうはええ天気やから、山さ行ぐよ」と言った。
実は夏のころから、晩秋になったら根烈岳へ、ブナの実を拾いに連れて行ってください
と頼んでいた。わたしも子どものころは、秋になるとブナの実を拾い、いろりの火であ
ぶって食べたものだが、ブナの実のあえものがいちばんうまいと根子の人から聞いたの
で、ぜひ食べてみたいと思っていた。ちょっと体が痛いし、明日の方がいいのだがと考え
ていると、
「きょうの天気は儲けものや。明日はどうなるかわからん」と、心を読まれたように言う
ので、さっそく残り飯を食べると、コダシに布袋を入れて山に向かった。
根烈岳《ねれつだけ》（八三五メートル）は中腹までは秋田スギにおおわれているが、それから上はブナ
林である。しかし、そこまで登るにはなかなか大変で、急な山につくられた折り畳み式の
細い道を登って行く。六八歳の婆さんについて行くだけで、息が切れた。スギ林のなかも
細い道には落葉がいっぱいで、ゴソゴソと音をたてながらこいで登った。
ブナ林地帯に着くと、きれいに葉を落としたブナ林は白骨が並んでいるように、荒涼とし
ていた。ひと休みしたあと、山道に敷かさっている落葉を捨てて、上から下に竹ほうきで掃
くと、三角のブナの実が、くぼみにたまるのだった。それを拾って布袋へ入れるのだが、う
まい方法だと思った。これだったらそんなに時間をかけなくとも、小さな実をかなり拾うこ
とができるからだった。昔からのやり方は、ちゃんと理にかなっているなと感心した。

昼ごろに家へ帰ると、拾ったブナの実を水洗いして、ストーブのそばに新聞紙をひろげて干した。その翌日、朝起きてカーテンを引くと、みぞれになっていた。もし昨日行かなかったら、ブナの実拾いはダメだったなと思いながら、「きょうの天気は儲けものや」と言った意味がよくわかった。

「根烈岳に雪が三度降ると里にも雪が……」

根子を囲んでいる山々が紅葉をはじめると、寒さは急にきびしくなってくる。朝や夜はストーブに火を入れるが、野山の燃えるような短い紅葉が終わるころになると、もう一日いっぱいストーブの世話になるのだった。

山の畑に晩秋の日があふれる日曜などは、家族が総出で収穫に追われる。豆類やソバはすでに刈り取ったが、最後まで残していた大根やキャベツなどの菜類を取ると、冬の貯蔵用に漬けこんだり、畑に穴を掘ってワラを敷き、そのなかに菜類を入れると土をかぶせて小山をつくり、その上に赤い布を結んだ長い棒を立てる。真冬になって雪がドコドコ積っても、菜類を貯蔵している場所がわかるようにするためだ。

暖房用の灯油も、ドラム缶で何本も運んで来てもらい、小屋に入れる。外に積んでいる薪なども、小屋のなかに山と積む。こうして畑の菜類を始末し、燃料も運び込むと、こんどは豪雪に備えて、窓や入口などを囲む。昔、屋根がまだ萱屋根だったころに比べて、最近はほとんどの家が改築した時に、トタン屋根に替えてしまった。

そのため、積もった雪がある程度の重さになると、ドドドッと自然に落ちるのだが、その時の力が激しく、細い棒で窓をおおっていると、雪が落下した時に棒が折れ、窓ガラスも割れて、家にどっと雪がなだれ込むのだった。それを防ぐために、太い丸太を何本も窓や縁側などに立て、さらに厚い板を横に結ぶのだった。家々の姿はまるで、武士がよろいを付けて戦へ出る時のように頑丈になるのだが、この仕事が大変だった。

「根烈岳に雪が三度降ると、里にも雪が降る」

と言い伝えられているが、一一月の末に初雪が降り、何度か降っては消え、降っては消えして、一二月の初旬には根雪になるのだった。ほんとに、あっ、あっと思っているうちに、猛スピードで晩秋かから冬に入ってゆく。

晩秋のころはストーブを焚くほどでもないので、コタツに入り、小さな石油ストーブで暖をとるが、初雪のころになると、それだけでは寒さをしのげなくなってくる。

初雪のあった朝、秋のうちに薪を仕込み、掃除もしておいた薪ストーブに火を入れたところ、煙が煙突から外にでないで、部屋中にひろがった。おかしいなと思いながらあれこれやってみても、部屋の煙はますます濃くなり、せき込んで外にでた。

知人のところへ走って行き、一緒に来てもらったところ、彼は部屋に入ってもうもうと煙を上げるストーブを見ると、ニヤッと笑って外にでて行った。なにをするんだろうと思っていると、彼ははしごをかけてするすると登って行き、風除けの煙突を取ってくると、わたしに見せた。

なんとその煙突には、雀が巣を組んでいるのである。取りだしてみると、三つもあった。これでは煙が外へでていかないわけである。春から夏にかけては、半日くらいも火を焚かないでいると、雀がもう巣をつくるというが、さすがに根子だと感心したのは、はじめて住んだ年の初冬のことだった。

たいてい根雪になる前後に、夜に閃光を走らせて雷が聞こえる。雪国の人たちは冬に雷が鳴るのを、「雷おろし」といって大雪になるのを知らせる音だという。翌朝、起きて窓のカーテンを引くと、ユサユサと大きな雪が、まるで生き物のように落ちている。いちめんが灰色の世界となり、すぐ向かいの山も見えない。家も小屋も夜も雪に埋まり、小川の音も雪に埋もれて聞こえない。窓をあけると、雪がぶつかり合いながら降ってくる音が聞こえて、これから続く長い白い冬の日々を知らせてくれる。

根雪になると、雪除けのブルドーザーが早朝にやって来る。根子の人たちもまだ暗いうちに起きると、入口などの雪を片づけると、車に乗って働きにでかけて行く。そのあとでこんどは、子どもたちが学校へ行くので、村には年寄りと幼児たちだけが残される。夏はちょっとした物音にも吠えていた犬でさえ、物音一つさせない。雪のなかをこぐように年寄りだけのいる家に行く。背中を丸め、石油ストーブを抱くようにしてテレビを見ながら、「冬は黙ってることだス」と、あまり体を動かそうともしない。

だが、大人たちは大変である。大雪の日は午後三時ころになるともう暗くなりかけるから、仕事を終わって家に帰って来る午後五時半から六時ごろは、もう真っ暗である。だが、それから雪除けの仕事が待っている。疲れた体にムチを打って、シャベルやスノーダンプで、積もった雪を川や田んぼに運んで行く。家から電線を引いて電灯をつけたり、自動車のエンジンをかけたままライトを照らしたりして、八時ころまで雪捨てに励む家もある。

トタン屋根は自然に雪を落としてくれるが、その落ちた雪が地面に積もった雪とつながり、家が屋根だけを残してすっぽり埋まるのは、大変危険なのだ。雪が凍って収縮していく時に、屋根から落ちた雪と地面の雪とに引っぱられて家が潰れたということは最近はないものの、家から離れたところの出づくり小屋などは、雪が深くて雪おろしに行けないでいるうちに、潰れていることがときどきあるという。

「冬分は、一人は雪除けに必要や」

と言うが、そのために冬期間だけ仕事を休む人はいないので、どうしても雪除けは早朝と夜の仕事になるのだった。だから日曜になると、どこの家でも一家総出で雪除けをするので、ひっそりとしていた根子は、急に活気づくのだった。

何日もユサユサと大雪を降らしたあとで、天気が回復して晴天がやってくる。スギ林も雑木林も雪におおわれて、白い白い世界である。青空は底が抜けたようにキンキンと澄み、新雪が太陽の光をあびて雲母《きらら》のように輝いていて、大雪の直後の晴れた日は、気が遠くなるほど美しい。薄暗い家のなかで何日も暮らしてきた目が、あまりの明るさにキリキリと痛むのだった。そんな雪原を歩いていると、青く澄んだ青空から、風花がひらひらと舞い落ちてくる。遠くで降っている雪が、風に乗ってやってくるのだった。

しかし、晴天も何日と続くことがなく、また雪降りの日になるのだった。根子では普通の雪の年でも、一二月のうちに一、二回は雪おろしをしたというが、いまでもわずか数軒だけになった萱屋根の家では、年内にそれくらいの雪おろしをしていた。雪国の人たちにとって、冬は毎日が雪との闘いの日なのである。

春の音

雪国のなかでも阿仁町のような豪雪地帯は、三月二一日の春分のころになっても、まだ冬の日が多い。陽の光で雲母のように輝く雪の上に、急に暗くなった空からゆさゆさと雪が降るのだった。春が近づいていることを感じて気持をのんびりさせていた人たちは、あわてて外にでてシャベルやスノーダンプを手にすると、道に積った雪を片付けるのに汗を流すのだった。空がコバルト色にまばゆく晴れ渡った日でも、キラキラと光りながら風花が舞うのだった。山奥で吹雪いている雪が、風に乗って運ばれてくるのであった。

そして四月上旬のある日、突然、暗雲が空をおおうと、西南風の春一番が吹き荒れる。春一番は一瞬のうちに南から北へと狂奔することもあれば、その年によっては一日いっぱい吹きまくることもある。山村では家が谷の底にかたまっているので、上空では嵐みたいな風が通りぬけ、家のまわりでは竜巻のように春一番が荒れる。まだ、幹まで雪に埋まっている屋敷のケヤキや杉の大木が根元からゆさぶられ、家全体もきしみ、大地は揺れて山に積った雪に深い割れ目がはいる。

春一番が吹きぬけると、遠くの山々は淡くかすみ、すべてが春の色に衣更《ころもが》えしていく。春一番といえば、雪国では長い冬が終わって春が訪れる明るい意味を持っているが、漁村では漁師たちが最もおそれている風の名である。出漁中に春一番に出合って漁船が遭難し、多くの犠牲者を出している例が多いからだ。また、海岸に近い都市では、春一番にフェーン現象をともなうので、とくに日本海側では過去に何度も大火災を発生させている。

春一番が去ると、そのあとはしばしば大雨をともなった春の嵐がやってくる。風と雨で融けた雪水は、雪と大地のあいだを伝って小川に集まる。冬のあいだは細い清水だった流れは、人家のあるところにくると濁流となって川岸の雪を運び、川底の石をさらってくだった。真夜中になると濁流の音が枕元にも響いてきて、春が訪れてきているのを知らせる。豪雨の春の嵐が続くと下流では融雪《ゆうせつ》洪水となり、まだ堤防などが完備されていなかった昔は、大被害をもたらした。

春一番が吹き去ると、山村では雪のなだれが起きる。急な山の斜面では、春一番の時に積った雪に亀裂がはいるが、春の嵐のとき、その割れ目に雨がはいったりすると、雪がなだれ落ちるのだった。遠くからゴッゴッゴーオと響いてくるなだれの音もまた、雪国の人たちの心を沸かせた。なだれは春を運んでくる音であると同時に、なだれの起きた跡にはもっとも早く、春の幸が芽を出すからであった。しかし、時にはこのなだれが、凶器になることもあった。雪道を歩いている人たちの上になだれが襲いかかり、谷底に埋めてしまうからだった。急な斜面についている雪は敏感で、人の足音も感じとってなだれを起こすこともあった。

春の嵐がはじまった山々は、雪がかたくしまっているので、かんじきをはかなくとも歩けた。わたしはこの季節の山が好きなので、よく山へ行く。まだ雪は深いが、大木だと木の輻射《ふくしゃ》による融雪で、根元の雪が解けている。青空をバックにして見る落葉樹の裸の枝が、とっても美しい。沢に行くと一面が厚い雪でおおわれ、濁水が激流となり、岩にぶつかる音が雪の下から聞こえてくる。だが、沢の上は注意して歩かないと、危い。雪が解け

春の水でまわる水車。

てうすくなっているところを踏むと、沢の底へ落ちこむからだ。雪の表面が黒っぽく色づいているところは薄く、白いところは厚いので、色のついていない上を渡った。雪が解けて口を開けている底をのぞくと、濁流が音をたてて流れている岸に、シノベやフキノトウが生えている。もう春が来ているのだった。

やがて白一色だった野山は、白と黒の斑模様《まだら》へと変わっていく。黒い部分が春である。さらに残雪へと移って黒の部分が多くなり、それからほんとうの春がやってくる。雪が消えるにつれて、フキノトウ、アサツキ、ウド、コゴミ、タラノメなどの山菜が、川岸から山へと順々に生えていく。それを追いかけるように、人びとは青物取り（山菜取り）に山へはいった。採りたての新鮮な山菜を食べながら酒を飲めるのも、長い冬を耐えてきた雪国の人たちの喜びである。アサツキやウドに味噌をつけて、生のまま食べるのがいちばんうまい。カリカリと歯ごたえがして、山菜独特の香りとにがみが口のなかにひろがると、わたしの内部にも新しい生命が蘇るような気持になる。

フキノトウもゆがいておひたしにしたり、きざんで油味噌で炒めてみたり、みじん切りにしておき、食べる直前にお椀の味噌汁にいれてもおいしい。コゴミのおひたしに、タラノメの天ぷらや塩焼きなど、自然の恵みが食卓をにぎわしてくれる。

このころになるとブナやナラなどの枝先に、小さい若芽がうまれてくる。そして、日一日と大きくなって、深く青い空に、淡い緑がひろがる。落葉樹の若芽はうぶ毛が生えていて、陽をあびて美しい。

そして雪の消えた田んぼや畑では、農家の人たちが農作業をはじめる。その合い間をぬって青物とりに行くというように、忙しくなってくるのだった。しかし、その忙しさはまた、春の訪れを体で十分に感じとれる日々でもあった。

自然があわただしく変化していく四月は、雪国に生きる人たちに喜びをあたえてくれる季節でもある。

土間のない家で

絹のように細かい梅雨が降る日の午後、仮の住民になっている阿仁町の農家をたずねると、婆さんが上がり框《かまち》にナイロンを敷き、その上に坐ってミズ（山菜）の整理をしていた。顔見知りのその婆さんは、わたしの顔を見るとあわててミズを片付けようとしたので、「婆さん、それでええスよ。片付けないで、仕事やってけれ」と言ったら、

「息子たちに知られれば怒られっから」と、手早く片付けてしまった。

きれいになった上がり框に腰をかけて、婆さんから話を聞いたが、息子に怒られるという言葉が気にかかった。わたしも知っているが、かつては婆さんの家は大きな萱《かや》屋根だっ

た。ところが息子夫婦が跡を継ぐようになった八年ほど前に解体し、二階建ての立派な家を新築した。屋根はトタン張りとなり、ガラス窓の多い家となった。トタン屋根にしたことで、この町のような豪雪地帯ではひと冬に五、六回も、重労働である屋根の雪下ろしをしなくともよくなった。また、昔の家は昼でも暗かったのに、ガラス窓を多くしたので、とても明るくなった。台所や便所もきれいになったし、いろりから石油ストーブに変わったので、昔のように煙で目を赤くはらしたりしなくともよくなった。前に婆さんのところへ来た時も、「こんなに住みごたいのええ家に、入れるなんて思わなかったじゃ。やっぱり、長生きはするもんだな」と喜んでいた。

家が新築になって大いに満足した婆さんに、一つだけ不満があった。それは、新しい家には「土間」がないことだった。昔の家の場合は、玄関から上がり框のあいだに、広い土間があった。粘土を入れて固めたうえに、毎日のように人が歩くものだから、石のように固まっていた。しかし、土で固められている土間は、田んぼや畑から泥足や泥靴のままでも入れたし、また隣近所の人たちもそんな姿で土間に入り、忙しい時は立ったまま、時間がある時は上がり框に腰をおろして話をしたり、用事をたしたものだった。いま流にいえば、コミュニケーションの場であった。

それと同時に土間はまた、作業場でもあった。米や大豆などの脱穀の時に使ったり、山菜や野菜を整理する時には、土間にムシロを敷いて坐りながらやった。正月には土間で餅をつき、冬はまた子どもの遊び場ともなった。しかも、土間の片隅は米や大豆などの貯蔵場所であったり農具の置き場であったり、牛や馬にあたえる干草を屋根裏から下ろしてくると、台切りでこまかく刻む場所でもあった。このように土間という空間は、多目的な使用に適している、「生産」と「暮らしの場」が共存している場所であった。

ところが、土間を必要とした時代にくらべて、農業そのものが大きく変化してきた。農家の兼業化がどんどん進み、この町でも専業農家は十数軒となった。しかも、過疎化が進行するにつれて汽車もバスも本数が少なくなり、朝・昼・晩の運行だけでは通勤に使えなくなった。夫婦とも職場が違うと、途中まで送ったり迎えにいったりというのは不可能なので、高い買物になるが、車が二台必要となる。都市部では交通の網がちゃんと張られているが、山間部や農村地帯は、一人で一台持っていないと、働くに働けない時代になっている。都市部の車持とは、その意味でかなり違う。

兼業化がどんどん進むと、仕事の主体がどうしても兼業に大きく傾くため、日曜と朝晩農業になっていく。田んぼの水の管理や見回りも、時間がないので車に乗って行くことになる。残業で帰りが遅くなる時などは、道路端から車のライトで照らしながら見たりすることもある。泥足や泥靴で田畑から帰ることもなくなり、用事は隣の家へも電話をかけて済ませるようになった。これは農家だけではなく、都市部でもそうである。

このごろはまた、餅搗器《もちつきき》があるので居間や台所でやれるし、昔は家に運んでやった米や大豆の脱穀も、いまは田んぼや畑でやるようになった。野菜はきれいに洗ったものを店から買ってくるし、農業機械は別建ての車庫に入れるというように、農業や農作業の激しい変化のなかで、土間はだんだんと必要ではなくなってきた。そして、土間の代わりに何がつくられたかといえば、シャンデリアが下がり応接セットがあるという豪華な応接間である。しかし、一年に一回使うことがあるかないかだろうが——。

土間は必要でなくなったからいらないと、婆さんの息子が家を建てる時には土間を設けなかった。その代わりに、立派な応接間をつくった。しかし、長年にわたって土間で働き、暮らしてきた婆さんにとっては、それがとても寂しかったという。天気のいい日は庭先にムシロを敷いて手仕事をするが、雨の日はどうしても土間の続きである上がり框でするようになった。ところがある日、急用で家へ帰って来た息子に、上がり框に山菜をひろげている姿を見られ、こっぴどく叱られたのだった。「客がくる玄関では、物を散らかして働いとるな」と。

土間という「生産」と「暮らしの場」の空間がなくなっている最近の新築されたばかりの農家を見ていると、農業と農家生活の土台がぐらぐらしてきたからではないかと思われてならない。住宅のなかに空間がなくなったら、住宅の生命である「やすらぎ」が得られるものなのだろうか。

橋・道・役場

　十数年前に過疎地域の指定を受けている山村の町や村を歩いていて目につく立派な建物といえば、役場と学校であった。遠くで大きな建物を見つけ、「おや、あの建物は何だろう」と思いながら近づいて行くと、この二つの建物のどれかであった。これに最近は、町・村民公民館やお寺などが次々と新しくなり、真新しい建物が陽をあびてピカピカと光っている様子は、まるで住民を睨みつけているように見えることさえある。

　でも、誤解して欲しくないが、山村に立派な建物があるのを悪いといっているのではない。山村にだって都市部のように、新しい建物が林立していたっていいと思う。ただ、次々と建物が造られていくなかに、過疎地から脱却して活気のある地域にしようという考え方がさっぱり見えないものだから、山村を歩いていて立派な建物を見ると、わたしは腹が立ってくるのである。

　日本が高度経済成長期に入る前の町村長たちは、選挙になるとあの橋はオレがかけた、あの道路はワシがつくったと叫んだものであった。高度経済成長期のなかでその橋や道路が一応つくられてしまうと、こんどはあの村民体育館はオレが建てた、あの学校はワシが建てたと選挙で訴えた。なんのことはない、道から箱物に代わっただけのように見えるが、地域にあたえる影響は大きかった。いくつか例をあげながら、立派な建物がおよぼしている実態を見てみたい。

この町の役場は建ってから一〇年近くなるので、いまではちょっと色褪せてしまったが、建った時は、山奥に東京のビルが建ったと騒がれたほど超モダンな建物だった。ところが、狭い斜面をくずして庁舎の敷地にしたものだから、広い駐車場がつくれず、八台も置くと一杯になるのだった。一〇〇〇メートルほど離れたところに新しくつくった駐車場に車を置いて役場へ来るため、村民たちの不満は大きい。また、平担な土地がないので、役場のそばに新しい設備をつくれないので分散してつくってしまうため、ヨコの連絡がうまくとれずに弱っている。村民たちは役場が遠いので、ちょっとした用足しに行くにも時間がかかるため、大いに困っているのだった。どうしてそんな所に役場を建てたのかといえば、二つの村が合併した時までさかのぼらないといけない。

この町は二つの村が合併して生まれたのだが、山奥を流れる支流を二分した形で上流と下流に分かれていたため、県の強い指導を受けて合併の話がおきたものの、二年がかりで大いにもめた末に難産したのだった。難産の原因はいくつかあるが、一つは鉱山村と純山村という性格がまるで違う村が、一つの流域にあるためという理由で合併を指導した行政の責任。二つは、合併すると村長は一人になり、村会議員も半分に減るので、役職につきたくともつけない人が続出するという内部の問題だった。

約二年間にわたって、密談や行政懇談会が八〇回近く持たれ、会合の席上で喧嘩となり、四人も怪我人が出て裁判沙汰まで起きた末に合意に達したのは、四年ごとに町長は変わり、それも旧村ごとに交代して同じ人が続けないこと。助役は村長の出ない旧村から出すという、大岡越前なみの人情にあふれた裁断であった。しかも、役場は村の境界に建てること、合併する期日は双方の村で村会議員の選挙があった直後にすることも決まった。二つの村の村会議員たちは四年間だけ、町会議員になれるという花道をつくったのだが、これはうまくいった。

もう一つの村と村との境界に役場を建てる件は、決めてから調べると、その場所は双方の山や川に向けて激しくくだっている所で、とても庁舎の敷地にできるような所でなかったが、いったん決めたことだからと建てることになった。こうした点になると、山村の人は義理固い。ところが、役場の設計をしている時に、県南で合併した町で県内一という立派な役場が完成した。議員たちは温泉一泊の日程で視察に行った。そして帰ったとたん、オラもあんな立派な役場の二階に設けられた議会でやりたいと騒ぎがおこり、町有林の八割の杉を伐採してその費用をつくり、県内一の超モダンな役場が完成したのであった。その時の議員で、いまも現役で残っているのは七人だけである。

町長の持ち回りはうまくいっているかって？　決めた事をきちんと守る人だけだと、世の中は平穏ですョ。町長選挙になると旧村の代表がそれぞれ立候補して、オラの村から町長を出そうと、そりゃ激しい争いをやっておりますョ。まア、選挙のたびに、三〇人から四〇人ぐらいの違反者が検挙されておりますな。

町にはわたしもよく行くが、超モダンな役場を境にして、町民たちが小さな問題でも大騒ぎしている光景をよく見かける。また、村有林の八割を役場の建設につぎ込んだので村の財源が底をつき、今では町が大きな赤字をかかえて地方財政再建団体に指定されている。合併した時は一万三〇〇〇人もいた人口が五七〇〇人に減ってしまい、六五歳以上の高齢者が一九・四％もいるのに、町ではなんの手も打てないのを見るにつけて、あの立派な役場が地域をダメにしていったシンボルのように見えてくるのだった。

この町だけが特別なのではない。日本の各地に、このような町は沢山あるのではないだろうか。いや、都市にだってあるのではないだろうか——。

男七人に嫁二人

最近、どこの農村に行っても深刻な話題になるのが、農家のヨメとムコ不足の問題である。農村のヨメ、ムコ不足がとり沙汰されるようになってから久しいが、このごろになってその話題が悲痛な叫びにかわってきたのは、ヨメの来手がなくて悩んでいる未婚の高齢者が、年を追うごとに増えているからだ。いまや四〇歳すぎても結婚できない独身者はざらで、まもなく独身のままで五〇代に突入する人が出ようとしている。結婚は個人の問題だが、ここまで深刻になってくると人道問題であり、社会問題にも発展してくる。

わたしが仮の住民になっている阿仁町でも、この問題は深刻である。一昨年の秋に町政座談会を開いたところ、

「おらの町でも、四〇歳をすぎても結婚のメドがたたない人が増えている。この問題を投げ棄てておき、活性化もあるもんでない。早くヨメっこ探してけれ……」という訴えに、町の幹部は衝撃をうけた。

その後の調査で、農家戸数一二〇〇戸のこの町で、三〇歳をすぎた未婚者が二一〇人、三五歳以上の後継者が五三人で、そのなかに未婚の男性が四人もいた。

A　四三歳で、母と弟の三人家族。水田一・三ヘクタールにキノコの栽培をやっているまじめな農民だが、自分は結婚をあきらめ、弟に結婚を託して家の後継者にしようと考えているが、その弟も二九歳になってまだ独身。

B　四一歳で、祖母、両親、本人の四人家族で、水田一・一ヘクタールのほかに四〇〇頭の養豚をやっているが、働き者なのにいまだに結婚相手が決まらない。

C　四五歳で、祖父母と母、本人の四人家族、水田は一ヘクタール。六年前から出稼ぎをやめ、地元

で働いているが、最近はヨメの話もこない。
Ｄ　四〇歳で、両親と本人の三人家族、水田一・五ヘクタールのほか山林もあり、山菜取りをしてかなりの収入をあげているが、これまであった話は女性側から断られ、悩んでいる。

このままでは独身のまま五〇代になる人も出てきそうだし、四〇代の未婚者もどんどん増えていきそうなのだ。しかも、若い娘たちが高校卒業と同時に県外へ就労し、そのまま町にもどってこないため、未婚男性七人に未婚女性二人というように、絶対的な女性不足のなかでは、なんとも打ち手がないのである。町内で誰かが結婚すると、結婚できない数人の男性が生まれるのだった。

三五歳以上で独身の男性のほとんどは、農協の集会にも同級会にも行かず自暴自棄に陥って暴飲して暴れたり、朝も起きないで寝ていたりと、暗い影を背負う家族が増えているという。独身だというだけで引っ込み思案になり、誘われても外出しない分だけ気持が滅入り、家庭内で肉親にあたり散らすのだった。このままでは家庭破壊につながり、町の人口減少と高齢化に拍車がかかり、地域崩壊につながる危機が目前に見えてきた。

農村の後継者たちの結婚難を解消しようと、秋田県内の農業委員会が中心になって結婚相談所を設置したのは、一九七五年ごろからであった。それから現在まで、相談員の委嘱、仲人奨励金制度、都市の娘たちとの集団見合い、広域交流会の開催などに多くのカネをつぎこみ、ヨメ、ムコ探し運動を展開してきた。一組の新婚さんをまとめると、町村役場では二万円から五万円の仲人奨励金を支給したり、新聞やテレビなどが集団見合いの様子を大きく報道するなど、ヨメ、ムコ探し運動は華やかに続けられた。だが、ここ一〇年の県内の市町村相談所の実績をみると、うまくいったところで年に一組か二組で、ゼロという結婚相談所が多いというように、カネをかけ行政が動いたわりには情けない結果になっている。この町の場合も同じで、結婚相談所を開設して独身男女の名簿はつくったものの実際に相談所が動いて結婚にゴールインできたのは一組もない状態だった。男七人に女は二人という町の未婚男女の深刻な実態の前では、行政の対症療法ではどうにもならなかったのである。

町内の未婚者の実態に驚いた町の幹部は、花嫁をフィリピンから迎えている山形県内の二つの町に、そのノウハウを聴きに調査団を出したが、それではおらが町にもフィリピン娘の花嫁をというわけにはいかないことを、逆に知らされて帰ってきた。行政は打ち手もなく、こんどは沈黙をはじめた。その沈黙した町役場に、「優秀で能力のあるタイ国女性を紹介します」というパンフレットや、「陽気で我慢強く、働き者のフィリピン娘を紹介致します」という広告の載った新聞が、次々と送られてくるようになった。国際結婚の仲人と称する商売人は、費用の全額を保証金として一括して申し受けるとして、その額はだいたい三〇〇万円。

農村のヨメ、ムコ不足に便乗した、たくましく、しかもあきれた商売の急増加にびっくりしていたら、三〇代半ばの未婚の息子がいる家にいき、印鑑を出させて「印相が悪いからヨメがこない」と印鑑代として一五万円をだまし取られた問題が隣町で発生した。また、秋田市内のある結婚相談所は、結婚の意志のないコンパニオンを使い、未婚の長男たちと集団見合いをさせて騒がれるなど、結婚商売はエスカレートしていく一方だ。今後も、結婚話をエサにした商売は、農村地帯でどんどん増えていくことだろう。

消えるか薬行商

雪国の山村には、梅雨が終わると夏が一度にやってくる。低い山あいに張っていた雨雲が去って、夏の陽がカッと照りつけると、田んぼの稲はもちろんのこと、野山や道端の草もぐんぐん伸びて、濃い夏草の匂いに満ちてくる。蝉の鳴き声がいっそう激しくなり、シオカラトンボが小川や田んぼの上を、ひっきりなしに飛びはじめる。

毎年この時期になると、山田富治さん（七五）は旅仕度をして早朝に家を出る。薬の行商に行くのだった。誰も見送る人がいないが、富治さんがはじめて売薬の旅に出たのが高等科二年を終えた年の秋だったから、六〇年近くも一人で旅立ってきた。

秋田県北の阿仁町根子集落は、かつてはマタギの里として知られていた。藩政時代からマタギたちは初冬から春先にかけて、地元の山々はもちろんのこと、東北だけではなく、遠くは信越国境の苗場山麓や、奈良県の吉野の山中にまで、猟に出かけていた。

一般に、〝阿仁マタギ〟と呼ばれる発祥の地が根子集落だが、いつごろの時代からどうしてこの地にマタギが職業として定着したのかはわかっていない。富治さんは、

「根子は盆地で耕地が狭いもんだから、昔からここでは十分に生活ができなかったのじゃないスかね。出稼ぎに行くにしても、何か特殊なことを身につけてないといけなかったから、猟の腕をいかしたんでないスかな」という。「そうかもしれないね」とわたしは相槌を打つが、マタギを先祖にもって根子で生まれ、マタギに関連した売薬の仕事を長年やってきた富治さんの話の方が、学者の論文よりもずうっと説得力がある。

マタギの獲物はなんといっても熊が主体だが、猿とか兎のほかに、いまは天然記念物に指定されて獲れなくなったカモシカも昔は撃った。肉は自家用にしたり、また売ったりしたが、毛皮もまた高く売れた。残った血、内臓、骨などで、薬をつくったのだった。とくに熊の胆《い》と呼ばれる胆《たん》のうは高価で、現在でも一匁《もんめ》(三・七五グラム)一万円以下では買えないという。藩政時代には年に一定の量を、秋田藩の御製薬所が買いあげていた。

マタギが獲った動物を原料にしてつくったのが、一子相伝の家伝薬であった。富治さんの家が、根子集落の家伝薬の元祖だというが、いつごろからつくるようになったのかわからないという。でも富治さんは、「おそらく昔は、人から聞いて自分たちもつくり、飲ん

だらよく効くものだから、よそへ売り歩いてカネにしたのではないスかね」と、これもあまりこだわった言い方をしないところに、かえって真実味がある。売薬に歩く時は、藩政時代は肝煎《きもいり》から許可証を、明治以降は村役場から行商許可証を受けたが、行商はほとんど全国におよんでいた。

富治さんも最初は父と一緒に行き、一七歳の時から一人で歩くようになった。そのころは民家に泊まり、半年も家に帰らないで行商を続けたが、富山とか滋賀といった薬の名産地があるのに、「秋田の薬っていえば、効くことじゃ有名だったス。動物の臓器を主体につくった関係なんでないかねエ」と言うほど、よく売れた。ところが、アジア太平洋戦争になると家伝薬も統制され、秘法もすべて提出させられた。敗戦後には薬剤師の資格がないと薬をつくれなくなり、家伝薬の製法を持っている人たちが株主となって秋田県製薬株式会社がつくられ、そこで製造した薬を仕入れて売るようになった。一子相伝の家伝薬は、こうして日本から消えていった。

敗戦前は秋の収穫が終わると売薬に出て、春の農作業がはじまるまで半年近くも家に帰らないで行商をしたものだが、いまは短くなった。富治さんの場合も、七月中旬に出るとお盆までの約一カ月。お盆すぎにまた二〇日ほど歩き、あとは一二月初旬から正月までと、正月すぎにまた出るというように回数は多くなったが、年間に約三カ月ほど歩いているという。行商する範囲も狭くなり、秋田県内のほかは青森、岩手、宮城の三県で、昔はよく行った北海道には行かなくなった。全国を股にかけて歩いた富治さんにとっては、いささか寂しいようだ。「年をとったので、だんだんと歩けなくなってきたからスな」とは言っているものの……。

だが、ごたぶんにもれずこの世界でも、後継者がいないのが悩みのタネ――。

「いまの若い人は、商売に歩きたがらないスな。収入面からするといいんだども、一軒一軒とまわって、頭を下げて歩くのがイヤなようだス。先祖から続けてきた信用があるのに、親がやめるとそれで終わりというのが大半だス。残念だスな。うちの息子も、歩く気がないようだから、俺で終わりだと思ってるス」

後継者の話になると、富治さんの顔も暗くなる。

六〇年近くも売薬を続けてきた秘訣はと聞くと、「売薬だけでなく、なんでもそうだと思うども、まず信用を守るのが第一だスな。カネだけに執着して売りっ放しにしないで、自分も薬を飲む立場になって売らないと、人はついてこないし、長続きもしないと思うス」と、謙虚に語る。

真夏の陽が照りつけるなかを、きょうは富治さん、どのあたりを歩いていることだろうか。秋田の売薬行商の最後の一人として――。

家を壊す

阿仁町では最近、次々と家が消えていく——。

約一ヵ月ぶりに阿仁町へ行き、迎えに来てくれた知人の車で、小さなわが山荘に向かっていると、確かこの前に来た時は山裾にあった大きな萱《かや》屋根の家が、いくら見廻わしても見えない。あの家はどうしたのと聴くと、

「年をとって田畑を耕せなくなったからと、息子のいる東京の方さ行ったス」と言う。

車から降りて跡地に行くと、家は解体して片付けられ、庭木もほとんど掘られて、穴が残っているだけだった。近くに住む親戚の人たちが、掘っていったのだという。それでもまだ石垣などがあるため、家が建っていた跡だというのはわかるけれども、二〇年とか三〇年もたって野草がぼうぼうと生えるようになると、その草の下で何百年も人間が生き続けた跡などは、見つけることはできないだろうなと思うと、ふと寂しさを感じた。わたし自身も二十数年前に、山奥にあった約一四〇年ほど続いた家をたたみ、海辺の町に引っ越しをした。いまでも、たまにかつて家があった跡地へ行くと、その一四〇年という生活がほとんど消えているのを見て、驚かされているからだった。

山村に住んでいた人たちがどんどん少なくなっていくのも辛いが、でんと存在感を示しながら建っている家が消えていくのは、それ以上に悲しい。人が何代にもわたって営々と生き抜いてきた生活を刻んでいる土地が、また昔の山野にじわじわともどっていく様子をそばで見ていると、胸が痛くなる。この気持は実際に過疎地に住んでいたり、あるいは体験したことのある人でないと、ちょっと理解してもらえないのではないだろうか。

この町の仮住民になった

ころから親しくしていた伊藤一雄さんの一家も、千葉へ引っ越しをすることになったからと、奥さん手製の重箱と酒を持ってひと晩、わが山荘にやって来た。一雄さんは一男四女の子宝に恵まれ、長男は東京の大学を卒業すると向こうで就職し、四人の娘たちもそれぞれ結婚して独立した。一雄さんの場合は、田んぼをわりと多く持っているので夏は田畑で働き、冬期間だけ出稼ぎをしていたが、いずれ年をとって夫婦だけで生活していくのが難しくなると、息子のいる千葉へ行くことに決めていた。そのため、息子夫婦が家を建てる時は、所有している山林を土地ごと全部売り、そのカネで大きな家を建てさせた。そのなかには婆さんと、自分たち夫婦の二つの部屋をつくらせたのだった。

しかし、六〇歳になっていない一雄さん夫婦は、まだまだふるさとの町で暮らしていける自信があった。本音は、できれば千葉には行きたくない、働けるうちは阿仁町に住んでいたいと考えていた。ところが、結婚して八年近くも子どもが生まれず、心配していた長男夫婦に子どもが生まれることになった。長男の子は内孫だから、一雄さんにも嬉しい知らせであった。でも、その知らせに続いて届いた息子夫婦のことばに、一雄さん夫婦はびっくりした。

「とも子は子どもが生まれても勤めは辞めないというから、出産までに千葉へ引っ越してきて、子どもの子守りをしてくれないか」と、息子は電話で伝えてよこした。

この年で子守りだなんて冗談じゃないと、はじめは妻だけを行かせようとしたが、その妻が大反対した。知らない土地にひとりで行くのは寂しいし、年老いた婆さんと夫だけを残していくのも心配だという。いや、心配しなくともいいと言い合っているうちに出産が近づき、いささかヒステリー気味の嫁さんの声を電話で聞くようになると、一雄さんも覚悟を決めた。どうせ行くなら、望まれて行く方がいいと考えて、急に千葉へ行くことにしたという。

「やがては行くんだと思ってたから、それはええんだ。まあ、ちっとは寂しいどもな。それより困ったのは、婆さんなんだ。家は壊してもええから、俺の目の黒いうちは、屋敷を他人に手渡すな。俺は墓を守るから、ここにいると言って、いくら説得しても聞かねんだあ」と一雄さんは言いながら、ぐいぐい酒を飲んだ。

翌月に阿仁町の山荘へ行くと、一雄さんのことが心配になって、わたしの方から出かけて行った。家のなかはきれいに整理していて、

「ええどこに来てけだ（来てくれた）。実はあさって家を壊すことになったんで、知らせようと思ってたところなんだあ」という。

がらんとなった屋敷で、昼酒を飲みながら一雄さんはその後のことを語った。一雄さん夫婦は、千葉の息子夫婦のところへ行くことになった。八二歳の婆さんは、町営の老人ホームへ入れることになり、田畑は売るが屋敷だけは残すことにしたという。

「婆さんの様子を見に、ときどきは俺も来るだろうが、田畑がなくては、俺も他人だな」

と言う一雄さんは寂しそうだった。

家を壊す日に、一雄さんの家へ行った。わたしが手伝えるような仕事もないので、少し離れたところに婆さんと並んで坐りながら、解体作業を見ることにした。屋根の萱をはいでいくと、もうもうと埃があがった。建ってから約九〇年の家が消えていく時の、家の涙のようにその埃が見えた。

湿田と減反

ことしの秋田は梅雨が長かったので夏が非常に短く、秋も早く訪れるなど、天候はかなり不順だった。しかし、これといった大きい災害もなかったので、水稲《すいとう》の成長はよく、東北農政局秋田統計情報事務所は八月一五日現在の作況指数を一〇四の「やや良」と発表した。米が過剰な時代に豊作になるというのは、来年度に減反面積がまた拡大される心配を含んでいるものの、米作県に住む人たちにとっては明るい話題であった。

そんな出来秋の午後、空気まできりっと澄んだ秋日和にさそわれて山荘を出ると、田んぼに行った。雲のない碧空は深く、トンボが羽根を光らせながら無数にとんでいた。でも昔は秋の田んぼを歩くと、以前は音をたてながら跳んでいたイナゴが、山奥でさえ一匹もいなくなってしまったのは、少し寂しかった。

首をたれた穂に手をふれながら歩いていると、遠くの田んぼで働いている人の姿が見えたので、近づいて行くと、知り合いの留吉の家の婆さんだった。確か六五歳をこしていると聞かされているが、カマで稲を刈っている姿に、とてもその年齢を感じられなかった。わき目もふらずに働いているのでちょっとためらったが、「精がでるな」と、大声で言ったというよりは叫んだと言った方が正しい。婆さんは驚いて振り向いたが、声の主がわたしだと知って、仕事をやめると額の汗をふいた。

「どうだい?」もちろん、稲の出来具合を聞いたのである。

「田んぼに入ってみたら、だいぶ違うスな」

「思ってたよりも足りないの?」

「ええ、刈ってみると軽いスね」

「田んばで軽いようだと、相当に少ないスな」

「昔の人は、ウソ言わないスね。苗代《なわしろ》が半作、あとの半作は天気と手入れって言ってだも、ことしは天気があまりよくなかったし、手入れも息子夫婦が朝と晩にやるだけだからスな」と、婆さんはタメ息をしながら言ったが、それを聞きながらわたしは、作況指数一〇四の「やや良」と印刷された新聞記事を思い出していた。婆さんがカマで稲刈りをしている感触では、とても「やや良」ではないのだ。どちらが正しいかはやがてはっきりするだろうと思いながら、畔に二人で座ると、婆さんが持ってきていた缶入りのコーヒーを飲んだ。段々になっている広い田んぼにいるのは、出来秋だというのに二人だけで、あたりは物音もせずに静かだった。

「どうしてカマで刈っているんだい」

「ううん。ここはヤチタ（湿田）でな。いまでも、機械を入れられねえんだア」という。そう言われてよく見ると、膝株《ひざかぶ》あたりまでぬかっていた。

婆さんの話では、昔は湿田の深いところは、腰まであったという。嫁にきたころは湿田の仕事が一番苦しかった。

「ヤチタに入って働いた時は、仕事を終わって田の畔にあがると、泥人形みたいだったス。すぐそばの小川さ行って、股引きと腰巻きを洗って着ると、家に帰ったものだス。体もつかれるども、股引きは早くすり切れるし、腰巻の色は変わるし、大変だったス。着物がない時だったからねエ。それで、ええことを考えたんだスよ」

「ええことと?」

「ううん。このヤチタの仕事は、まわりの田んぼに誰もいない時に、来てやったもんだス。人がいないんで恥ずかしくもないから、股引きも腰巻もみんなとって、そっと入ったもんだス。腰から上はミチカ（短かい上着）着てるから、人が来たって体は見えねえんだなア。仕事が終わると、小川で腰の下の泥を洗ってから、乾いてる腰巻と股引をはぐと、ほんとに気持がえがったねエ。んだとも、その晩は腰がほてったり、虫にやられたのかかゆかったりしたども、便所さ行っては心おきなくかいだもんだア」と言う婆さんの話を、わたしは涙がいっぱいになって、目の前の稲が見えないほど笑って聴いた。その湿田も、敗戦後に耕地整理をおこなった時に、近くの山から岩石を運んできてどんどん埋めたので浅くなった。ところが、十数年たった最近は、またぬかり出してきたという。

「ここらのヤチタは底なしだから、石が沈んどるのだろう」

「だったら休耕田にすればいいのに」

「ところがのう、このヤチタは作がええんだスよ。二俵は多くとれるスな。だから息子が休むと言っても、俺が元気なうちはつくるって、頑張ってるんだア」と言うのを聞きながら、どんなに苦労をしても、一粒でも多くの収穫をあげたいと願う農民の気質を婆さんから知らされた。それなのに、豊作になると来年度の減反が心配になる日本の農業は、どう考えてもおかしいのである。

それから一ヵ月すぎた九月一五日の発表は作況指数一〇二の「やや良」と落ちた。そのあとも、収穫の終わった農家などから伝わる話は、「見た目よりも何俵少なかった」という話ばかりである。ことしの最後の作況指数が、さらに落ちることだけは確かであろう。では、留吉の家の婆さんの言葉をかりると、「昔の人はウソを言わなかった」という。では、いったいいまの時代は誰がウソを言ったり、間違った作況を出しているのだろうか。

熊がいない秋

秋から初冬にかけての山荘の暮らしは、一年のうちでもっとも楽しく、また忙しい季節である。町の面積の九二％が山林原野で占められていることもあって、キノコをはじめ、クリ、ブナの実、山ブドウなどの山の幸が豊富なのだ。山菜取りが好きなわたしは、この時期になると山荘に住む日を多くし、朝から夕方まで山を歩くのである。たまには古老に連れて行ってもらうこともあるが、一人で山に入ることが多い。この町に住みだしたころは収穫も少なかったが、いくらか山を覚えたこのごろは、それなりに取ることができて、満足しながら帰る日が増えてきた。

一〇月下旬にも、仕事を片付けると山荘に行った。翌朝、山に行く支度をしていると、携帯ラジオを持って来なかったことに気がついた。あわてて知人のところへ借りに行くと、「ことしの秋は、そんなのはいらんよ」という。

「どうして」

「どうしてもこうしてもないよ。山に行っても熊を見た人はおらんし、里にも下りてこないからね。空身で行っても大丈夫だ」

秋に山へ行く時に携帯ラジオを持っていき、ガアーガアー鳴らして歩くのは、熊とハチ合わせになって襲われるのを避けるためだった。本州と四国に一万頭前後が生息しているという、胸に白い三日月状の斑紋があるツキノワグマの性質は温和で、人や家畜を襲うことはめったにないそうだが、子連れの時とか不意に人と出合ったりした時はべつだ。とたんに凶暴性を発揮し、人に襲いかかってくる。そのため、一人の時はラジオを鳴らしたり、数人で行った時は大声で話して相手にこちらの存在を知らせると、熊はよこ道にそれるので、ハチ合わせの危険がないのだった。子どものころから山に行き、何度も危険な目にあっているだけに、この町のように昔から熊の多かった山に入る時は気をつけていた。

それにしても昨年の秋は、多くの熊が出没して大騒ぎとなった。熊が集落の近くにあるリンゴやクリなどの果樹園を荒したり、田んぼの稲が食われたり、トウモロコシ畑が食い散らされたりして、秋田県内だけで八人が重軽傷を負った。ある時は市街地近くの小学校のグランドに、日中に熊が姿を現したりした。

わが山荘のある集落にも、当然のように多くの熊が出没した。小学校から一〇〇メートルばかり離れたクリの木の下に、日中から熊がきてクリを食べた。集落の真ん中にある秋グミが夜に一粒も残さないで食べられたり、家のすぐ裏にあるトウモロコシが食われたりした。わたしは携帯ラジオのボリュームをあげ、首には運動会用の笛をつるしながら、おっかなびっくり山を歩いたが、熊の糞とか、つい先ほど通ったばかりの熊の足跡にたまった水がまだ濁っているのを見ると、あわてて山荘に帰った。そのせいもあって、昨年の秋は、わたしの山の収穫もさっぱりダメであった。

熊は冬至前後に穴へこもって冬眠し、山の雪が解ける土用（四月二〇日ごろ）に穴から出てくる。冬眠の前になると熊はどん欲になり、ブナの実、クリ、ドングリ、山ブドウなどをどっさり食べて体に脂肪を十分に蓄え、長い冬眠に入るのだった。昨年はそれらの山の幸が不作だったので、食べ物を求めて人里に下ってきたのだといわれた。確かに昨年の秋は、熊が好んで食べる山の幸が少なかったし、ことしの春に冬眠して穴から出てきた熊を撃った猟師の話では、骨と皮ばかりにやせていて、よろよろと山を歩いていたというから、食糧不足を裏付けている。だが、それだけだったのだろうか――。

四国では種保存を目的に熊の捕獲を禁止しているというのに、秋田県では人身事故や農作物への被害防止のために、熊の生息数をコントロールする方法を一九八五年から実施している。生息確定数から年間の繁殖予想数をはじきだし、その半分を予防捕獲している。一九八六年度は有害鳥獣駆除特別許可で二九九頭、予防捕獲で一〇一頭、狩猟期間で一五頭の計四一五頭が撃たれている。予防捕獲目標の倍近くで、過去最高の熊が撃たれた。心ある人は、「これは取りすぎで、熊の種保存が危ない」と言っていた。しかも山では、山の幸を生む広葉樹林が次々と伐採され、針葉樹に植えかえているほか、年ごとに林道整備がすすみ、熊の生活圏を荒らしている事実も見逃せない。それなのに現在では、熊を山奥で見つけるとすぐハンターたちが有害鳥獣駆除の特別許可をとって熊を撃ちに出かけている。里に熊が下りてくる原因を人間がつくっている面も多いのに、そのことはまったく反省しないで出てくる熊を次々と撃っていたのでは、熊の方でもたまったものではない。

ことしの秋の山は、ブナの実が七年周期で豊作になっているほか、ドングリやクリなども多く実をつけた。それにしても熊の予防捕獲頭数が九月三頭（昨年は九八頭）、一〇月ゼロ（同一六四頭）という具合に、あまりにも少なすぎる。山奥へ入っても熊の姿を見かけないと、古老たちも不思議がっているが、原因はほかにもありそうだ。ことしはまた、軽傷の被害者も二人だけだった。

わたしたち人間は熊の生活圏にドカドカと入り込むことをしないで、熊の行動パターンを正確につかんで行動すると、共存できるのである。それなのに、熊を有害鳥獣と決めつけ、見つけると撃ってしまうのでは、人間は少し高慢になっているのではないだろうか。

のっぺら棒な畑

山荘で暮らしている時は、毎日のように夕方になると家を出る。夕方といっても山奥の場合は早く、九月末になると午後四時すぎにはもう太陽が高い山の裏に消えてしまうので、急に寒くなってくる。でも初秋のころは、このほどよい寒さが、とても肌ざわりがいいのだった。

その日によって、稲刈りが間近い田んぼを歩いたり、雑木林に入ってアケビを探したり、畑に行ってみたりする。末成りだがポンポンと完熟した小粒のスイカや、もう赤くはならないトマトを見つけると、畑の主がいなければ、そのままいただいて帰る。そのうちに会ったとき、お礼を言えばいいのだ。山荘暮らしが長くなって野菜がなくなると、大根も秋ナスも、同じようにしていただく。こんなとき、畑の主に見つかるともう終わりだ。「遠慮スんな」と、大根を三、四本も持たされるのだった。

でも、このごろは畑を見ていると、その家の畑だという特徴がなくなり、のっぺら棒になったなと寂しい思いがする。とくに平野部の畑は、ネギとか大根とかキャベツとかが一面に続く。カネになる物、売る物だけをつくっているからだが、その代わりカネにならない物はつくらなくなった。もともと百姓というのは、自分を養い、そして社会を養ったものだが、いまはそうではなくなった。まず、他人を養う物をつくり、自分を養う食べ物の多くは、スーパーや個人店という近代的な畑にカネを持って行き、収穫の苦労も喜びもなく手に入れてくるのだった。

一九五〇年代ごろ、わたしが出稼ぎや地元の国有林で働きながら、狭い田畑を耕していた時の百姓は、どこの家でも春野菜は一六種、夏野菜は一八種、秋野菜は二二種くらいはつくっていた。また、同じ野菜でもよく出来る家と出来ない家とがあって、農家の間で野菜の交換もしていた。そのため、畑はその家によってさまざまで、一枚の畑でも、畝《うね》が違うと植えている野菜も違っていた。遠くから畑を見ると、さまざまな色の花が咲いていたし、畑を歩くと数畝ごとに違う野菜を見て、形や色の違い、成長の変化などを楽しんだものであった。長い冬の間にも、二二種くらいの野菜が食膳にあがったもので、年間をとおして約七〇種の野菜を食べていた。

それにくらべると、現在はどうだろうか。スーパーという畑には、そんなに沢山の野菜は売っていない。しかも、地元で採れる野菜は少なく、何百キロと離れた産地で採れた、季節以外の野菜が並べられている。昔、古老たちは言ったものだ。「三里四方で採れる物を食べていると病気にならない」と――。車社会のいまは、三里四方というのは無理としても、広い意味で「地元」で取れる野菜はあまり食べていない。それに鮮度も悪い。こう考えてくると、いつの時代の方が豊かなんだろうと思ってしまうのだ。

でも、平野部の畑にくらべると、まだ山間部の畑は変化がある。秋に畑を歩いても、大根の次にカブの畝があり、ニンジンの隣の畝はソバがあるというように、一枚の畑にそれでも一〇種近くはある。しかも畑の主によって、植えている野菜にも変化がある。平野部の畑のようにのっぺら棒にはなっていない。

ある日の夕方、ごぼうを掘っているサダ婆さんのそばに行き、そのことを話題にした。

「そうだねエ。昔はいろんな物を植えたから、そりゃ手入れも面倒だったが、取る時の楽しみはあったスよ」

「そうだろうね。ところで、昔はうんと植えていたのに、いまはぜんぜん植えていないのに、どんな物があるかい?」

「うーん。いろいろあるども、いと畑はまったく見えんな。昔は一番いい畑は、みんないと畑でしたな」

「いと畑?」

「アサ畑のことですがな」とサダ婆さんに言われて、わたしは「なるほど」と思った。アサ畑よりも、いと（糸）畑と呼ぶ方が、ぴったりしているからだった。

日本ではもめんが普及する前は、麻が着物の原料として、どこでも栽培されていた。アジア太平洋戦争中も、また敗戦後の着物のない時も、畑の広い面積に麻が植えられ、糸を取っていた。わたしなんかも、麻刈りとか、麻を畑から家へ運ぶのを手伝ったものだった。しかし、麻を畑に植え、さらに糸にし、それを織って着物にするまでは、大変な手間がかかった。しかもそれは、女の仕事である。

十数年も前になるが、秋田県北のある村で、間引きのことを調べたことがあった。間引きというのは生まれたばかりの赤ん坊を濡れた布を鼻にあてて殺したり、生きたままわらづとに入れて、山や川に捨てたのであった。藩政時代から明治初期にかけては、農山漁村でごく普通におこなわれていた。そのとき、老婆に間引きの原因を聞くと、食わせるのは一人や二人多くともよかったが、麻の着物を着せることができないので間引きされた子どもが多いと言われ、はじめて知らされたことだけに驚いたことがあった。アサ畑をいと畑と呼ぶほど、女にとっては大切な仕事であると同時に、辛い労働であったのだ。

そのいと畑は、もう見ることができない。それは大きな進歩である。しかし、畑に数種類の野菜より植えなくなったのは、進歩だと考えていいのだろうか——。

雪下ろし事故

ことしの冬は雪国の秋田で、最近ではあまり起きることのない雪の事故が多発している。この冬は雪が少なく、まだ冬のうちに川下の農家ではことしの農業用水は大丈夫だろうかと心配したり、川から上水道の水を汲み上げている市町村の水道局は、夏の水涸れ対策を冬のうちから相談するなど、これもまた異常といえるほど雪不足に悩んでいるというのに、普通は雪の多い年に発生する雪の事故が、あちこちの農山村で起きている。雪国に住む人たちにとっては、冬に雪が少ないと「ことしはどうしたのかな?」と心配しながらも、生活の面ではなにかと楽なのだ。ところがことしは、その「楽」な部分が「事故」に置きかえられたのだった。

この冬に多発している雪の事故というのは、屋根の雪下ろし事故である。秋田県内では二月末日までに三二件の事故が発生し、そのうち七人が死亡している。例年にくらべると四倍近くも多いうえに、死亡者の多いのが特徴である。いつもの年より大幅に雪が少ないというのに、どうして屋根の雪下ろし事故が多くなっているのだろうか。

二月中旬に、この町でも屋根の雪下ろし事故で五三歳の男性が死亡した。ちょうどわたしが山荘住まいをしていた時だったが、狭い町のことなので、事故の話はすぐ町中にひろがった。彼は昼食のあと、四日続いたドカ雪が積った屋根の雪下ろしをはじめたらしい。ところが、屋根の下から雪下ろしをはじめたものだから、片面の雪がどっと落下してきて、すっぽり埋まってしまった。

彼の家族は、二人の子どもは高校を卒業して都市部に就職し、妻は町内の弱電の誘致工場へ働きに行っており、老母は町で走らせている無料の福祉バスに乗って病院に出かけていた。家にいるのは彼だけだった。ほかに、両隣の家でも日中は誰もいないのだった。また、冬は家の前の県道を通る車もめったにないほか、少し吹雪くと運転手は前方ばかり見つめて、周囲にはほとんど目を向けないものだから、近くで何が起きているのかに注意するゆとりがないのである。この町だけではなく、過疎地の雪国の場合はほとんどがこうなっている。

隣近所が力を合わせて雪下ろしをする。

ことしの冬は一二月に積るほど雪が降らず、年を越した一月もだいたい同じような状態で、いつもの年だとわんさと客が集まる町直営のスキー場は、開店休業の日が続いていた。ただ、例年だと一日に一〇万円ほどもかかる除雪費がゼロに近いため、スキー場の赤字は町役場にとってたいしたことはなかった。そのままの状態で二月にはいり、中旬になると連日のドカ雪となった。雪の少ない恩恵を受けていたこの町の人たちはとたんに忙しくなり、勤めに出かける前の早朝とか、夕方に帰宅してから八時ごろまでも雪と四つに組むようになった。日曜になるとどこの家でも、屋根の雪下ろしや除雪に追われるようになった。そんな時に起きた、五三歳の男の死亡事故だった。豪雪で知られる町だが、雪の事故で死亡するなどというのは、ここ一〇年ほどなかったというだけに、町中は大騒ぎとなった。

彼の死の原因は、町内でもいろいろと話題になったが、「大の男が、屋根の雪下ろしして死ぬとは、聞いたことがねエ」という声がもっとも多かった。

大の男というのは、仕事も人生も知り尽くした熟年の男という意味である。そのもっとも頼れる男が、雪国では苦しい仕事だけれども、阿仁町ではひと冬に七、八回は雪下ろしをしなければいけない、ごく普通の仕事で死んだとはおかしいという意味が含まれた言い方だった。

ところが、確かに彼は熟年の男であり、新聞の死亡記事では職業が農業と書かれていたが、春の田植と秋の収穫期に家に帰り、一・二ヘクタールの田んぼを耕作している出稼ぎ者であった。冬の厳しい季節は、関東の建設現場で働くという生活を、二八歳の時から続けてきたのだった。屋根の雪下ろしなどの仕事は父がやっていたが、秋に病死したため、ドカ雪で屋根の雪が大変だから来て欲しいという妻の電話で、夜行列車に乗り、死亡したその朝に帰って来たのであった。二日がかりで家とか小屋などの屋根の雪下ろしをすると、また関東の作業現場に帰ることになっていたという。それだけに町の人たちの涙をさそったのだが、雪国の冬を体験しない生活を二五年もしてきたなかで、雪との付き合いを忘れてしまったのだった。そうでなければ、屋根の雪を下から下ろしていくというもっとも危険なことを、するはずがないのである。

雪に埋まった彼を、福祉バスで病院から帰って来た老母が気がついたものの、七軒の集落にはまともに力仕事のできる人がいなかった。電話で役場に知らされ、消防団員が車で駆けつけたのは、それから四〇分後のことであったという。掘り出された時は、凍死していた。ドカ雪もその日で終わった。

県内で死亡した六人の身元を調べると、二人が彼と同じに出稼ぎ先から雪下ろしに帰った人、残りの四人は七〇歳を越した老人と女性であった。普通だったら屋根の雪下ろしをしない人たちである。

最近は雪国の生活を快適にしようと、治雪・活雪・親雪という心によく響く研究などが盛んになっている。素晴しいことだが、しかし雪国は一方で、こうした面をいっそう深めているのである。

ナカ婆さんの一生

吹雪のなかを、葬儀の一行が通って行く。山の麓にある墓地に向かって、黙々と進んで行く。吹雪で一行の姿は次第に薄くなり、やがて消えた。二階の窓から一行を見ていたわたしは、

「婆さん、あなたの一生のような雪になったな」とつぶやいた。

昨年の一二月、わたしは山荘のある阿仁町根子に行った。九年前に小さな家を借りて山荘と称し、ひと月のうち五日から一週間ほど滞在した。それをことし一杯で引き上げることになり、最後の山荘生活をしている時に、ときどき話を聞きに行ったり、山菜採りに山へ行ったこともある山田ナカ婆さんが急死した。その日から吹雪となり、葬儀の日になっても続いた。

葬儀の一行を見送っていたわたしは、寒さを感じたので窓を離れ、ストーブに薪をいれた。ストーブのなかの炎を見て、改めて幸せの薄かったナカ婆さんの一生を思った。

ナカさんは一九一四年、阿仁町根子に生まれた。尋常小学校を四年で卒業すると、家事を手伝った。

最近まで日本の最後の秘境の一つに呼ばれていた根子集落は、ナカさんが少女のころは高い山を越えるか、川の崖に沿った細い道を歩いて集落の外にでた。外部とはとざされていたが、七十数戸でつくるコメは余り、毎年数百俵も売っていた。それだけに沢の奥まで、山の麓まで耕やしたので、農業は大変な仕事だった。

一六歳で同じ根子集落の梅吉に稼ぎ、二男三女の子どもに恵まれた。だが、梅吉が四二歳で死亡した時から、ナカさんの不幸ははじまった。このとき、長男はまだ中学生だった。一家の柱を失ったナカさんは、田畑を耕作するかたわら豆腐をつくり、それを売って生計をたてた。

長男の博美は母を助け、懸命に働いてくれた。中学校を卒業するとき、大阿仁村（現阿仁町）の村長から表彰をうけている。長男の孝行ぶりは、それほど村内でも評判になっていた。毎日、身を粉にして働くナカさんにとって、長男はたった一つの生き甲斐だった。

その長男はやがて大工として独立した。その仕事ぶりと人柄が共感をよび、仕事が集中した。長男の働きで娘たちは嫁に行き、結婚した長男夫婦にも三人の孫が生まれた。ナカさんもようやく、人並みの暮らしを手に入れた。だが、それも短かった。長男は事業の行き詰まりから、四七歳で自ら生命を断った。

わたしが根子に山荘を求めたのは、その翌年だった。ナカ婆さんとはすぐ知り合いになり、山菜採りに行く途中で、夫や子どもに先立たれた悲しみを語った。でも、ふだんは決してめそめそせず、大地に足をつけて働き続ける気丈な人であった。

その翌日、山荘を去る前にナカさんの眠る墓地に行った。供えた品々は深い雪に埋もれ、何事もなかったような白い世界になっていた。

［結び］マタギの近くに生きて

わたしは秋田と青森の県境の近くに生まれて育った。山奥の集落で田畑は少なかったものの、家のまわりにはウメ・スグリ・グミ・モモ・マルメロ・カキなどの樹木があった。少し離れた山の畑にはクワ・クリ・アンズなどが植えられていた。山の畑の上は馬や牛の飼料を刈る草地で、夏から秋には野イチゴや野ブドウが熟した。草地から上は雑木林、さらに山の上は杉林だった。奥に入ると天然秋田杉が鬱蒼と茂り、山菜とキノコの宝庫だった。わたしは少年・青年時代をこうした山村で生きたが、アジア太平洋戦争や敗戦直後は山村でも食料不足に悩まされた。働ける男たちの多くが出征や徴用に引っぱられて村にいなかったので、田畑の多くは不耕地になっていた。それでも餓死することなく生きられたのは、先祖たちが生きていけるように工夫をしてきたのが沢山あって、それらから恵みを得たからだ。

この他にも周囲の自然から、さまざまな恩恵を受けた。川に堰《せき》をつくっては水の流れを調節するほか、魚を育てる場にもしていた。水を貯蔵する沼や池は沢ごとに造ったが、そこではフナ・エビ、カイなどを育てた。また、乾田になる前は田んぼに年中水が流れていたので、ドジョウ・ツブ・フナなどが稲と一緒に育った。家の近くに沢から水を引いた池があり、春先に種籾《たねもみ》をひたしたほかに、コイを育てた。どこの家にも串に魚を刺して乾燥したのがいろりの上に何本も吊して保存した。

雪国ではかつて「四足《しそく》・二足《にそく》の食断ちの習慣があって食べなかった」と書いている郷

土史を読むが、そんなことはない。長い冬になって保存した山菜や魚を食べるころになると、山にワナをしかけてヤマウサギを獲ったり、ワラダを飛ばしてヤマドリを獲った。家の周囲にはカンスズメが沢山いたので、ワナを仕掛けて獲った。鉄砲を持っているマタギはいなかったので、クマとかカモシカのような大型の鳥獣は獲れなかったが、小動物をこまめに獲って食べた。

また、その当時は沢山の家畜を飼っていた。農作業や山仕事のためでどこの家でもウマかウシを一頭は持っていたし、毛を取るメンヨウ、乳を搾ったり皮を取るヤギ、アヒル・ニワトリ・ウサギ・イヌなどを飼っていた。家によってはメンヨウを五頭くらい、ニワトリやアヒルを二〇～三〇羽も飼っていた。小動物園という感じだ。このうち牛馬は農作業のほかに仔をとって売り、少しまとまった収入を得るために置いていた。あとは毛を取るメンヨウや乳を搾るヤギなどは、家で食べるためにも飼っている。年をとって毛や乳の量が減ってくると生産力のある若いのを置き、古いのを潰して食べていた。それも普通の日ではなく、正月とか盆、田植とか稲刈が終わったとき、遠くから親戚が来たとか結婚などの祝い事があるときなどに家畜を食べていた。メンヨウなどのように大きいときは、何軒かで分け合って食べた。そしていつか別の家でメンヨウを潰したときに、分けて貰うというようにしていた。もちろん料理をするのは飼主たちで、わたしなどは小学校に入る前から家畜を殺したりはできなかったが、毛をむすったり肉を切ったりということをやらされた。

いまは愛犬家が多くなっているので騒ぐが、普段は番犬をしているイヌなども、家畜と同じに食べた。肉は食べ、毛皮は鞣《なめ》してから着たり敷いたりした。とくに冬山で仕事をするときは、イヌの毛皮は非常に役に立った。縄文時代の遺跡を発掘したときに犬の骨が出土したと新聞の見出しになったりするが、五〇～六〇年前までは秋田県北の山村ではイヌを食べるのはごく普通のことだった。わたし自身も殺したり食べたり、毛皮を着たりした。わたしは敗戦後に山の伐採作業の出稼ぎに、北は北海道から南は奈良県の山林で七年間働いたが、どこの山村でもイヌを食べていた。いまでも山村を歩くと、イヌの皮を着た年配者が犬をつれて歩いているのに出会うことがある。ただ、何年も飼った家畜とか、ワナにかかったヤマウサギが死にきれないで跳ねているときなどは、「かわいそうだ」という思いがしてなかなか殺せなかった。そんなわたしに父は、「まなぐ（目）を見ないでやれ（殺せ）」と教えてくれたが、目を見ないで殺しても気持が悪かった。だが、殺した直後にすぐ血を抜かないと、肉に血の臭いが残るので小刀を突き刺さなければいけないが、最初のころはこれが出来なくてよく叱られた。

いまでも思い出すこんなことがあった。秋の夕暮れの庭にいたわたしの前に、何かが走って来るとバッタリ倒れた。よく見ると首のないニワトリで、全身が血まみれだった。一瞬、空からニワトリが降って来たのかと思った。まもなく隣家の親父が包丁を片手に、「トリ見ねがったかー」と走って来た。「首を切ったときに手を放して逃げられた」と笑いながら持って行った。家畜と人間の関係は最後は血を流させるが、これが自給自足の生活だった。

いまの日本の山村や農漁村には、本当の意

味での「自給自足」とか「地産地消」はなくなった。農山村を歩くとすぐにわかるが、五〇～六〇年前のように家畜がいなくなった。イヌやネコは見かけるが、これは愛玩用だ。畑に行くと自家消費用はわずかな面積に植えているだけで、専業農家の場合は一～二種類を大量に生産して出荷している。兼業農家の場合は朝、晩と休日に畑へ行っても仕事が追いつかないので、働きに行っている地域のスーパーなどから野菜も求めてきている家が多い。味噌などをつくっている家も少なくなった。かつて庭に沢山植えられていたウメ・スグリ・グミなども見えなくなった。高度経済成長期に資金を借りて家を新築したときに、伐り倒してしまったのだ。このあたりから「自給自足」の生活を失ってきたのだ。

その当時に農山村を歩き、農民が先祖が守り育ててきた沢山のものを棄てるのを目の前にして唖然としたものだ。新築がはじまったころと前後して、農山村に農機具が入り、自家用車も入って来た。夫婦がべつべつの勤め先に行くので、二台の車が必要になったのだ。広い庭にはコンクリートが敷きつめられ、駐車場になった。新築のときに残った庭の樹木もこのときに倒されたが、もう一つは庭の草がなくなった。農山村の農家の庭は、薬草園でもあった。ゲンノショウコ、ドクダミ、ヨモギ、オオバコ、ハコベなど数えきれないほど育っていた。遊んでいて手足に傷がついて血が流れたとき、チドメグサを取ってペタペタ貼ると、すぐ出血がとまったのを思い浮かべる人が多いだろう。ところがその草が庭から消え、使い方も忘れた人たちがいま、石油を原料にした高い薬を買って飲んでいる。

最近、里山利用とか保護しようと盛んに

言っているが、その里山がどのようになっているかをどれだけの人が知っているだろうか。馬耕《ばこう》で田んぼを耕やし、草からつくる堆肥を田畑に入れたころは、採草地として大切な場所だった。また、クリやドングリなどの木も多かったし、山ブドウやアケビ、クコなどが取れる宝庫だったし、ワナでヤマウサギやヤマドリなどを獲って生活した。

だが、農機具が普及すると同時に出稼ぎが長期化するようになり、馬や牛を飼うことが難しくなると、農民たちは次々と手放した。また、即効性のある化学肥料を使いはじめると堆肥をつくらなくなり、里山から草を刈り集めなくなった。とくに秋田県で一九六九年から「年間一万ヘクタール造林運動」をはじめ、利用しなくなった里山へ杉の植林をはじめた。これが約九年間続けられたので、厖大な里山が植林された。アジア太平洋戦争から敗戦後の約一〇年は国有林も民有林もほとんど植林をしなかったので、貴重な事業であった。しかし、その後がいけなかった。植林の後は毎年のように下刈《したがり》を続け、二〇年間を経過したら二〜三割を間伐しないといけない。下刈や間伐《かんばつ》をしない杉は下枝だけが伸びて幹はひょろひょろになるので「線香木《せんこぎ》」と呼ばれ、用材のとれる丸太にはならない。しかも林床に光が入らないので雑草や雑木がはえないから雨のたびに表土が流れ、さらにそれが川から海に流れると魚が卵を生む藻を死なせたので、いま近海漁業が不振になっている。国土保全の大敵となっているが、山奥では天然杉やブナ材などが大量に伐り倒されてクマやサルなどが住む場所も食べる物がなくなり、里に下りてくる。腹がへっているから田畑の物を食べるが、人間に姿を見られるとクマは「有害」となり、猟友会の人たちに追いまわされ、運が悪いと撃たれて死ぬ。サルは人の叫び声や爆音で、山奥に追い返されている。そうしないと畑でつくっている人たちの作物が、食い荒らされてしまうのだ。クマやサルに食べられた作物、食い荒らされた現場を何度も見てきた。頑張って育ててきた作物を食い荒らされる人たちにすると、「サルを殺したくなる」と言う気持はよくわかる。

わたしが育った山奥にも、「金沢マタギ」という集落があった。もう年寄りが多く、実際に鉄砲を持って山に行っているのは一人もいなかった。わが家の親戚の一人に猟をやっている人がいたので、何度か山に連れて行って貰った。そのときにクマも二頭獲ったが、のちにわたしが深く接した阿仁マタギ（秋田県）や秋山郷のマタギ（長野県）のように、クマを仕留めたときにケボケ（解体）の儀式はやっていなかった。ただ、クマを北にあお向けにしたあと、塩を何度か振ってから皮剥ぎをしていた。家畜でもメンヨウとかヤギなどの大きいのは殺した後に、やはり北に頭を向け、小刀を頭に上げて礼をしてから皮を剥いでいたが、昔のマタギの儀式の名残りなのだろうか。あとは山村の家で料理するのと同じだったので、違和感はなかった。

マタギにふれる枚数はなくなったが、マタギといえば非常に特殊な狩人集団のように思われてきた。冬と春先の狩猟期は集団で猟をするが、その他の季節は田畑を耕作し、山仕事をした。売薬の免許を持っている人は、売薬の行商に歩いた。山をよく知っているので、山菜やキノコ、川魚なども多く獲ったが、自給自足や里山を大切にする生活が消えはじめたときに、マタギは特殊な生業になったのではないだろうか。

初出一覧

＊住んでこそ見える現実：「朝日新聞・秋田版」1985年5月21日　**＊雪割り納豆／土曜日の宅急便／春の音／「青物」が消える／土間のない家で／橋・道・役場／男七人に嫁二人／消えるか薬行商／家を壊わす／湿田と減反／熊がいない秋／のっぺら棒な畑／雪下ろし事故／自然からの授かり物**：『望星』1987年5月号～1988年5月号、1988年12月号　**＊根子だより一～七**：「北鹿新聞」1985年6月29日、8月10日、8月29日・10月3日・10月29日・1986年1月11日・2月22日付　**＊ある伝承者のこと**：「河北新報・秋田版」1963年7月21日付　**＊阿仁の民俗と民情**：「秋北新聞」1980年1月1日　**＊秋田と関係深い民話研究家／金沢マタギ／伝説の巨人／クマ撃ちの名人／阿仁マタギと戊辰戦争／秋山郷の秋田マタギ**：「秋田魁新報」1975年12月24日付、1986年10月21日付、1963年2月8日付、1987年12月7日付、1988年11月24日付、1977年10月6、7日付　**＊阿仁の積石墳墓**：『北天塾』1989年第2号　**＊クマは山のめぐみ　村田佐吉さんの話**：『こどもの光』1988年1月号　**＊最後のシカリ　鈴木松治さんの話（原題：森の話っこ）／マタギ一代　鈴木辰五郎さんの話／マタギの里に生きる　山田富治さんの話／根子に生きる　佐藤佐吉さんの話**：『北のむらから』1988年8月号～1989年3月号、1992年1～7月号、1995年1～4月号、1993年11～12月号　**＊マタギとは何か**：『最後の狩人たち』（長田雅彦著、無明舎、1980年）の解説　**＊ナカ婆さんの一生**：『増補改訂版　マタギを生業にした人たち』（同友館、1995年）**＊マタギの近くに生きて**：『マタギを生業にした人たち　みちのく・民の語り1』（社会評論社、2006年）解題

（増補・初出一覧）

＊念願の地、阿仁へ／男たちの後を雪が追う／最後のマタギ集落だった根子／白の世界に仄めく“青”／花ごよみも用を足さない様変わり／根子トンネルで聴いた歌声／七月は草との戦い／年に一度の盛大なうたげ―お盆／蕎麦花幻想―甘い香りに魔力がひそむ／“稔りの秋”を満喫する／冬仕度　薪割り・ブナの実拾いを楽しむ／「根烈岳に雪が三度降ると里にも雪が……」：『現代林業』1986年1月号～12月号、のち『阿仁のむらから』（グループ筏、1987年）に収録。　**＊野の鷹匠のこと／鷹匠口語り**：豆本『鷹匠口語り』（山脈出版の会、1977年）　**＊昔話採集のこと／判官と照君姫**：『阿仁昔話集　全国昔話資料集成28』野添憲治編（岩崎美術社、1978年）。　**＊狐の映画会／敵の首／安兵衛の猫**：『秋田・阿仁町　高堰祐治昔話集』野添憲治編（民話と文学の会、1992年）。

※内容の一部に重複がございます。ご了承下さい。

「みちのくの民」の遺産に再び光をあてたい

わたしたちが持っているみちのくの歴史書の多くは、中央の権力に従わぬ化外《けがい》の民が住み、遅れた文化さえ持たぬ貧しく凶暴な人びとのいる地域だと東北を描いている。自然は厳しく、ベーリング海から南下してくる親潮は豊かな魚介類を恵むものの、数多くの冷害凶作をもたらし、餓死した人びとの屍を列島に累累《るいるい》と重み上げてきた。シベリアから日本海を渡ってくる冬の季節風は、短距離選手のようにいつでもダッシュできるような姿勢をとる生き方を許さぬほどに厳しい。

だが、過酷な自然はその懐に、豊かな資源の宝庫を持っていた。山にはブナや天然秋田杉が茂り、熊や羚羊《かもしか》のすむ楽園であった。清流には魚群の鱗がきらめき、地下には無限の鉱脈を内蔵していた。海に生きた人は遠く大陸まででも往復した。天然の木材を倒しては器をつくる木地師《きじし》が活躍し、山岳や谷川の鳥獣を追ってマタギは暮しをたて、独自な文化を育ててきた。

亀ヶ丘土器に見られるみごとな造型美と力強さを土台に、晩期縄文の時代には北奥羽が列島の中心になる。それは厳しい自然の中で、嵐や飢餓に襲われながら、倒れてもまた起き上がる不屈な魂が生み出したものだ。だが歴史時代に入ると、みちのくの富を奪おうと、侵略者が執拗に襲いはじめた。先住者たちは侵略者と血みどろになって闘いながらも、みちのく独自の生産手段や文化を生み育て、楽天的で、しかも我慢強く生きる術を身につけた。自然の恐怖に脅かされ、また居住条件の苦しさを克服し、侵略者との闘争が長ければ長いほど、みちのくの人びとの血の中に流れる光り輝く力強さを濃くしてきた。

いま、みちのくの現状はどうだろうか。敗戦後の高度経済成長はみちのくの後継者たちを中央に奪い、働かせ潰すことで達成した。そして東北はいま、日本一の高齢化社会になり、活気にあふれていた集落は次々と姿を消し、手入れのしない山林は荒れ、畑や田んぼは草地化・雑木林化してきた。みちのくの力や心を脈脈と伝えていく人びとの姿が消え、受け継がれないまま白骨となり、野ざらしの状態だ。長い過酷な嵐の中でも生き抜いてきた、彼ら「みちのくの民」の遺産に再び光をあてたい。みちのくの人たちが自分の手でみちのくの歴史を書くとともに、みちのくの地で新しく創造していく根を探しあてるために——。

*本書に関心を持たれた読者には次の本をお薦めいたします。

【野添憲治著作集第1期　みちのく・民の語り】

『みちのく職人衆』　ISBN978-4-7845-0959-1
『秋田杉を運んだ人たち』　ISBN978-4-7845-0960-7
『出稼ぎ　少年伐採夫の記録』　ISBN978-4-7845-0961-4
『塩っぱい河をわたる』　ISBN978-4-7845-0962-1
『大地に挑む東北農民』　ISBN978-4-7845-0963-8

*本書は、二〇〇六年刊『みちのく・民の語り1　マタギを生業にした人たち』を大幅増補し、改題・新編集の上、刊行するものです。

著者紹介

野添　憲治（のぞえ・けんじ）

一九三五年、秋田県藤琴村（現・藤里町）に生まれる。新制中学を卒業後、山林や土方の出稼ぎ、国有林の作業員を経て秋田総合職職業訓練所を終了。木材業界紙記者、秋田放送ラジオキャスター、秋田経済法科大学講師（非常勤）などを経て著述業。能代文化出版社を営む。

著書に『企業の戦争責任』『遺骨は叫ぶ』『秋田県における朝鮮人強制連行』など多数。著作集は第一期『みちのく・民の語り』（全六巻）、第二期『シリーズ・花岡事件の人たち　中国人強制連行の記録』（全四巻）がある。

一九九五年、『塩っぱい河をわたる』（福音館書店）が第四二回産経児童出版文化賞を受賞。

二〇一〇年、『企業の戦争責任』『遺骨は叫ぶ』（社会評論社）が平和・協同ジャーナリスト基金（ＰＣＪＦ）の第一六回奨励賞を受ける。

マタギのむら

民俗《みんぞく》の宝庫《ほうこ》・阿仁《あに》を歩《ある》く

2011年2月28日　初版第1刷発行

著　者　野添憲治
発行者　松田健二
発行所　株式会社 社会評論社
〒113-0033
東京都文京区本郷2-3-10
電話　03（3814）3861
FAX　03（3818）2808
http://www.shahyo.com

印刷製本　倉敷印刷株式会社